APLASTARÁS DRAGONES

DANIEL KOLENDA

CASA
CREACIÓN
Para vivir la Palabra

Para vivir la Palabra

MANTÉNGANSE ALERTA;
PERMANEZCAN FIRMES EN LA FE;
SEAN VALIENTES Y FUERTES.
—1 Corintios 16:13 (NVI)

Aplastarás dragones por Daniel Kolenda
Publicado por Casa Creación
Miami, Florida
www.casacreacion.com
©2008-2023 Derechos reservados

Library of Congress Control Number: 2019949588
ISBN: 978-1-62999-283-9
E-Book ISBN: 978-1-62999-284-6

Desarrollo editorial: *Grupo Nivel Uno, Inc.*
Adaptación de diseño interior y portada: *Grupo Nivel Uno, Inc.*

Impreso en Colombia

23 24 25 26 LBS 9 8 7 6 5 4 3 2 1

CONTENIDO

PRÓLOGO

He tenido el privilegio de conocer al evangelista Daniel Kolenda ya por varios años, por lo que he podido captar su pasión por ver vidas y naciones transformadas por el evangelio y nuestro amado Señor y Salvador, Jesucristo. Las experiencias compartidas en *Aplastarás dragones* sin duda serán de bendición para muchos. Este libro provee una profunda revelación del reino espiritual que empoderará al lector de manera que entre a un nivel más elevado en su fe.

Después de leer *Aplastarás dragones*, estoy convencido que su contenido en relación a la guerra espiritual permitirá que el lector alcance un nuevo nivel de fe y autoridad en Jesucristo. En estos tiempos debemos esforzarnos por profundizar en nuestro conocimiento y entendimiento del reino espiritual como nunca antes. Satanás y su ejército están trabajando incansablemente para engañar a los creyentes. Es imprescindible que nos vistamos con la armadura de Dios para que seamos efectivos y tomemos autoridad sobre la oscuridad y los espíritus demoníacos. Lucas 10:19 nos recuerda sobre la autoridad que Jesucristo nos ha dado sobre todas las potestades de la oscuridad.

Animo fervientemente a cada creyente a acoger la profunda revelación sobre el reino espiritual de la cual habla este libro. La genuina y verdadera revelación solo puede llevarnos a ser más como Jesús. Además, recuerda que hay millones de almas esperando por ti para que seas un portador de buenas nuevas y le presentes a Jesús. Anímate y cree que Dios quiere usar tu vida.

—CARLOS ANNACONDIA

EL GRAN DRAGÓN, ESA SERPIENTE ANTIGUA

Allí yacía él, un enorme dragón dorado rojizo, profundamente dormido; de sus mandíbulas y fosas nasales brotaba un extraño sonido y briznas de humo, pero sus fuegos se mantenían atenuados en medio de su sopor. Debajo de él, bajo todos sus miembros y su enorme cola enroscada, y a su alrededor por todos los lugares que se extendían a través de los suelos invisibles, había innumerables montones de cosas preciosas, oro forjado y sin forjar, gemas y joyas, y plata que parecía teñida de rojo bajo la luz tenue. Smaug yacía, con las alas dobladas como un murciélago inmenso, tumbado parcialmente sobre un costado, de modo que el hobbit pudiera ver su parte inferior y su grande y pálido vientre incrustado de gemas y fragmentos de oro debido a su larga estancia sobre su costosa cama.
—J. R. R. Tolkien, *El hobbit*

La imagen del dragón es tan remota como la conciencia humana. Las terroríficas leyendas de los grandes monstruos serpenteantes que exhalan fuego provienen de prácticamente todas las culturas antiguas de la tierra. La palabra *dragón* viene de la palabra griega *drakōn*, que significa «observador». Procede de un verbo que significa «ver con claridad». Esta palabra llegó a describir a los monstruos antiguos, típicamente inteligentes, reptiles y parecidos a las serpientes.

Un autor escribe: «En la mitología de los antiguos griegos, tales bestias fantásticas y "quiméricas" fueron creadas por los Titanes en la lejana "Era Croniana" antes de los dioses del Olimpo, y típicamente habitaban en los lugares misteriosos del río "Okeanos" que circundaba al mundo, una metáfora para el lugar más lejano al que un mortal podía viajar».[1] Los egipcios tenían a Akhekh, una enorme serpiente de cuatro patas. Su nombre puede haber sido derivado de un dialecto de los makua del sureste de África donde «Ik\uka es la gran pitón». ¡En esta área se han encontrado serpientes de hasta treinta y seis pies (algo más de diez metros) de largo![2] En Europa se dice que el Dragón Kholkikos, con una lengua de tres bifurcaciones y dientes mágicos, protegía un vellón de oro en la arboleda sagrada de Ares en Kolkhis (actual Georgia).[3] Los escandinavos tenían a Fafnir, que comenzó su vida como un enano, pero se convirtió en un dragón por medio de una maldición.[4] El pueblo maya yucateco (en el actual México) adoraba a Kukulkán, la «serpiente emplumada».[5] El pueblo de la India tenía a Vritrá, representado como una entidad parecida a un dragón tan grande que era capaz de bloquear los ríos.[6] Los butaneses tenían a Druk, el dragón del trueno, quien todavía hoy en día está representado en la bandera nacional de Bután.[7] Dragones similares aparecen en otras mitologías asiáticas, entre ellas la china, japonesa, coreana y vietnamita.

La Biblia también usa imágenes de dragones. En la primera historia, al principio del primer libro de la Biblia, se nos presenta al dragón. Satanás, en la forma de una serpiente consciente y parlante, seduce a Eva y provoca la caída de la humanidad. La historia termina con una promesa profética que apunta a Jesús. Dios le dice a la serpiente: «Y pondré enemistad entre ti y la mujer, y entre tu simiente y la simiente suya; ésta te herirá en la cabeza, y tú le herirás en el calcañar» (Génesis 3:15).

Cristo, la simiente de Eva, aplastaría la cabeza de esa serpiente antigua. ¡El cuerpo de Cristo fue herido de muerte en el proceso, pero Él se levantó de entre los muertos en victoria! Su muerte no fue más que un golpe en el calcañar. Por otro lado, Jesús venció una y otra vez a Satanás durante su vida terrenal. Luego, en la cruz, el maligno se vio derrotado sin ninguna esperanza de volver a levantarse victorioso. Su cabeza fue aplastada por completo. Aun ahora, mientras continúa devastando al mundo con enfermedades, dolencias, tentaciones y toda clase de maldad, es un enemigo completamente vencido y derrotado. Su único poder es aquel que le damos.

Aunque la derrota final de Satanás se produjo por medio de la muerte y la resurrección de Cristo, Jesús golpeó al diablo profundamente a cada paso a través de su vida terrenal. Él nos demostró lo que es caminar en victoria. Y les dio a sus discípulos la autoridad para caminar en esa misma victoria sobre el pecado, Satanás y el mal. Esta es nuestra herencia como hijos de la luz. Salmos 91 es considerado un salmo mesiánico. Esto significa que apunta hacia Cristo y es cumplido de manera más perfecta por Él. Satanás le citó a Jesús los versículos once y doce del salmo en el desierto. Lucas nos dice: «Y le llevó a Jerusalén, y le puso sobre el pináculo del templo, y le dijo: Si eres Hijo de Dios, échate de aquí abajo; porque escrito está: A sus ángeles mandará acerca de ti, que te guarden; y, en las manos te sostendrán, para que no tropieces con tu pie en piedra» (Lucas 4:9-11). Irónicamente, el siguiente versículo del salmo describe perfectamente lo que le sucedió a Satanás ese día en el desierto cuando Jesús venció toda tentación: «Sobre el león y el áspid pisarás; hollarás al cachorro del león y al dragón» (Salmos 91:13). ¡Jesús es el máximo destructor de dragones! En cada momento, Él pisoteó al diablo como se había profetizado.

John Gill, al escribir sobre Salmos 91, afirma: «Algunos piensan que el Mesías está predestinado; y que el salmo contiene promesas de protección y seguridad para él, como hombre, de enfermedades, bestias de presa, espíritus malignos y hombres malvados, bajo el cuidado de los ángeles; y esto no porque Satanás le haya aplicado una de estas promesas, Mateo 4:6, sino porque parecen corresponderse mejor con él que con cualquier otro: y una parte del título del salmo, en la versión siríaca, declara así, "y espiritualmente a esto se le llama la victoria del Mesías, y de todos los que son perfeccionados por él"».[8]

Me encanta esa última frase: «la victoria del Mesías, y de todos los que son perfeccionados por él». Como hermanos del gran aniquilador de dragones, todos somos llamados a pisotear serpientes y escorpiones, tal como Él lo hizo. ¡Su victoria es nuestra! ¡Su autoridad es nuestra! ¡Sus dones y su poder son nuestros!

Matthew Henry, en su comentario sobre Salmos 91, señala: «Al diablo se le llama *león rugiente, serpiente antigua, dragón escarlata*; de modo que en esta promesa el apóstol parece referirse a eso (Romanos 16:20): *El Dios de paz aplastará a Satanás bajo sus pies*. Cristo ha quebrado la cabeza de la serpiente, despojado a nuestros enemigos espirituales (Colosenses 2:15), y por medio de Él somos más que vencedores; Cristo nos llama, como Josué llamó a los capitanes de Israel, para que vengamos y pongamos nuestros pies sobre los cuellos de los enemigos vencidos. Algunos piensan que esta promesa se cumplió plenamente en Cristo y el poder milagroso que tenía sobre toda la creación, sanando a los enfermos, echando fuera a los demonios, y particularmente comisionando a sus discípulos para que tomaran en sus manos serpientes, Marcos 16:18».[9]

En Apocalipsis, Juan describe a Satanás como «el gran dragón, la serpiente antigua, que se llama diablo y Satanás, el cual engaña al mundo entero» (Apocalipsis 12:9). Aquí vemos que el gran dragón —que lucha contra Dios todopoderoso, pelea con el arcángel Miguel y otros ángeles poderosos (Apocalipsis 12:7), persigue a la iglesia y batalla contra los creyentes— no es otro que «la serpiente antigua». Es el mismo que sedujo a Eva en el huerto del Edén y cuya cabeza el Mesías aplastó. Hoy todavía luchamos contra él. Sin embargo, batallamos desde una posición de victoria, no de derrota.

En el capítulo 10 de Lucas, Jesús envió a setenta y dos discípulos en parejas a todos los lugares a los que Él iba a ir. Les dio autoridad y les dijo que sanaran a los enfermos y les dijeran que el reino de los cielos estaba cerca. Los discípulos regresaron a Jesús, regocijándose de que los demonios estaban sujetos a ellos en su nombre. Jesús le respondió: «Yo veía a Satanás caer del cielo como un rayo. He aquí os doy potestad de hollar serpientes y escorpiones, y sobre toda fuerza del enemigo, y nada os dañará. Pero no os regocijéis de que los espíritus se os sujetan, sino regocijaos de que vuestros nombres están escritos en los cielos» (vv. 18-20).

¡Qué escritura tan asombrosa! Jesús, sobre el cual se profetizó en el pasado que aplastaría la cabeza de la serpiente, nos ha dado la autoridad para pisotear a la serpiente también. Y sin embargo hay una promesa más gloriosa. ¡No importa lo que nos suceda en esta vida, nuestros nombres están escritos en el cielo! ¡Pase lo que pase, ganamos! Luchamos desde una posición de victoria. Por eso Jesús promete: «En el mundo tendréis aflicción; pero confiad, yo he vencido al mundo» (Juan 16:33).

UNA BREVE RESEÑA

En este libro veremos lo que la Biblia enseña sobre la guerra espiritual. Primero, examinaremos lo que la Biblia tiene que decir sobre los ángeles, los demonios y el mundo espiritual. ¿Hay diferentes tipos de ángeles? ¿Cuál es su propósito? ¿Quién es Satanás y de dónde vino? ¿En qué se parecen los ángeles y los demonios? ¿En qué se diferencian? ¿Quiénes son los demonios y de dónde vienen? ¿Cómo pueden los demonios influenciar a los seres humanos? ¿Qué autoridad tienen los demonios en este mundo? ¿Qué tipos de espíritus malignos se mencionan en las Escrituras? ¿Qué significa ser «poseído por un demonio» o «demonizado»?

Escribiré sobre la batalla cósmica en la que estamos inmersos. Es fácil perder de vista el panorama general en medio de nuestra vida cotidiana. Las pequeñas batallas que enfrentamos son parte de una guerra mucho más grande. Entender dónde encajamos en la estrategia cósmica de Dios nos ayudará a tomar más en serio nuestras tareas individuales. Además, entender lo que nuestro enemigo está tratando de lograr nos ayudará a reconocer sus artilugios y enfrentarlos con sabiduría.

Haré todo lo posible para desmitificar la guerra espiritual también. A menudo los libros y las enseñanzas cristianas han presentado ideas altamente supersticiosas sobre la guerra espiritual. Parte de ella se ha vuelto espeluznante y extraña, más parecida a lo que sucede en una novela de Harry Potter que a cualquier cosa que aparece en la Biblia. Enseñaré principios bíblicos sobre la guerra espiritual que son doctrinalmente sólidos y prácticos.

Escribiré sobre la armadura que Dios nos ha provisto y las poderosas armas de nuestra guerra. Consideraré la expulsión de demonios, tanto a partir de las Escrituras como de mi propia experiencia. Finalmente, ofreceré algunas palabras de despedida llenas de sabiduría que te ayudarán a caminar en victoria todos los días. Mi oración es que a través de este libro llegues a estar equipado para pisar a cada dragón que encuentres, no solo en el mundo, sino también en tu vida.

CAPÍTULO 1

ÁNGELES Y DEMONIOS EN LA BIBLIA

¡Cómo caíste del cielo, oh Lucero, hijo de la mañana! Cortado fuiste por tierra, tú que debilitabas a las naciones. Tú que decías en tu corazón: Subiré al cielo; en lo alto, junto a las estrellas de Dios, levantaré mi trono, y en el monte del testimonio me sentaré, a los lados del norte; sobre las alturas de las nubes subiré, y seré semejante al Altísimo. Mas tú derribado eres hasta el Seol, a los lados del abismo.
—Isaías 14:12-15

Era una noche cálida en África Occidental. La inmensa multitud que se hallaba frente a mí se extendía hasta donde alcanzaba la vista. Esta es una visión surrealista, pero se ha vuelto muy normal para mí como pastor de la congregación de la iglesia. El aire se nubló con un tono anaranjado cuando las luces portátiles de nuestro escenario en el campo de la cruzada se filtraron a través del grueso velo de polvo levantado por los cientos de miles de pies que danzaban y el harmatán, ese viento siempre presente.[1] Como era habitual, yo estaba predicando el evangelio de Jesucristo. Si la memoria no me falla, esa noche enseñaba sobre la sangre de Jesús y el poder que tiene para salvar, sanar y liberar.

Una curandera muy conocida de la región se encontraba de visita esa noche. Era famosa porque se decía que sus maldiciones tenían la capacidad de matar a sus víctimas. Yo no sabía todo esto en ese momento, pero más tarde los pastores locales me dieron los detalles, con los cuales ellos estaban familiarizados. Un pastor dijo que él conocía personalmente a casi una docena de personas que habían muerto después de caer bajo su maldición. Como pueden imaginar, la gente le tenía terror tanto a ella como a sus artes oscuras.

La mujer había venido al servicio esa noche no para escuchar el evangelio, sino para lanzar una maldición sobre mí, el evangelista, y matarme allí mismo sobre la plataforma. Ahora bien, te preguntarás por qué alguien querría hacerle algo así a una buena persona como yo. No obstante, la verdad es que ella no fue la primera curandera que nos ha odiado, ni será la última. Somos malos para su negocio. Cada vez que vengo a una región donde se practica el vudú y el animismo, los cuales son bastante comunes en África Occidental, me enfrento a estos sistemas demoníacos sin dudarlo. Ellos atan a muchas personas en la oscuridad y el miedo. A veces los lugareños ni siquiera se atreven a pronunciar el nombre de los espíritus demoníacos locales o maldiciones por miedo a que caigan sobre ellos. Por mi parte, los desafío con total desprecio. A menudo obtengo una lista proveniente de los pastores locales con los nombres de estos espíritus y sus maldiciones, todos conocidos y temidos por la gente, y la leo en voz alta desde la plataforma y destruyo su poder en el nombre de Jesús. Las personas con frecuencia se quedan sin aliento al principio, asombradas de que no haya muerto en el acto. Luego se regocijan en la libertad mientras quemamos ídolos, fetiches, amuletos, talismanes y todos los objetos de brujería que la gente quiere fuera de sus vidas y hogares.

Yo les digo a las personas que una vez que pertenecen a Jesús, no necesitan tener miedo de ninguna maldición demoníaca. Jesucristo tiene el poder para protegerlos y proveerles cualquier cosa que necesiten. Los curanderos cierran sus negocios como resultado de perder toda su clientela por el cristianismo. En una ciudad, el curandero local tenía en su casa grandes piedras sobre las cuales se decía que tenían poderes mágicos. Las personas le pagaban para que él se parara sobre esas piedras y escuchara lo que creían que eran las voces de sus antepasados ya muertos. ¡Sin embargo, después de nuestra cruzada evangélica, este curandero se enojó con nosotros porque sus piedras ya no «hablaban»! ¡He visto en varias ocasiones cómo los mismos curanderos se han convertido en cristianos y entregado sus amuletos para ser quemados, confesando a Jesús como Señor!

No obstante, la mujer que vino a la reunión para matarme al parecer estaba en otro nivel. Incluso los pastores reconocían su poder. Pero yo ni siquiera sabía que se encontraba en la reunión. Solo estaba predicando a Jesús como siempre lo hago. Ella se paró a la derecha del escenario, frente a una de las dos enormes torres que sostienen nuestros altavoces. Había traído algunos talismanes extraños para llevar a cabo su obra. Mientras yo predicaba, comenzó a conjurar alguna maldición para lanzarla contra mí. De repente, y fue entonces que me di cuenta de su presencia, emitió un grito espeluznante y cayó al suelo. Ella yacía allí, retorciéndose como una serpiente y echando espuma por la boca. La ignoré. Con una multitud de medio millón de personas o más, no iba a detenerme a hablar con un demonio. Cientos de miles de personas estaban escuchando el evangelio. Así que seguí predicando. Sin embargo, tenemos un equipo entrenado para tratar con estos sucesos. Ellos condujeron a esta mujer hasta detrás de la plataforma a una tienda que habíamos preparado para llevar a cabo la liberación. Le llamamos el nido de serpientes.

El equipo de liberación echó los demonios fuera de ella, y entonces recuperó su sano juicio y recibió a Jesús como su Salvador. Luego la trajeron a la plataforma junto a mí, y esta mujer compartió su historia conmigo mientras la multitud miraba. Las personas se quedaron boquiabiertas cuando la vieron, sabiendo muy bien quién era. Incluso los pastores locales parecían incómodos en la plataforma. Ella me contó que había venido a matarme. Me explicó que cuando fue a lanzarme la maldición, de repente la derribaron al suelo. Me dijo que los demonios habían sido expulsados de ella y era libre. Luego me refirió cómo le había entregado su vida a Jesús también, porque, según sus palabras, «Jesús es más poderoso que mi brujería».

Esta es la realidad en la que vivo. A menudo me encuentro

La Biblia es absolutamente clara en cuanto a que el mundo espiritual no solo es real, sino aún más real de lo que podemos ver.

con personas que están demonizadas. He visto cosas que les darían pesadillas a hombres adultos (y realmente lo han hecho). Si tú no crees que los espíritus demoníacos son reales, te garantizo que un viaje conmigo te hará cambiar de opinión. De algo estoy seguro. El mundo espiritual es real. Los ángeles son reales, y los demonios son reales. Dios es real, y Satanás es real. Estamos en medio de una batalla cósmica entre el bien y el mal que se ha estado librando durante milenios y que continúa desencadenándose a nuestro alrededor. Algunas personas prefieren ignorar esto y pretender que el mundo visible es todo lo que hay, pero ningún cristiano está justificado en lo que respecta a tener tal visión del mundo. La Biblia es absolutamente clara en cuanto a que el mundo espiritual no solo es real, sino aún más real de lo que podemos ver. Es en el mundo espiritual que la batalla se desarrolla con pleno vigor, y todos los seguidores de Jesús necesitan estar sobrios y vigilantes.

En este capítulo exploraremos algunos de los conceptos básicos relacionados con los ángeles, los demonios y el reino espiritual. Esto nos dará una base sobre la cual examinar la guerra espiritual en los siguientes capítulos.

¿QUÉ SON LOS ÁNGELES?

¿Qué viene a tu mente cuando lees esa pregunta? ¿Piensas en imágenes infantiles de bebés volando por ahí con pequeñas alas y arpas? ¿O te viene a la mente un símbolo más religioso, como una pintura medieval de figuras humanas con alas doradas, cabello largo, una túnica y un halo? Tal vez te imaginas una versión más contemporánea, como las que se encuentran en las librerías cristianas: un hombre del tamaño de un superhéroe con el pelo suelto, armadura brillante, alas poderosas y una espada enorme. O quizás seas uno de esos que han visto ángeles en una visión o en persona, así que la imagen que viene a tu mente puede no ser una mera interpretación, sino la verdadera.

Sin importar lo que se nos ocurra, la Biblia ofrece su propio retrato de los ángeles. Sin embargo, no es uno simple. Hay más en cuanto a los ángeles de lo que se puede captar en cualquier pintura o visión. Las Escrituras hacen muchas alusiones a los ángeles a través de sus páginas, como piezas de un rompecabezas gigante esparcido sobre una mesa. Tenemos que ponerlas todas juntas para ver el cuadro completo. Empecemos con el término en sí. La palabra ángel significa mensajero. En realidad, puede referirse a un mensajero humano enviado para llevar noticias a otros (por ejemplo, Génesis 32:3; Números 20:14; 21:21). La Biblia incluso se refiere a los profetas como ángeles. El nombre Malaquías significa mi ángel; el Señor lo llamó «mi mensajero» (Malaquías 1:1, nota, NVI).[2] Estos «ángeles» no son espíritus celestiales. La Biblia les aplica la palabra en el sentido puramente práctico de un mensajero.

Por otro lado, la misma palabra se refiere claramente a entidades espirituales no humanas que son mensajeros de Dios (por ejemplo, Génesis 19:1, 15; Daniel 3:28; Zacarías 1:9; Mateo 1:20; 2:13; Lucas 1:26, 28; Apocalipsis 1:1; 5:2; 7:2). Dios los envía para llevar noticias especiales (como los ángeles de la historia de la Navidad) o para cumplir tareas específicas (como los ángeles que destruyeron Sodoma y Gomorra). Las Escrituras describen a los ángeles como seres espirituales poderosos que tienen acceso a la presencia de Dios (Job 1:6; Mateo 18:10; Lucas 1:19), obedecen sus mandamientos (Salmos 103:20-21), lo adoran (Salmos 148:2; Apocalipsis 5:11-14), protegen a su pueblo (Salmos 91:11-12), y ministran a sus necesidades (1 Reyes 19:5; Mateo 4:11; Hebreos 1:14).

No obstante, el retrato bíblico de los ángeles resulta más complejo que esto. Este capítulo profundizará sobre el tema considerando varios nombres que se aplican a los seres angelicales a través de las Escrituras. Comenzamos en el Antiguo Testamento.

NOMBRES DE ÁNGELES EN EL ANTIGUO TESTAMENTO

El Antiguo Testamento no solo habla a menudo de los ángeles (por ejemplo, Salmos 91:11), sino que sus representaciones también son fascinantes y a veces impactantes. En realidad, ángel es solo un término entre varios que describen a estos seres espirituales.[3] Dios creó varios tipos diferentes de criaturas angélicas que lo atienden y cumplen su voluntad. Esta sección examinará algunos de los términos del Antiguo Testamento.

El consejo del Señor

Primero, consideraremos un término más amplio que abarca todo tipo de seres angelicales. El Antiguo Testamento está formulado según una concepción del mundo que ve al Señor sentado en su trono, en la cima de su montaña celestial, rodeado de una gran asamblea de la hueste celestial. Él es absolutamente único, pero no está solo. Dios se encuentra rodeado de una multitud enorme de seres espirituales que constituyen una gran asamblea celestial; una asamblea a la que Jeremías le llama «el consejo del SEÑOR» (Jeremías 23:18, NVI; ver también el v. 22).

> Dios preside el consejo celestial; entre los dioses dicta sentencia.
>
> —Salmos 82:1, NVI

> Celebrarán los cielos tus maravillas, oh Jehová, tu verdad también en la congregación de los santos. Porque ¿quién en los cielos se igualará a Jehová? ¿Quién será semejante a Jehová entre los hijos de los potentados? Dios temible en la gran congregación de los santos, y formidable sobre todos cuantos están alrededor de él.
>
> —Salmos 89:5-7

Estos dos pasajes se refieren a un gran consejo celestial que Dios gobierna y los ángeles atienden. Es un lugar de adoración espectacular. No obstante, era también un lugar de legislación y decretos. Varios profetas tuvieron una visión de esta reunión. En efecto, ellos mismos estuvieron con los ángeles en este consejo. La visión de Isaías es probablemente la más conocida. Él vio al Señor en su trono rodeado de seres angelicales. Después de su confesión de pecado y su purificación, Isaías escuchó la demanda de un voluntario para que fuera por «nosotros», un pronombre que incluía al Señor y a todo el consejo angelical (Isaías 6:1-8).

Dios usa a su hueste celestial por las mismas razones que usa a las personas redimidas. Él está lleno de amor y no quiere ejecutar su plan solo.

Daniel vio a este mismo consejo sentado en el juicio sobre las naciones malvadas (Daniel 7). Dios, el «Anciano de días», presidía la corte (v. 9). Había otros tronos y multitudes de seres angelicales presentes. El consejo dictaminó en contra de las naciones rebeldes y transfirió su dominio a «uno como un hijo de hombre» (v. 13). El profeta Micaías probablemente nos ofrece la visión más fascinante de este consejo (1 Reyes 22:1-40; 2 Crónicas 18). Al igual que Isaías, él vio al Señor en un trono rodeado por la hueste celestial. Después de decretar que el rey Acab moriría en batalla, el Señor le preguntó a su consejo cómo convencer a Acab para que participara en esa batalla. ¡Un debate se produjo entre los miembros del consejo! «Uno sugería una cosa, y otro sugería otra» (1 Reyes 22:20; 2 Crónicas 18:19, NVI). Entonces un «espíritu» dio un paso al frente ante el Señor y ofreció sus servicios como voluntario. Sugirió salir como un «espíritu de mentira en boca de todos sus [falsos] profetas» (1 Reyes 22:22; 2 Crónicas 18:21). Los profetas animarían a Acab a ir a la batalla, profetizando que él tendría éxito. Dios aseguró que la idea funcionaría y envió el espíritu para hacer el trabajo. El plan funcionó; Acab murió en la batalla.

Parece extraño que a Dios le guste la idea de un espíritu mentiroso. Puede parecer más extraño aún que Dios consulte a seres inferiores. ¿Por qué necesita Dios el consejo de espíritus inferiores cuando tiene todo el conocimiento y el poder? No obstante, es exactamente por esto que resulta tan importante entender a los ángeles y al consejo del Señor. Dios usa a su hueste celestial por las mismas razones que usa a las personas redimidas. Él está lleno de amor y no quiere ejecutar su plan solo. Desea que sus hijos de toda clase —en el cielo y en la tierra— trabajen con Él y para Él.

Esta visión del consejo celestial nos muestra que Dios tiene otros siervos además de los seres humanos. Ellos tienen rangos en su reino y varias funciones en la familia de Dios. Dios los ama y los respeta. Son parte de su casa, ayudándolo mientras gobierna a la creación. Además, la existencia de este consejo —con sus diversas clases y niveles de espíritus— nos ayuda a comprender el origen de los demonios y por qué tienen diferentes características de maldad. Y finalmente, el consejo nos proporciona mayor claridad sobre el señorío de Jesús. Su vida, muerte, resurrección y ascensión significan que Él es exaltado al lugar más alto de un universo lleno de seres espirituales poderosos. Jesús ayuda a presidir este gran consejo celestial *como un hombre*. ¡El Hijo eterno de Dios, que ahora es también el ser humano principal, es «superior a los ángeles» (Hebreos 1:4)! Esto es lo que Jesús quiere decir cuando declara: «Toda potestad me es dada *en el cielo* y en la tierra» (Mateo 28:18, énfasis añadido). A la luz de todo esto, veamos algunos nombres más que el Antiguo Testamento les da a estos seres angelicales.

Elohim

Es posible que ya estés familiarizado con esta palabra hebrea. La misma se puede traducir como «Dios» o «dioses». Su forma hebrea es plural, pero puede tener un significado singular (como la palabra *saltamontes* en el idioma español).[4] Esa es la manera en que los escritores del Antiguo Testamento la usan con más frecuencia. *Elohim* usualmente se refiere al único y eterno Dios de Israel. Sin embargo, en otros contextos la misma palabra puede ser una referencia en plural ya sea a dioses falsos (por ejemplo, Éxodo 20:3) o a seres angelicales (Salmos 8:5). En Salmos 82:1 se describe a los seres angelicales en el consejo divino. Según el Antiguo Testamento, estos ángeles son, en un sentido de la palabra, *elohim*.

Los ángeles no son robots espirituales. Tienen el poder de elegir. Les es posible tomar la decisión de abandonar el lugar que Dios les ha dado y operar en formas contrarias a la voluntad divina.

El contexto siempre debe determinar qué significado se usa.[5] Cuando la Biblia aplica la palabra *elohim* a los seres angelicales, por supuesto que no está diciendo que son literalmente dioses a los que hay que adorar, servir y obedecer (aunque las naciones impías los ven de esta manera). En vez de eso, está empleando la palabra para resaltar el hecho de que no son humanos. En cambio, son criaturas poderosas y sobrenaturales que habitan en el reino espiritual.[6] Como tales, ellos se sientan en el consejo celestial del Señor y ayudan a administrar su justicia entre las naciones

(Salmos 82). El término *elohim* también llama la atención sobre la autoridad que estos seres tienen en el mundo como agentes de Dios. Él los preside e incluso los juzga cuando se rebelan. «Dios [*elohim*] está en la reunión de los dioses; en medio de los dioses [*elohim*] juzga» (Salmos 82:1).[7]

Los hijos de Dios

Solo hay un Hijo eterno de Dios. Jesucristo es el Hijo «unigénito» del Padre, igual al Padre y al Espíritu en divinidad (Juan 1:14, 18). Él es completamente humano, completamente divino y más grande que todos los ángeles (Hebreos 1). No obstante, ¿sabías que la Biblia habla de otros «hijos de Dios» además de Jesús y los seres humanos redimidos? La frase única «hijos de Dios» es otra forma en que el Antiguo Testamento hace referencia a los seres angelicales que habitan en los cielos. El término significa algo similar a elohim. De hecho, Salmos 82 identifica a los elohim con los «hijos del Altísimo» (v. 6). Parece que estos hijos divinos son lo mismo que los elohim. Ambos términos constituyen descripciones generales de los seres sobrenaturales que pertenecen al consejo del Señor y ejercen autoridad en el mundo en nombre de Dios.

Entonces, ¿por qué referirse a los seres angelicales como hijos de Dios? Porque esto saca a relucir otros aspectos importantes de los ángeles que debemos entender. Primero, los seres angelicales son en cierto sentido hijos de Dios. Aunque no procrean a sus propios hijos como los seres humanos (Mateo 22:30), siguen siendo descendientes de Dios. Él los hizo; son sus hijos. El Padre creó cuidadosa, creativa y compasivamente a todos y cada uno de los seres angelicales para su deleite. Él es el que les dio la existencia. Ellos son parte de su familia celestial y por lo tanto parte de su gran familia (Efesios 3:15).

En segundo lugar, la frase «hijos de Dios» significa que estos seres espirituales son sobrenaturales y poderosos. Aunque pueden entrar en el reino terrenal, incluso aparecer y funcionar dentro de él, este mundo no es su hábitat natural. El cielo lo es. Después de todo, son hijos de Dios. Como parientes espirituales —sus hijos— están en el consejo real y comparten el dominio de Dios en el mundo.

Y finalmente, los «hijos de Dios» son portadores de la imagen de Dios. Aunque no son humanos, tienen habilidades, intelectos y emociones poderosas. También poseen libre albedrío. Los ángeles no son robots espirituales. Tienen el poder de elegir. Les es posible tomar la decisión de abandonar el lugar que Dios les ha dado y operar en formas contrarias a la voluntad divina (Judas 6). Como veremos más adelante, algunos lo han hecho. Sin embargo, la mayoría de ellos han permanecido leales a su Padre y Señor, y continúan sirviéndole en su consejo.[8]

Querubines y serafines[9]

Estas criaturas espirituales parecen incluir al orden más elevado de los hijos angelicales de Dios. Algunos eruditos incluso dirían que no deberíamos llamarlos ángeles.[10] No obstante, aunque el uso de los términos puede debatirse, está claro que estas criaturas extraordinarias pertenecen a una clase altamente especializada de seres angelicales. Las descripciones de ellos nos parecen bastante peculiares e incluso extrañas. Las películas modernas que crean criaturas espaciales extravagantes generadas por computadoras ni siquiera se acercan a estas criaturas extraterrestres *reales* que habitan cerca del trono de Dios.

Los profetas nos ofrecen nuestras descripciones más conmovedoras de los querubines y serafines.[11] Algunas también provienen de las historias del tabernáculo y el templo,[12] y unas pocas referencias aparecen en los salmos.[13] *Serafín* quiere decir «serpiente ardiente».[14] La forma verbal de esta palabra hebrea significa quemar, y el sustantivo significa serpiente, así que la mayoría de los traductores simplemente combinan los significados. En algunos lugares del Antiguo Testamento, *serafín* denota a una serpiente literal. Cuando se usa en el juicio contra el pueblo de Dios en el desierto, su veneno es su fuego (Números 21:6). Sin embargo, en esa misma historia, el Señor le dice a Moisés que haga «una serpiente [serafín]» de bronce (Números 21:8). Cuando los israelitas que fueron mordidos miraban a la figura de bronce, eran sanados.

El profeta Isaías ve a los serafines como figuras angelicales en el consejo del Señor (Isaías 6:1-4). Ellos estaban cerca del trono, gritándose unos a otros: «Santo, santo, santo». Ambas historias nos dan indicios sobre la función de los serafines angelicales. A partir de la historia de Isaías está claro que estas criaturas angélicas ayudan a administrar la presencia de Dios (junto con los querubines, examinados más adelante). Ellos deben cubrir sus rostros ante el brillo incomparable y absoluto de la luz del Señor. Y deben advertirse los unos a los otros que no miren ni se acerquen demasiado (por ejemplo, Éxodo 19:12-17). Es por eso que Isaías experimentó tanto terror. Él *no* se cubrió el rostro y vio al Señor (Isaías 6:1).

La historia de Moisés parece indicar que los serafines también estaban relacionados con los poderes restauradores de Dios. Es por eso que una serpiente ardiente de bronce es un símbolo de sanidad para los israelitas en el desierto. Incluso Jesús compara el acto de ser levantado en la cruz con la elevación de la serpiente en el desierto por parte de Moisés (Juan 3:14). La experiencia de Isaías confirma esta idea. Cuando él confiesa su pecado, uno de los serafines lleva un carbón encendido para tocar sus labios. Este acto restaura a Isaías, permitiéndole cumplir una misión (Isaías 6:5-8). Los serafines parecen atender el trono de Dios como guardianes y administrar el poder restaurador del Señor.

La palabra *querubín* proviene de una palabra semítica que significa «bendecir, alabar, adorar».[15] Ezequiel observa a cuatro querubines bajo el trono de Dios. Cada uno tiene cuatro caras, cuatro alas, manos humanas y pies de becerro (Ezequiel 1:6-8). Con ruedas gigantescas y giratorias al lado de cada uno de ellos, parecen «llevar» a Dios en su trono (vv. 15-28). Jehová se sienta encima de estos seres como si fuera montado en un carruaje de gloria a través de los cielos (Salmos 18:10). Todo esto indica que los querubines también son mayordomos de la presencia del Señor. Ellos lo atienden y lo acompañan. Es por eso que dos querubines flanquean la cima del arca del pacto. Y por tal motivo las cortinas del tabernáculo y el lugar santo en el templo de Salomón tienen varias imágenes de querubines en ellas. El Señor se sienta en un trono entre los querubines, y le habla a las personas desde esa posición (Éxodo 25:22).

Los querubines también actúan como guardianes del Señor. Él colocó querubines y una espada encendida en el lado este del huerto del Edén para prohibirle a Adán que regresara (Génesis 3:24). El querubín que el Señor expulsó de su santo monte, una aparente referencia al ser angelical que se convirtió en Satanás, fue elegido como «querubín protector» (Ezequiel 28:14, 16). La Biblia menciona a los querubines casi cien veces. Son mucho más prominentes que los serafines, pero parecen tener funciones similares como guardianes de la santa presencia de Dios. Los serafines ofrecen una barrera de protección entre el Dios santo y un mundo profano, pero también pueden servir para restaurar a los seres humanos penitentes cuando se cruza esa frontera. Mientras tanto, los querubines actúan como escoltas protectores de su santo Rey. Estos seres angelicales tan extraordinarios permanecen en el consejo del Señor como mayordomos de su presencia y su trono.

Príncipes

Los seres angelicales llamados príncipes aparecen principalmente en el libro de Daniel (10:13, 20-21; 12:1). Este término se refiere a un grupo de líderes angelicales de alto rango sobre las naciones.[16] La cosmovisión bíblica ve a los gobiernos espirituales en los cielos como paralelos a los gobiernos terrenales y rigiendo sobre ellos (por ejemplo, 1 Reyes 22:19-23; Salmos 82; Isaías 34:4-5; Daniel 2:21; 7; Apocalipsis 16:14). Los príncipes angelicales en el libro de Daniel tienen un nivel de autoridad sobre varias naciones. Miguel, por ejemplo, es llamado el príncipe del pueblo de Daniel, Israel (Daniel 10:21; 12:1), mientras que dos príncipes rebeldes son llamados «el príncipe de Persia» y «el príncipe de Grecia» (Daniel 10:20). Los tres son príncipes, pero solo uno es leal al Señor. Los otros dos luchan contra Él. Eso significa que los príncipes rebeldes sirvieron previamente como ángeles de alto rango en el consejo de Dios, pero desde entonces se han rebelado y usado su autoridad para propósitos malvados. Además, Miguel es llamado «uno de los principales príncipes» y «el gran príncipe» (Daniel 10:13; 12:1). Eso significa que existe una jerarquía, con príncipes de alto rango que dirigen contingentes militares. (Véase Mateo 26:53 y Apocalipsis 12:7.)

Los conflictos celestiales en Daniel se corresponden con conflictos terrenales. Así como el reino persa gobernó antes de dar paso al reino griego de Alejandro Magno, del mismo modo el mensajero en Daniel tuvo que luchar contra el príncipe espiritual de Persia mientras el príncipe de Grecia estaba en camino (Daniel 10:20). Todo esto significa que algunos miembros del consejo angelical original fueron llamados príncipes porque tenían autoridad sobre las naciones. Entre los príncipes había varios rangos y probablemente huestes de ángeles militares bajo su mando.

ÁNGELES EN EL NUEVO TESTAMENTO

El Antiguo Testamento esboza una imagen compleja, pero impresionante, de los seres angelicales. El Nuevo Testamento usa esa imagen como telón de fondo, asumiendo su descripción del consejo del Señor con sus varias clases de miembros angelicales. Sin embargo, engloba a la mayoría de estos miembros bajo un simple nombre: ángeles. En el Nuevo Testamento, entonces, la palabra ángeles se refiere a los varios seres espirituales que se reúnen en el consejo del Señor. Esta sección examinará algunas funciones de los ángeles del Nuevo Testamento a la luz de las categorías del Antiguo Testamento.

Elohim e hijos de Dios

Jesús se refiere a los ángeles como elohim cuando cita un salmo que emplea la misma frase (Salmos 82:6; Juan 10:34).[17] La propia referencia también implica que Jesús ve a los ángeles como hijos de Dios (Juan 10:35-36). Su uso de estos términos afirma su adopción de la cosmovisión del Antiguo Testamento. Los ángeles en el Nuevo Testamento son entidades no humanas y celestiales que Dios creó como sus hijos espirituales. Son portadores de la imagen de Dios, se sientan en su consejo celestial y lo ayudan a gobernar el universo.

Mensajeros

Cuando los ángeles aparecen en el Nuevo Testamento, la mayoría de las veces les llevan mensajes a los seres humanos o realizan tareas para el Señor. Los mensajeros angelicales se les aparecen de manera notoria a Zacarías, María, José y los pastores para anunciarles el nacimiento de Juan el Bautista y el Rey Jesús (Mateo 1:20—2:23; Lucas 1:11-20, 26-38; 2:8-15). Ellos dan órdenes, advierten de peligro y ofrecen orientación física. Los ángeles rescatan a las personas, velan por las iglesias y los individuos, y llevan a cabo varios actos de juicio (Mateo 18:10; Hechos 5:19; 12:7-10, 23; Apocalipsis 2:1). Cualquiera sea el caso, este papel de los ángeles como mensajeros es el más prominente en el Nuevo Testamento. Como en el Antiguo Testamento, los ángeles son seres espirituales que no poseen cuerpos naturales terrenales, pero que pueden aparecer en forma humana (Hebreos 13:2).

Al final estos mensajeros espirituales estarán sujetos a los humanos y después del juicio los ayudarán a cuidar del mundo nuevo y glorioso en la era venidera.

Los ángeles en el Nuevo Testamento también tienen papeles cruciales como mensajeros en el fin de los tiempos. Así que la actividad angelical aumentará en la tierra a medida que se acerque el día del Señor. Los ángeles ayudan al Señor Jesús a llevar a cabo la siega en los últimos días y a «arrancar» a las personas de la iglesia que parecen cristianos, pero no lo son (Mateo 13:39-41). Una de las razones por las que Dios creó la hueste celestial fue para ayudar en la renovación de la tierra al final de los tiempos, sin duda para unir a sus familias celestiales y terrenales (Efesios 3:15). Al final estos mensajeros espirituales estarán sujetos a los humanos y después del juicio los ayudarán a cuidar del mundo nuevo y glorioso en la era venidera (1 Corintios 6:2-3; Hebreos 1:14; 2:5-18).

Consejo del Señor

El Nuevo Testamento, como el Antiguo, describe escenas del consejo angelical del Señor (que también incluye a los humanos en ambos Testamentos). El ejemplo más vívido se ofrece en el libro del Apocalipsis. El Padre se sienta en un trono de colores brillantes y está rodeado por veinticuatro ancianos en otros tronos, cuatro seres vivientes, miríadas de ángeles y el Cordero (Apocalipsis 4—5; véase también Daniel 7:9-10). Este consejo es convocado a fin de abrir el gran rollo y llevar a cabo los juicios de Dios de los últimos días.

La otra mención en el Nuevo Testamento del consejo ocurre en Hebreos 12:22-24. El autor describe al consejo con el objetivo de animar a los creyentes judíos a hacer que sus reuniones de la iglesia tengan un significado extraordinario en el reino espiritual. Cuando se reúnen, ellos se unen a un consejo más grande en la «Jerusalén celestial» en el Monte Sión. Allí están presentes miríadas de ángeles, la iglesia en general, Dios, los espíritus perfeccionados de los justos y Jesús.[18]

Ambas visiones del Nuevo Testamento del consejo incluyen a los humanos con los ángeles, y ambas incluyen a Jesús como líder del consejo con el Padre. No es de extrañar que el autor de Hebreos comience su epístola insistiendo en que Jesús es «tanto superior a los ángeles» (Hebreos 1:4). Él está presente en el gran consejo angelical, no como un profeta o simplemente como un gobernante terrenal, sino como el Señor del consejo. Él es de manera exclusiva y eterna el Hijo de Dios; por lo tanto, todos los ángeles —el consejo entero— lo adoran y le sirven de la misma manera en que lo hacen con el Padre (Hebreos 1).

Querubines y serafines

Aunque estas criaturas no se mencionan por su nombre en el Nuevo Testamento, parece que los querubines aparecen en Apocalipsis como «los cuatro seres vivientes» (Apocalipsis 4:6-8). Ellos tienen algunas similitudes sorprendentes con los querubines de Ezequiel, aunque también poseen ciertas diferencias. Algunos maestros de la Biblia los ven como los mismos seres que aparecen en diferentes formas.[19] Otros los identifican con los serafines de Isaías.[20]

Príncipes

Uno de los príncipes de Daniel también aparece en el Nuevo Testamento. A Miguel, el príncipe que cuida de la nación de Israel, se le llama «arcángel» en el Nuevo Testamento (Judas 9). También es representado en una batalla con «sus ángeles» contra «el dragón y sus ángeles» (Apocalipsis 12:7). El prefijo griego *arc* puede significar primero, principio, gobernante o príncipe. Así que *arcángel* se refiere evidentemente a un ángel principal. La descripción de Miguel en Apocalipsis nos muestra que él es un ángel jefe o príncipe, porque supervisa a otros príncipes, así como también a otros ángeles, en su contingente militar. Igualmente supervisa a la nación de Israel.[21] Además, en Judas, Miguel disputa con el diablo (v. 9), lo cual implica su nivel de autoridad en la jerarquía de los ángeles. Miguel y el diablo probablemente tenían rangos similares antes de la rebelión.

¿QUÉ SON LOS DEMONIOS?

¿Qué sucede cuando alguna de estas poderosas criaturas angelicales se rebela contra el Altísimo? Estos ángeles, después de todo, son los «hijos de Dios». Dios los creó como sus parientes espirituales, dándoles la habilidad para elegir ser leales a Él y obedecer su palabra. Sin embargo, no todos tomaron esa decisión. Los seres angelicales que no escogieron obedecer a Dios fueron expulsados de su ámbito celestial. Ellos permanecieron como espíritus, por supuesto, y por lo tanto continúan poblando el reino espiritual. No obstante, al elegir seguir su propio camino, perdieron su conexión íntima con Dios, así como su lugar en la atmósfera de su gloria. Veo dos consecuencias importantes de esta caída. Primero, estos ángeles experimentan una perversión de sus atributos originales. Diferentes tipos de ángeles que tenían varias habilidades y responsabilidades en el cielo ahora, después de la rebelión, han distorsionado las versiones de sus caracteres originales. La expulsión y la perversión de estos ángeles caídos los convierte en lo que el Nuevo Testamento llama demonios.

Segundo, sin la atmósfera de gloria para la cual fueron creados, necesitan otro ambiente en el cual expresarse y luchar contra Dios. Ese nuevo ambiente es la tierra. Específicamente, deben trabajar a través de la agencia humana. Esto se debe a que Dios diseñó a los humanos para gobernar y cuidar de la tierra. Los demonios deben usurpar el papel de la humanidad como gobernantes de la tierra. Sin embargo, también deben crear un tipo de asociación con los humanos como anfitriones para llevar a cabo su misión contra Dios.

LA CAÍDA DE LOS ÁNGELES

El profeta Ezequiel ofrece una interesante proclamación de juicio y lamento contra el rey de Tiro (Ezequiel 28:1-19). La arrogancia de este malvado príncipe humano lo inspiró a reclamar su invencibilidad e igualdad con Dios, por lo que el profeta lo reprendió. Sin embargo, a medida que Ezequiel despliega su profecía, claramente cambia su estilo y comienza a hablar de un ser sobrenatural. Recuerde que los príncipes humanos se corresponden con los príncipes espirituales. (Véase Daniel 10:13, 20.) Que la profecía de Ezequiel sobre el rey de Tiro se deslice hacia una descripción paralela de un ser sobrenatural no debe sorprender.

El profeta declara que esta entidad espiritual solía ser un «querubín protector» que habitaba «en el santo monte de Dios», estaba cubierto de piedras preciosas, tenía el sello de la perfección, «lleno de sabiduría y de hermosura perfecta», caminaba entre las piedras de fuego, y se encontraba «en Edén, en el jardín de Dios» (Ezequiel 28:12-14, NVI). Tal lista describe claramente a un miembro del consejo angelical de Dios que estaba presente incluso en el Edén. No obstante, el profeta continúa diciendo: «A causa de tu hermosura te llenaste de orgullo. A causa de tu esplendor, corrompiste tu sabiduría» (v. 17, NVI). Además, y sin dejar lugar a dudas de que le habla a un ser angelical caído, el Señor dice: «Pecaste. Por eso te expulsé del monte de Dios, como a un objeto profano. A ti, querubín protector, te borré de entre las piedras de fuego» (v. 16, NVI).[22]

Es lógico, entonces, que nos encontremos con un ser espiritual malvado en el huerto del Edén (Génesis 3:1-7). La serpiente era el antiguo príncipe querubín que quiso elevarse al lugar más alto del consejo del Señor, haciéndose «semejante al Altísimo» (Isaías 14:14). Él era un miembro de alto rango del consejo que ahora se aparecía en el huerto para seducir a Eva y conducir a Adán a la rebelión humana y la muerte. El Nuevo Testamento identifica a esta serpiente con nada menos que el «diablo» y «Satanás» (Apocalipsis 12:9; véase también 2 Corintios 11:3, 14). Su rebelión inspiró a otros seres angelicales a seguir su ejemplo. Ellos también fueron expulsados del consejo celestial (Apocalipsis 12:9; ver también Mateo 25:41).

¿Todo esto se produjo en una sola rebelión? ¿O hubo varias rebeliones de otros miembros del consejo en diferentes momentos? Las Escrituras hacen varias referencias a la rebelión angelical. Génesis nos dice que los «hijos de Dios» tomaron esposas humanas para sí mismos (Génesis 6:1-4). Estos parecen ser los mismos «ángeles que no guardaron su dignidad, sino que abandonaron su propia morada, [que ahora] los ha guardado bajo oscuridad, en prisiones eternas, para el juicio del gran día» (Judas 6). Salmos 82 revela que algunos de los hijos de Dios que pertenecían al consejo del Señor se corrompieron, mientras que otros hijos de Dios evidentemente permanecieron leales a Él (Job 1:6; 2:1). Estos hijos rebeldes de Salmos 82, llamados elohim, se negaron a usar su autoridad entre las naciones para ayudar a los débiles, pobres y huérfanos. Por último, Apocalipsis nos dice que la cola del dragón «arrastraba la tercera parte de las estrellas del cielo, y las arrojó sobre la tierra» (Apocalipsis 12:4). Ciertamente encontramos diferentes referencias a la rebelión angelical, que puede haber ocurrido en diferentes momentos. No obstante, ya sea que se trate de acontecimientos separados o no, nos muestran con claridad que los seres demoníacos son antiguos miembros del consejo angelical que se rebelaron contra el Señor.

VARIOS TIPOS DE DEMONIOS

Una gran parte de la hueste angelical se rebeló. Sin importar cuáles fueran las características que tenían en su estado anterior, ahora evidencian una forma retorcida de ellas. Los antiguos ángeles de alto rango —los querubines, serafines y príncipes— son ahora formas oscuras de sus seres anteriores. Todavía tienen autoridad sobre las naciones, pero ahora usan su autoridad para pervertir la justicia, oprimir a las personas, oponerse al plan de Dios y crear guerra y muerte en la tierra. Estos son los principados y potestades a los que Pablo y Pedro se refieren en sus epístolas (Efesios 1:21; 6:12; 1 Pedro 3:22). Los antiguos puestos de poder de los demonios se trasladan a las actuales posiciones de sus tropas.

Leemos acerca de «principados [...] potestades [...] gobernadores de las tinieblas de este siglo [...] huestes espirituales de maldad en las regiones celestes» (Efesios 6:12). También encontramos palabras como *señoríos, nombres, tronos* y ángeles (Efesios 1:21; 3:10; Colosenses 1:16; 1 Pedro 3:22). Todas estas son referencias a posiciones jerárquicas que pertenecían originalmente al consejo del Señor. Sin embargo, se convirtieron en posiciones malvadas en el consejo satánico. En cualquier sistema jerárquico, existen rangos superiores e inferiores. Los ángeles de menor rango que se rebelaron se convirtieron en algo así como soldados rasos en el ejército satánico. Estos son usualmente llamados demonios en los evangelios. Causan estragos en la vida de las personas de varias maneras. Antes operaban bajo el mando de ángeles de rango superior y llevaban a cabo ciertas tareas. Ahora hacen lo mismo para sus supervisores en el reino demoníaco. Antes tenían varias áreas de experiencia. Ahora usan versiones pervertidas de esas habilidades para ejercer el poder opresivo del diablo sobre las personas.

Por ejemplo, un ángel encargado originalmente de varios tipos de comunicación puede haberse convertido ahora en un «demonio, que [es] mudo» (Lucas 11:14). Un ángel asignado para expandir la belleza puede ser ahora un demonio que causa ceguera (Mateo 12:22). ¡Uno que solía administrar la pureza de la adoración puede ser ahora «un espíritu de demonio inmundo» justo en medio de un servicio en la sinagoga (Lucas 4:33)! Popularmente podemos llamarle a este demonio un espíritu religioso. El mismo enmascara la impureza flagrante detrás de la falsa piedad. A mayor escala, un serafín al que se le dio inicialmente un amplio poder para restaurar puede ser ahora un príncipe de alto rango con poder para infligirles los peores tipos de enfermedades a muchas personas.

Los demonios cubren un amplio espectro de rangos y poderes, y trabajan juntos. Jesús lo deja claro (Mateo 12:26). Es obvio que no se unen por amor. Se unen por miedo. Si no agrupan sus recursos en torno a su causa malvada común, no tienen ninguna esperanza de éxito. Por lo tanto, como en el caso de Legión, los demonios de menor rango pueden conglomerarse para producir un poder mayor sobre una región (Marcos 5:1-20). El grupo de espíritu inmundos, Legión, demoniza a un hombre y mantiene a un área de diez ciudades bajo su dominio. Esta historia revela ambos planos de actividad demoníaca: la esclavitud sobre un individuo, pero también el gobierno sobre una región.[23] Esta Legión, el nombre dado a un destacamento que incluía de cuatro mil a seis mil demonios, también debe haber trabajado bajo la autoridad de príncipes de alto rango.[24]

LA NECESIDAD DE REPOSO DE LOS DEMONIOS

Jesús enseña: «Cuando el espíritu inmundo sale del hombre, anda por lugares secos, buscando reposo; y no hallándolo, dice: Volveré a mi casa de donde salí» (Lucas 11:24). ¿Por qué los espíritus demoníacos buscan reposo? Como espíritus caídos sin la comodidad y la compatibilidad de su ambiente original, deben tener algo parecido a una «casa» en este mundo donde puedan residir y a través de la cual sean capaces de expresar su agitada necesidad de maldad. Los demonios necesitan hospedadores. Aun los cerdos eran mejores para Legión que la perspectiva de ser despojados de un cuerpo, abandonar su región, o dirigirse al juicio prematuro del abismo (Mateo 8:29; Marcos 5:10; Lucas 8:31).

Por otra parte, los espíritus de rango superior habitan en las regiones celestiales, también llamadas «la potestad del aire» (Efesios 2:2). Ellos no parecen necesitar a personas individuales para habitar. Sin embargo, todavía necesitan regímenes humanos a través de los cuales expresar su dominio. También parecen funcionar mediante una conexión de eslabones que se extiende desde una actividad maligna de bajo nivel en la tierra hasta un gobierno de alto nivel en los cielos. Repito, esto es lo que parecía estar haciendo Legión.

Tal conexión humana es el «reposo» que necesitan las fuerzas demoníacas. A esto se suma el hecho de que Dios nos diseñó a nosotros los humanos para vivir por su Espíritu. Adán vivió naturalmente cuando el aliento de vida entró en él (Génesis 2:7). Y los creyentes viven sobrenaturalmente cuando recibimos el Espíritu de Dios y Cristo (Romanos 8:9). Dios nos creó para ser inspirados por su Espíritu. No obstante, si no tenemos *su* Espíritu, tendremos un vacío en nuestros corazones anhelando algún otro tipo de espíritu. Debemos tener espíritu. Mientras tanto, los espíritus demoníacos atraviesan la tierra necesitando hospedadores. Estos dos oscuros requerimientos se encuentran mutuamente como una pareja formada en el infierno. Es por eso que Pablo dice que cuando éramos pecadores, estábamos sujetos al «espíritu que ahora opera en los hijos de desobediencia» (Efesios 2:2). Sin el Espíritu Santo, los seres humanos deben tener algún tipo de conexión con el espíritu, ya sea una demonización directa o una inspiración general proveniente del espíritu del mundo. Algunas personas están más influenciadas por espíritus específicos que otras.

Es por eso que parece haber diferentes niveles de influencia demoníaca sobre las personas. Los demonios necesitan descanso, y las personas necesitan espíritu. El grado de cooperación mutua, así como otros factores, determina el grado de influencia. En casos extremos, los seres demoníacos se expresan abiertamente a través del habla o el comportamiento humano. El Nuevo Testamento le llama a esto ser poseído por un demonio, estar demonizado, o tener un demonio (Mateo 8:16; Marcos 9:17).[25] Esto no significa que todas las personas sin Cristo estén demonizadas. Pero sí significa que todos aquellos que no tienen a Cristo están bajo la influencia del espíritu del mundo.

¡JESUCRISTO ES EL SEÑOR!

¡Sin embargo, Jesús ha derrotado a todo espíritu angelical rebelde! Su vida, muerte, resurrección y ascensión hicieron más que darnos una manera de ser perdonados de nuestros pecados. *Su victoria derrocó a toda la hueste de poderes oscuros.* Cuando Jesús ocupó su trono como el Hijo perfecto de Dios e Hijo del Hombre, específicamente obtuvo el dominio sobre toda la red de ángeles caídos. ¡Esto abarca una gran parte de lo que la Biblia quiere decir cuando declara que Jesús es el Señor! Ni siquiera es posible entender por completo esta gran confesión sin una concepción del mundo que perciba a una jerarquía de espíritus malignos que gobiernan a los individuos y las naciones, pero que ahora están subyugados a Cristo.

Cuando nos volvemos al Señor y recibimos su Espíritu, el Espíritu Santo llena nuestro vacío de espíritu. Eso significa que somos llevados de la muerte espiritual a la vida eterna. También significa que somos levantados al lugar de dominio con Cristo (Efesios 1:19—2:6). Ya no estamos sujetos al espíritu del mundo, viviendo bajo la tiranía de las fuerzas malvadas. Somos liberados y elevados. En el hombre Cristo Jesús, el diseño original para que los humanos gobiernen la tierra ha sido restaurado. Podemos caminar en victoria sobre estos poderes malignos ahora, y un día gobernaremos con Cristo sobre toda la creación. Jesucristo es el Señor.

PREGUNTAS PARA LA DISCUSIÓN

- ¿Por qué piensas que Dios ha creado tantos tipos diferentes de criaturas en el cielo y en la tierra?
- ¿Por qué Dios usa a agentes humanos y angelicales en lugar de hacerlo todo Él mismo?
- ¿Por qué los demonios necesitan/quieren hospedadores humanos?
- ¿Alguna vez has tenido un encuentro con una persona demonizada? ¿Alguna vez has visto a un ángel o un demonio?

CAPÍTULO 2

DE DÓNDE EL DRAGÓN OBTIENE SU PODER

Es prudente nunca confiar por completo en las cosas
que nos han engañado incluso una sola vez.
—René Descartes, *Meditaciones acerca de la filosofía primera*

No tengo ninguna razón para suponer que él, quien me quitaría mi
libertad, no me quitaría todo lo demás cuando me tenga en su poder.
—John Locke, *segundo tratado sobre el gobierno civil*

¿**A**lguna vez has salido a caminar, o tal vez a trabajar afuera, y te has encontrado con una serpiente? Ese es un momento escalofriante. Un amigo mío me contó recientemente que estaba dando una caminata con su familia y llevaba a uno de sus cuatro hijos encaramado sobre sus hombros. Él dobló una esquina y casi se tropieza con una serpiente negra que bloqueaba su camino. Quiso gritar. Sin embargo, contuvo su impulso para no aterrorizar a sus hijos. En vez de eso, pronunció un ruido que sería imposible de reproducir aquí por escrito. Pero créeme cuando te digo que fue algo ridículo. Como puedes imaginarte, con un niño sobre sus hombros y tres más a sus espaldas, tenía mucha menos movilidad de la que le hubiera gustado tener, así que retrocedió lentamente. Una vez que estuvo a una distancia segura, comenzó a golpear el suelo con sus pies para ahuyentar a la serpiente.

No fue una estrategia particularmente sofisticada. Estoy seguro de que la habría aplastado con una roca o le hubiera lanzado una estrella ninja de haber podido. Él es así de asombroso. No obstante, en ese momento, cuán genial pareciera no era lo importante. Según él mismo reconoció, no se pareció ni se escuchó como un héroe triunfante. Sus hijos todavía imitan el sonido agudo, mitad quejumbroso y mitad de advertencia que hacía con la garganta y luego estallan en carcajadas. Sin embargo, mirando en retrospectiva, todo eso es irrelevante. La serpiente se fue, el sendero quedó despejado, y ellos siguieron su alegre caminata.

Habría sido mejor si nuestros primeros antepasados, Adán y Eva, hubieran elegido una táctica similar muchos años atrás en el Edén. Tal vez se hubiesen sentido tontos. Retroceder lentamente y golpear el suelo con sus pies puede haber parecido algo inferior a sus posiciones como guardianes del paraíso de Dios, pero habrían sido mejores por ello.

Los primeros dos capítulos de Génesis pintan un cuadro de un mundo nuevo creado por Dios con la humanidad, hombre y mujer, llevando su imagen y gobernando como los supervisores legítimos de la tierra. Dios quiso que la humanidad gobernara la tierra y que sus propias necesidades fueran satisfechas por «toda planta que da semilla, que está sobre toda la tierra, y todo árbol en que hay fruto» (Génesis 1:29). Solo hubo una excepción. Dios le dijo al primer hombre, Adán, y a la primera mujer, Eva: «De todo árbol del huerto podrás comer; mas del árbol de la ciencia del bien y del mal no comerás; porque el día que de él comieres, ciertamente morirás» (Génesis 2:16-17).

La tentación resultante se centra en este mandato. Dios le había dado al hombre todo en el huerto excepto *un* árbol, y ese es el punto de donde vendría la tentación. Por cierto, esta cuestión de la tentación y la elección resulta crucial para todos nosotros. Constituye un tema que se repetirá a lo largo de este libro. Es importante que hagamos una pausa aquí y digamos algunas cosas sobre la naturaleza del pecado y la tentación. ¿Por qué Dios les ordenó a Adán y Eva que no comieran de un árbol que puso a su disposición? ¿Estaba motivado por una curiosidad sádica para ver si caerían en una trampa arbitraria? Por supuesto que no.

Santiago nos dice: «Cuando alguno es tentado, no diga que es tentado de parte de Dios; porque Dios no puede ser tentado por el mal, ni él tienta a nadie» (Santiago 1:13). Aun así, al considerar superficialmente la historia del Edén, podría parecer que Dios está preparando a Adán y Eva para que fracasen. Después de todo, Él los pone en un huerto que parece perfecto hasta que descubrimos que viene con un árbol venenoso y un dragón que habla con suavidad.

LIBRE ALBEDRÍO

El concepto del libre albedrío constituye la manera en que por lo general los teólogos han explicado la presencia del árbol del conocimiento del bien y del mal, así como el hecho de que Dios pareciera permitir que esa serpiente antigua tentara a Adán y Eva. Esta explicación es bastante común. Sin embargo, para muchos la cuestión original de la arbitrariedad de Dios persiste. Creo que esto es porque el concepto de libre albedrío como una abstracción filosófica y teológica es una cosa. No obstante, aplicar estas ideas a nuestra vida cotidiana parece menos seguro.

A menudo las personas tienen deseos y tendencias que según las normas bíblicas no deben llevar a cabo. Es como si en el huerto de sus vidas hubiera un árbol que les han dicho que está fuera de los límites. Resulta que ese es el árbol con el que más quieren relacionarse. Alguien podría preguntarse: ¿Por qué Dios me haría con ciertos deseos y luego me diría que no puedo cumplirlos? Parece injusto, quizás hasta un poco cruel. Este es el dilema al que me refiero. El «libre albedrío» es una respuesta teológica apropiada en teoría. Sin embargo, en la práctica de la vida diaria parece más difícil de aceptar.

Cuando un león acecha a una gacela y la desgarra miembro por miembro, puede resultar horroroso observarlo. No obstante, nadie diría que el león es malo. Solo actúa de acuerdo con su naturaleza. El león no es más malo al comerse una gacela que una gacela al comerse la hierba. Ambos simplemente están actuando de acuerdo con su naturaleza. En realidad, cuando un león mata al cachorro de otro león, incluso entonces les atribuiríamos sus acciones al instinto y nunca las describiríamos como malvadas. Matar es algo natural para un león. No puede evitarlo. Del mismo modo, ¿cómo puede algo que es natural para un ser humano ser condenado como malvado? ¿Cómo puede Dios esperar que neguemos nuestra naturaleza? Es más, si la Biblia es verdadera y Dios es real, entonces Él es Aquel que nos creó. Tal como muchas personas lo ven, Dios nos creó de una forma y luego espera que nos comportemos de manera contraria a esa misma naturaleza. Esto parece injusto.

La idea de que nuestra propensión natural a ciertas conductas las justifica pertenece al espíritu del mundo occidental moderno. En otras palabras, pertenece al espíritu de nuestra época, al estado de ánimo o el sistema de valores que define nuestros tiempos. Muchas personas usan esto para defender sus elecciones en cuanto al estilo de vida o para explicar ciertos comportamientos. Por ejemplo, este es uno de los principales argumentos que los activistas homosexuales emplean. Su afirmación básica es que nacieron con sus preferencias sexuales. Por lo tanto, lo que hacen no solo está bien, sino que también son virtuosos por ser auténticos. Es por eso que cuando alguien se identifica como homosexual o transexual, resulta aclamado como un héroe. Esta es la razón por la que Caitlyn Jenner, por ejemplo, ganó el premio a la Mujer del Año de la revista *Glamour*. Se considera loable «ser fiel a uno mismo» en contra de las convenciones y normas tradicionales. Un artículo reciente del *USA Today* afirma: «Durante décadas, "nacido de esta manera" ha sido el grito de guerra del movimiento por los derechos de los homosexuales, un simple eslogan que se cita como la base tanto para el cambio político como para la aceptación cultural».[1] Lady Gaga incluso escribió una canción sobre esto.

Sin embargo, esto no es un problema exclusivo de los LGBT. Esto es algo con lo que todo ser humano lucha. Todos nacemos con ciertas tendencias y deseos que son contrarios a lo que encontramos en la Palabra de Dios. Por ejemplo, algunos científicos afirman que los hombres heterosexuales parecen estar biológicamente predispuestos a querer tener relaciones sexuales con múltiples mujeres. Cuando se observan las estadísticas del número de hombres casados que tienen aventuras en algún momento de sus vidas y se suman al número de hombres que han tenido múltiples parejas sexuales, ya sea antes del matrimonio o a través del divorcio y el volverse a casar, parece bastante claro que la promiscuidad sexual es una predisposición para los humanos. Y sin embargo, el ideal de la Biblia es que un hombre y una mujer se casen de por vida, y que toda la actividad sexual se limite a esa relación matrimonial. Una vez más, todo esto parece ir en contra de nuestra naturaleza. Esto nos lleva de nuevo a la pregunta. Si Dios nos creó tal como somos, ¿cómo puede desagradarle que satisfagamos nuestras tendencias naturales de la misma manera que lo hacen los animales? Entiendo la respuesta cristiana. Dios no nos creó con una naturaleza pecaminosa. La misma vino como resultado de la caída. No obstante, eso aún nos lleva a la pregunta: ¿Por qué creó Dios un mundo donde el pecado es una opción posible? Después de todo, Adán y Eva tomaron la decisión de desobedecer a Dios antes de la caída.

Sin llevar a cabo un experimento del pensamiento prolongado, creo que es razonable sugerir que un mundo donde las personas son libres para no escoger a Dios y libres para desobedecerlo es el mejor de todos los mundos posibles. En un mundo así, el mal existirá, sí. Pero también el amor, la libertad y la verdadera elección. C. S. Lewis lo explica así:

Dios creó seres que tenían libre albedrío. Eso significa criaturas que pueden actuar mal o bien. Algunas personas piensan que pueden imaginar a una criatura que era libre, pero que no tenía ninguna posibilidad de equivocarse; yo no puedo. Si alguien es libre para ser bueno, también es libre para ser malo. Y el libre albedrío es lo que ha hecho posible el mal. ¿Por qué, entonces, Dios les dio libre albedrío? Porque el libre albedrío, aunque hace posible el mal, es también lo único que hace posible cualquier amor o bondad o alegría que valga la pena tener. Un mundo de autómatas —de criaturas que funcionaran como máquinas— es algo que difícilmente valdría la pena crear. La felicidad que Dios desea para sus criaturas superiores es la felicidad de estar unidos a Él y entre sí de manera libre y voluntaria, en un éxtasis de amor y deleite comparado con el cual el amor más extático entre un hombre y una mujer en esta tierra resulta endeble. Y para eso deben ser libres.[2]

Una cosa está clara en las Escrituras: este asunto del libre albedrío es importante para Dios. Él nos creó con la habilidad de elegir en general y la habilidad de elegirlo a Él de manera específica. Tal cosa resulta importante porque Dios nos creó para sí mismo, para tener una relación de amor con Él. Sin la capacidad de elegir, una relación amorosa no habría sido posible. Si alguien tiene que forzar a otra persona para experimentar el «amor», entonces eso no es amor en absoluto. Es abuso, el principal modo de egoísmo. Dios no quería un montón de robots programados con anticipación que actuaran según un código

Sin la capacidad de elegir, una relación amorosa no habría sido posible.

de computadora, ni tampoco deseaba animales que actuaran por instinto. La humanidad fue creada con la capacidad de elegir. No obstante, esa habilidad también debe venir acompañada por la habilidad de rechazar a Dios. De lo contrario, no podría tratarse de un verdadero *libre* albedrío. Si no hay consecuencias para las decisiones equivocadas, entonces no hay libre albedrío. Y si no hay libre albedrío, no hay amor genuino.

Hasta ahora todo lo que estoy presentando es un argumento estándar del libre albedrío. La mayoría de las personas estarán familiarizadas con esto. Sin embargo, aquí está la parte que es posible que no hayas considerado. Vamos a dar un paso más allá. El libre albedrío solo tiene sentido en presencia de opciones viables. En otras palabras, a menudo hablamos de la importancia de la libertad de elección, pero no hablamos con frecuencia sobre el valor de esa elección: la cantidad de valor significativo que su libertad de elección implica.

Por ejemplo, digamos que te voy a dar a elegir entre dos opciones. Puedes pasar el día en un spa en Hawaii con todos los gastos pagados, o puedes herirte en el ojo con un palo afilado. ¿Qué clase de elección es esa? Aunque técnicamente pueda estar ofreciéndote dos opciones, en realidad no hay elección que hacer, ¿verdad? Nadie en su sano juicio escogería el palo afilado en el ojo sobre las vacaciones en Hawaii.

Si Dios creó a los seres humanos con la habilidad de elegir, pero los puso en un mundo donde todas las variables estaban dispuestas hacia una sola opción viable (Él), la habilidad de elegir sería superflua. Realmente no habría ninguna decisión significativa que hacer. Es más, elegir a Dios bajo esas circunstancias no indica amor verdadero, el motivo preciso que Dios desea para su creación humana.

Por el contrario, Dios nos permite permanecer en un mundo caído donde cada condición ha sido acumulada en su contra. Sin embargo, nos pide que lo elijamos a Él. Eso significa que una persona que escoge a Dios en este mundo ha hecho una elección real y significativa. Cuando elegimos a Dios, nuestra elección es significativa por tres razones importantes.

1. Él no es la elección más visible por naturaleza.

Al famoso ateo Richard Dawkins se le preguntó qué diría si al morir descubre que realmente existe un Dios. Su respuesta fue citar a Bertrand Russell, quien señaló que le preguntaría a Dios: «Señor, ¿por qué te esforzaste tanto en esconderte?».[3] Si fuera verdad que Dios se esconde, yo estaría de acuerdo con Dawkins y Russell. Si fuera imposible percibir a Dios y no hubiera más evidencia de su existencia que la que existe con relación a un monstruo de espaguetis volador, sería completamente racional rechazar la idea.

Sin embargo, en realidad Dios se ha esforzado mucho para *revelarse*. Él se ha revelado a través de toda la naturaleza y la creación. Pablo dice: «Las cosas invisibles de él, su eterno poder y deidad, se hacen claramente visibles desde la creación del mundo, siendo entendidas por medio de las cosas hechas, de modo que no tienen excusa» (Romanos 1:20). Dios no solo ha puesto su huella digital en todo lo que vemos a nuestro alrededor, sino que también la ha puesto en todo lo que sentimos dentro de nosotros. Él ha «puesto eternidad en el corazón» de los seres humanos (Eclesiastés 3:11), dándonos una conciencia interior de lo trascendente. Sabemos que fuimos hechos a su imagen.

No obstante, más allá del testimonio de la creación y el testimonio de nuestra propia conciencia, Dios se ha revelado por medio de su Hijo. Él vino al mundo y dio su vida por nosotros. El regalo de Dios para nosotros, el regalo de su Hijo, no es simplemente una realidad espiritual. Jesús vino en carne y hueso al mundo real. Su vida es un asunto del registro histórico, y la evidencia de la resurrección resulta abrumadora. Uno tiene que estar resuelto a no percibir a Dios para pensar que se está escondiendo.

Dios se ha revelado de tal manera que aquellos que quieran encontrarlo puedan lograrlo, y aquellos que no, no tengan que hacerlo.

Por un lado, Dios se les ha revelado a los que son humildes y lo buscan. Pero por otro lado, se ha escondido de los orgullosos y los duros de corazón. Como dijo el matemático y filósofo francés Blaise Pascal: «[Dios] quiso hacerse perfectamente reconocible para aquellos [...] que lo buscan con todo su corazón, y ocultarse para aquellos que lo rechazan con todo su corazón [...] ha dado señales de sí mismo que son visibles para aquellos que lo buscan y oscuras para los que no lo hacen».[4]

Imagínese si Dios se apareciera de repente en el cielo y su voz tronara por toda la tierra: «Yo soy Dios, adórenme». Probablemente todo el mundo elegiría hacerlo. Sin embargo, repito, eso no sería realmente una elección, ¿verdad? Dios se ha revelado de tal manera que aquellos que quieran encontrarlo puedan lograrlo, y aquellos que no, no tengan que hacerlo. Permíteme decirlo de esta manera: si Dios fuera visible a simple vista, elegirlo no tendría sentido. Simplemente sería la única opción. Incluso aquellos que no lo aman y no lo quieren lo elegirían bajo el peso de una amenaza visible. No obstante, nosotros los que creemos en Él y lo escogemos —aun cuando no lo vemos— hemos hecho una elección significativa. Como 1 Pedro 1:8 señala: «Ustedes lo aman a pesar de no haberlo visto; y, aunque no lo ven ahora, creen en él y se alegran con un gozo indescriptible y glorioso» (NVI).

2. Él no es la elección más cómoda.
Las Escrituras hablan del camino espacioso que lleva a la destrucción (Mateo 7:13). Este se encuentra lleno de personas. Sin embargo, el camino estrecho lleva a la vida. Y pocas personas viajan por él. ¿Por qué resulta tan popular el camino espacioso hacia la destrucción? Porque es espacioso, es fácil. ¿Por qué el camino estrecho resulta tan impopular? Porque es estrecho, es difícil. Nadie quiere caminar por un camino lleno de dificultades. Si elegir a Dios fuera la opción más fácil, cómoda y agradable todo el tiempo, todo el mundo la escogería. No obstante, esa elección sería una elección egoísta, indistinguible de los deseos egoístas a través de los cuales viene el pecado.

3. Él no es la elección más inmediata.
El Señor dice: «Te he dado a elegir entre la vida y la muerte [...] Elige, pues, la vida» (Deuteronomio 30:19). ¿Por qué Dios necesita decir: «Elige la vida»? La vida es obviamente mejor que la muerte. Parece ser una de esas elecciones entre Hawaii o herirse con un palo afilado el ojo. Sin embargo, Dios sabe que en nuestro mundo la elección correcta no siempre será la elección obvia. Él exhorta: «Elige la vida», porque esa decisión es en realidad más exigente de lo que parece en la superficie. Muy a menudo la elección significativa debe hacerse entre lo que se siente bien a corto plazo pero es destructivo a largo plazo y lo que es doloroso a corto plazo pero gratificante a largo plazo. En otras palabras, esta elección es entre una gratificación inmediata o una gratificación tardía. Y esto no debería ser algo totalmente difícil de entender. Casi toda elección significativa en la vida debe hacerse entre lo que nos hace sentir bien ahora y lo que traerá satisfacción y recompensa en el futuro.

¿Por qué Dios entonces nos pone en un mundo donde la elección resulta tan difícil? Seguramente podría haber arreglado el mundo de la manera que quisiera. ¿No podría haber hecho más fácil que lo elijamos a Él? ¿Por qué iba a conspirar contra sí mismo?

Hace poco estaba viendo un programa de juegos llamado «Deal or No Deal» [Trato o no trato]. En el programa, al concursante le presentan una serie de maletas cerradas, cada una de las cuales contiene una cierta cantidad de dinero. La mayoría tienen cantidades bastante pequeñas. Pero algunas tienen cantidades más grandes, y una contiene un premio enorme. El objetivo del concursante es conseguir ese premio mayor. ¿Por qué no colocan el premio mayor en cada maleta y lo hacen mucho más fácil? Porque, obviamente, entonces el juego no tendría sentido.

Si Dios nos va a dar la habilidad de elegir, entonces no solo la elección debe ser significativa, sino que las consecuencias y recompensas también deben serlo. Conocer a Dios es el mayor tesoro de todo el mundo. Como Él le dijo a Abram: «Yo *soy* tu escudo, *y* tu galardón será sobremanera grande» (Génesis 15:1, énfasis añadido). Entonces, resulta razonable que para ganarlo se deba hacer una elección significativa.

Este es probablemente un momento natural para mencionar la amenaza del infierno y su lugar en este concepto. Algunos podrían considerar el ultimátum cristiano del cielo o del infierno esencialmente igual a mi analogía de Hawaii o el palo afilado en el ojo. Ellos dirían que Dios no está ofreciendo una opción real en absoluto. La mejor elección es demasiado obvia. «Aceptar a Cristo o arder en el infierno» no deja mucho espacio para los matices. Y en cierto sentido esto es correcto. El evangelio cristiano es realmente un ultimátum. No hay duda de cuál elección es la mejor. Sin embargo, debido a que el infierno es una consecuencia tardía, muchas personas se arriesgarán con gusto por una recompensa inmediata, en especial si no están seguras de que exista el infierno. Los temas del cielo como recompensa y el infierno como castigo son similares al tema de la existencia de Dios. Nosotros podemos negarlos si queremos. Dios ha organizado el mundo con estas dos realidades ocultas a simple vista para que nuestra elección sea significativa. En otras palabras, la organización de Dios no ha abrumado nuestros sentidos naturales de una manera que haga que la elección resulte automática. La elección sigue siendo significativa porque las dos opciones preservan nuestra capacidad de elegir.

En realidad, la mayoría de las personas no elige a Dios simplemente porque Él no es la opción que se ve más atractiva a corto plazo. Ellos no valoran las recompensas del reino venidero de Dios de la misma manera que valoran las recompensas de esta vida. Elegirlo requiere sacrificio, abnegación y gratificación tardía en este mundo. Sin embargo, la renuncia a la satisfacción presente en aras de la satisfacción eterna simplemente no atrae a la mayoría de la gente.

LA NATURALEZA DEL MAL

Este pensamiento lleva inevitablemente a una consideración del origen del mal mismo. Antes cité Santiago 1:13, que dice: «Dios no puede ser tentado por el mal, ni él tienta a nadie». No obstante, esto plantea la cuestión: ¿Por qué existe el mal en primer lugar? Quizás la elección y el libre albedrío son buenos y necesarios, sin embargo, ¿por qué nuestras opciones no pueden ser menos extremas? ¿Por qué no podemos elegir entre lo bueno y lo menos bueno, o incluso entre dos opciones esencialmente buenas? ¿Por qué tiene que ser entre lo bueno y lo malo, y por qué Dios crearía un mundo con maldad para empezar?

Un joven me dijo una vez que tenía un argumento que demostraba de manera concluyente que el cristianismo estaba equivocado. Él explicó que el cristianismo enseña que Dios creó todo. El cristianismo también enseña que Dios es bueno. Pero si Dios creó todo, entonces Dios también creó el mal. Y si Dios creó el mal, entonces Dios no puede ser bueno. Este es uno de esos argumentos que le parece bien a un chico de dieciséis años. Como dijo Francis Bacon: «Un poco de filosofía inclina a la mente del hombre al ateísmo, pero la profundidad de la filosofía lleva a las mentes de los hombres a la religión».[5]

En realidad, la Biblia no enseña que Dios creó todo sin excepciones. Juan dice: «Sin él nada *de lo que ha sido hecho*, fue hecho» (Juan 1:3, énfasis añadido). Sin embargo, muchas cosas no se hicieron en absoluto. Por ejemplo, Dios no se creó a sí mismo. Él es eterno e increado. Si Dios es increado, también lo son los diversos aspectos de su esencia. El amor, por ejemplo, no es creado, porque «Dios es amor» (1 Juan 4:8). El amor no es simplemente algo que Dios tiene o da, sino que es un aspecto eterno de su ser. Esto nos trae a la mente otros aspectos de la naturaleza de Dios, como la alegría, la bondad, la belleza y la vida. Tales virtudes son extensiones no creadas de Dios mismo. Por implicación, entonces, incluso la esencia de la vida humana es increada. Sí, Dios formó el cuerpo de Adán del polvo. Pero la *vida* de Adán fue exhalada directamente de la nariz de Dios. Dios le extendió su propia esencia de vida a la humanidad y continúa haciéndolo.

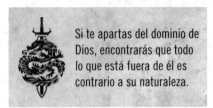
Si te apartas del dominio de Dios, encontrarás que todo lo que está fuera de él es contrario a su naturaleza.

De la misma manera que el amor y la vida son increados, así el mal y la muerte deben serlo también. Ellos son simplemente condiciones opuestas a la naturaleza de Dios. En efecto, el mal y la muerte son condiciones provocadas por la *ausencia* del amor y la vida de Dios. No solo son increados, sino que también son condiciones totalmente negativas. Representan el resultado de la sustracción o la deficiencia. Tú no creas la oscuridad. Simplemente apagas la luz y las tinieblas son automáticas. Tú no creas el frío. Simplemente eliminas el calor y el frío resulta inevitable. Del mismo modo, el mal es la ausencia del dominio amoroso de Dios. Más específicamente, para nuestros propósitos el mal es la consecuencia del libre albedrío que elige en contra de Dios y por lo tanto está desprovisto de su justicia.

Si te apartas del dominio de Dios, encontrarás que todo lo que está fuera de él es contrario a su naturaleza. Si te apartas de la luz de Dios, te verás rodeado de tinieblas. Si te apartas de la vida de Dios, estarás lleno de muerte. Si te alejas del amor de Dios, te sentirás lleno de miedo. Si te apartas de la justicia de Dios, estarás lleno de maldad. Esto, para mí, es lo más aterrador del infierno. A menudo, cuando las personas piensan en el infierno, piensan en el fuego, el tormento y el castigo eterno. Sin embargo, el infierno es todas esas cosas por una razón importante. El infierno es un lugar de separación de Dios. El infierno es la ausencia de todo lo que Dios es. Eso significa que no hay amor, ni alegría, ni luz, ni vida, ni paz, ni justicia. No hay parte alguna de la naturaleza de Dios en el infierno. Ciertamente, eso es precisamente lo que hace del infierno el infierno. Por tal motivo, la elección que tenemos es entre dos opciones tan extremas. Cuando elegimos a Dios y su voluntad, eso es bueno por definición. Cuando escogemos *algo* fuera de Él, eso es malo por definición. Así como las tinieblas son todo lo que queda cuando se apaga la luz, el mal es todo lo que queda fuera de Dios. Simplemente no hay otra alternativa.

TENTACIÓN

A la luz de estas definiciones de *libre albedrío* y *maldad*, ahora veremos la naturaleza de la tentación. Aquí es donde cayeron nuestros primeros padres, y el patrón aún se repite hoy en día.

La serpiente era el más astuto de todos los animales salvajes que el Señor Dios había hecho. Cierto día le preguntó a la mujer:

—¿De veras Dios les dijo que no deben comer del fruto de ninguno de los árboles del huerto?

—Claro que podemos comer del fruto de los árboles del huerto —contestó la mujer—. Es solo del fruto del árbol que está en medio del huerto del que no se nos permite comer. Dios dijo: "No deben comerlo, ni siquiera tocarlo; si lo hacen, morirán".

—¡No morirán! —respondió la serpiente a la mujer—. Dios sabe que, en cuanto coman del fruto, se les abrirán los ojos y serán como Dios, con el conocimiento del bien y del mal.

La mujer quedó convencida. Vio que el árbol era hermoso y su fruto parecía delicioso, y quiso la sabiduría que le daría. Así que tomó del fruto y lo comió. Después le dio un poco a su esposo que estaba con ella, y él también comió. En ese momento, se les abrieron los ojos, y de pronto sintieron vergüenza por su desnudez. Entonces cosieron hojas de higuera para cubrirse.

—Génesis 3:1-7, NTV

Considera la técnica de tres pasos de Satanás:

1. Satanás hace que Eva cuestione las palabras de Dios («¿De veras Dios les dijo...?»).
2. Satanás hace que Eva cuestione la veracidad de Dios («No morirán»).
3. Satanás hace que Eva cuestione los motivos de Dios («Dios sabe que, en cuanto coman del fruto, se les abrirán los ojos y serán como Dios, con el conocimiento del bien y del mal»).

Estas acusaciones contra el carácter de Dios plantaron semillas de duda en la mente de Eva. Y esto es exactamente lo que hace la serpiente. De hecho, su papel está implícito en su nombre, Satanás. La frase hebrea original, *el satanás*, puede referirse a un ser humano o un ser sobrenatural que actúa como un «adversario», «uno que se resiste» o alguien que «acusa».[6] Con el tiempo, el término se convirtió en un nombre propio para el diablo. Ya en este primer encuentro con la serpiente en Génesis, vemos con claridad cómo se ganó el título. La estrategia del diablo, tal como se revela en esta historia, es enteramente una de acusaciones engañosas. Él pone en duda la palabra y el carácter de Dios.

Esta es la misma estrategia que el enemigo sigue usando con las personas hoy en día. En el próximo capítulo profundizaremos más sobre este tema. Sin embargo, incluso en este primer encuentro podemos ver cómo opera Satanás y cómo podemos derrotarlo cuando nos tienta.

El primer paso de Satanás fue hacer que Eva cuestionara lo que Dios realmente dijo.

¿Cómo lo hizo? Al distorsionar las palabras de Dios cuando le formuló su pregunta a Eva. «¿De veras Dios les dijo que no deben comer del fruto de ninguno de los árboles del huerto?» (Génesis 3:1, NTV). Eso no es en absoluto lo que Dios dijo. En realidad, dijo todo lo contrario. Dios en verdad mostró una generosidad extravagante hacia Adán y Eva. Les indicó que podían tener *todos* los árboles y *todos* los frutos —cualquier cosa que quisieran— excepto el fruto de un solo árbol. La pregunta de Satanás era una acusación implícita. (Recuerde, él es el acusador.) Él hizo parecer a Dios un tirano, un avaro codicioso que hace un paraíso lleno de cosas hermosas y deliciosas, solo para guardárselas todas para sí mismo. «Dios no quiere que te diviertas. No quiere que disfrutes del jardín. Tu vida aquí es una vida de reglas y restricciones». Y sin embargo, la verdad era exactamente lo contrario.

Eva respondió bien al principio, corrigiendo la distorsión de la serpiente. No obstante, su engaño parece haber sido lo suficiente eficaz como para que Eva terminara introduciendo una pequeña distorsión propia. Ella añadió una regla adicional. «No deben comerlo, ni siquiera tocarlo; si lo hacen, morirán» (Génesis 3:3, NTV). Sin embargo, una vez más, esto no es lo que Dios dijo. Él no les dijo que no podían tocar el árbol. Esta era la regulación adicional de Eva. Y aquí encontramos el comienzo del legalismo. La religión a menudo crea reglas encima de las reglas. Los fariseos de los días de Jesús eran particularmente hábiles en esto. Jesús afirmó que a través de sus tradiciones habían anulado la palabra de Dios (Marcos 7:13).

El segundo paso de Satanás fue hacer que Eva cuestionara la veracidad de Dios.

Así que tal vez Eva sabe lo que Dios dijo (o algo parecido). Sin embargo, ahora Satanás planta una semilla de duda en su mente con relación a la honestidad de Dios: «¡No morirán!» (Génesis 3:4, NTV). En otras palabras: «Dios te está mintiendo». Dos voces le hablan ahora directamente a Eva. Una voz dice: «Morirán». La otra voz asegura: «No morirán». Ambas no pueden tener razón. Eva debe elegir con qué voz concuerda y a cuál prestarle atención. ¿Elegirá estar de acuerdo con Aquel que la creó? ¿Escogerá las palabras de Aquel a quien conocía muy bien, con quien caminaba en el frescor del día y que le había dado todo en su vida para disfrutarlo? ¿O estaría de acuerdo con las palabras de un dragón cuya autoridad se encontraba arraigada en la distorsión y la acusación? Te preguntarás por qué Eva sería susceptible a tal artimaña. No obstante, como estamos a punto de ver, estas acusaciones son parte de una poderosa estrategia para envenenar a Eva con un patrón de pensamiento demoníaco.

Finalmente, Satanás acusa a Dios
de tener motivos egoístas.

«Dios sabe que, en cuanto coman del fruto, se les abrirán los ojos y serán como Dios, con el conocimiento del bien y del mal» (Génesis 3:5, NTV). En otras palabras: «Dios solo quiere sujetarlos. Está tratando de evitar que sean todo lo que podrían ser. Quiere ocultarles algo para que no puedan ser como Él. El motivo de Dios no es el bienestar de ustedes, sino su propio interés. ¡Se siente amenazado por sus potenciales!». Esto no solo era una acusación contra el carácter de Dios, sino que también venía con una oferta que Eva no podía rechazar: «Serán como Dios».

Satanás había proyectado de manera eficaz su patrón de pensamiento en Eva. Recuerda, Satanás es el que había sido echado del cielo por poner sus ojos en el trono de Dios. Él dijo: «Seré semejante al Altísimo» (Isaías 14:14). Él quería ser como Dios. Ahora le estaba pasando su retorcida forma de pensar a Eva, y ella se lo creyó.

Como puedes ver, la caída del hombre no fue solo un acto de desobediencia (aunque ese acto fue el catalizador). En su caída, Adán y Eva aceptaron la misma manera de pensar satánica que condujo a la caída de Satanás. Me imagino que usó una táctica similar con dos tercios de los ángeles del cielo que cayeron con él. Quizás no había un árbol involucrado en su rebelión, pero estoy seguro de que los temas esenciales eran los mismos. Ellos cuestionaron las palabras de Dios. Cuestionaron la veracidad de Dios. Y cuestionaron los motivos de Dios.

Vemos una imagen vívida de este patrón de pensamiento demoníaco en Mateo 16. Jesús comenzó a explicarles a sus discípulos que iba a sufrir y morir y luego resucitar de entre los muertos. Este era el plan divino, pero resultaba muy diferente de lo que los discípulos habían previsto. Ellos pensaron que Jesús dirigiría una revuelta política para derrocar al Imperio Romano y restaurar el reino a Israel durante su vida. Ahora estaban descubriendo que el plan de Dios era muy diferente.

«Entonces Pedro, tomándolo aparte, comenzó a reconvenirle, diciendo: Señor, ten compasión de ti; en ninguna manera esto te acontezca» (Mateo 16:22). Pedro pensó que estaba haciendo lo correcto. Estaba animando a Jesús al decirle que un destino tan terrible nunca le sobrevendría. Sin embargo, Jesús no se sintió animado; Él se indignó. «¡Quítate de delante de mí, Satanás!; me eres tropiezo, porque no pones la mira en las cosas de Dios, sino en las de los hombres» (Mateo 16:23). Vemos algunos puntos cruciales en este intercambio impresionante:

• Jesús le llama «Satanás» a Pedro.
• Pedro no está pensando igual que Dios.
• En vez de eso, Pedro está pensando como lo hacen los hombres.

La inferencia de estos puntos es clara: la manera en que Dios piensa es contraria a la manera en que el hombre piensa. La forma de pensar del hombre es, en realidad, satánica. Satanás le ha traspasado su manera de pensar al hombre, y aquí es donde regresamos al ciclo de vida del pecado que Santiago describe.

Cuando alguno es tentado, no diga que es tentado de parte de Dios; porque Dios no puede ser tentado por el mal, ni él tienta a nadie; sino que cada uno es tentado, cuando de su propia concupiscencia es atraído y seducido. Entonces la concupiscencia, después que ha concebido, da a luz el pecado; y el pecado, siendo consumado, da a luz la muerte.

—Santiago 1:13-15

El proceso que Santiago describe se ve así:

Malos deseos ➜ Tentación ➜ Pecado ➜ Muerte

El proceso comienza con los malos deseos. No obstante, ¿dónde se originan estos malos deseos? En el jardín, Eva vio que el árbol era hermoso y su fruto delicioso. Además, ella quería la sabiduría que el fruto le daría. Estos deseos de belleza, un sabor delicioso y sabiduría no parecen malos en sí mismos. Y por supuesto que no lo son. ¿Por qué Dios haría hermosos los árboles si no fuera para el disfrute del hombre? ¿Por qué Dios haría deliciosa la fruta si no fuera para el placer del ser humano? ¿Por qué Dios le daría al hombre una curiosidad insaciable si no hubiera tenido la intención de que se satisficiera por medio de la búsqueda de la sabiduría? Todos estos deseos reflejan la buena voluntad de Dios para la humanidad. Sin embargo, una vez que Satanás pervirtió de modo eficaz la manera de pensar de Eva, sus buenos deseos también se torcieron. Ahora ella buscaba satisfacción en la única opción contraria a la palabra de Dios. El fruto que ahora deseaba estaba prohibido. El conocimiento del bien y del mal se encontraba fuera de los límites, así que ella lo quería. Los deseos de Eva, que de otra manera habrían sido buenos, ahora eran malos, porque buscaban la gratificación fuera del mandato expreso de Dios.

La manera satánica de pensar de Eva culminó cuando decidió que ella y Adán podían ser como Dios. Y se puso por obra cuando tomó la fruta y se la comió. La desobediencia a la Palabra de Dios constituye en esencia la elevación de nuestra propia voluntad y deseos por sobre la voluntad y los deseos de Dios. Nos hacemos dioses. No es de extrañar entonces que se produzcan consecuencias tan terribles.

DEFENDERSE DE LA TENTACIÓN

Con todo esto en mente, consideremos por un momento cómo podemos defendernos de la tentación y esta forma satánica de pensar.

Primero, debemos *conocer* la Palabra de Dios.

Debemos conocer bien lo que Dios ha dicho *en realidad*. De lo contrario, el enemigo será capaz de hacer que Dios diga lo que él quiere. Satanás incluso tratará de convencernos de que Dios ha dicho todo lo contrario a lo que su Palabra en verdad declara.

Sabemos esto porque es exactamente lo que trató de hacer con Eva. ¡Resulta más asombroso aún que Satanás tuviera el valor de usar la Palabra de Dios en contra de Jesús mismo! En el desierto, Satanás usó las Escrituras para tentar a Jesús. Sin embargo, Jesús no podía ser engañado, porque conocía la Palabra de Dios y la usó para combatir las tentaciones de Satanás. Si Jesús utilizó las Escrituras en su guerra espiritual, yo diría que eso establece un precedente bastante bueno para nosotros hoy.

Si hay una cosa que todo guerrero espiritual necesita, es el amor por las Escrituras. A la Palabra de Dios se le llama la espada del Espíritu por una buena razón. Ella constituye un arma poderosa contra el enemigo. Jesús mismo la usó en el desierto contra sus propias tentaciones. La Palabra de Dios como la espada del Espíritu es la única arma ofensiva que Pablo menciona en la armadura completa de Dios (Efesios 6:14-17). No es de extrañar que Satanás esté tan interesado en distorsionar y hacer que cuestionemos la Palabra de Dios desde el principio. Sin la Palabra estamos desarmados en nuestra batalla espiritual. Muchos intercesores y guerreros espirituales pasan tiempo en oración, pero poco tiempo en la Palabra. Y aunque me doy cuenta de que hay diferentes temporadas, diferentes dones y diferentes llamados en la vida de las personas, no hay manera de evitar este principio: si te diriges a una batalla espiritual sin la Palabra en tu mano y tu corazón, básicamente eres un civil desarmado en una zona de guerra, una mala idea.

Segundo, no solo debemos conocer la Palabra de Dios, sino también *creerla*.

Satanás le dijo de forma explícita a Eva: «Ciertamente no morirán» (Génesis 3:4, RVR-2015). Podemos estar seguros de una cosa: Satanás hará todo lo que esté en su poder para hacernos dudar de la verdad de lo que Dios dijo. Este principio es tan vital para nuestra guerra espiritual y nuestra supervivencia que debe ser enfatizado. La acusación de Satanás de que la Palabra de Dios no era confiable, combinada con su siguiente acusación, llevó a Eva a cuestionar el carácter de Dios e incitó su manera satánica de pensar que marcó el comienzo de la caída.

Tercero, debemos *confiar* en los motivos de Dios.
El mensaje de una canción de adoración muy popular, «Good Good Father» [Buen Padre], resulta muy simple y obvio. ¿Por qué el mensaje de que Dios es un buen Padre impacta a tantas personas? Creo que es porque el enemigo se ha enfocado precisamente en esta verdad en la vida de muchos. Él ha tratado de convencerlos de que Dios es un tirano egoísta y cruel. El enemigo ha intentado hacer que las personas se pregunten si Dios realmente tiene en mente sus mejores intereses. Golpeados por estas acusaciones mentirosas, cuando un hijo de Dios escucha las simples palabras de la verdad eterna —que Dios es un buen Padre— el testimonio del Espíritu Santo en su interior salta y grita: ¡sí!

Uno de mis pasajes favoritos de la Escritura dice: «El que no escatimó ni a su propio Hijo, sino que lo entregó por todos nosotros, ¿cómo no nos dará también con él todas las cosas?» (Romanos 8:32). En este versículo Pablo señala a la cruz como la evidencia suprema del amor y la buena voluntad de Dios hacia nosotros. Esto es algo que Eva no tenía como punto de referencia. Sin embargo, nosotros que hemos experimentado el amor de Dios a través de la cruz estamos mucho mejor preparados. Pablo dice en efecto: «Cuando veas ese cuerpo herido y destrozado que cuelga de un madero, recuerda: ¡Dios hizo eso por ti! Si Él te dio a su único Hijo —el regalo que le costó a Dios todo y arruinó el cielo— puedes estar seguro de que te dará todo lo que necesites. Si alguna vez cuestionas los motivos de Dios y sus intenciones contigo, solo piensa en la cruz. La pregunta ha sido contestada por siempre».

Eva no confió en que los motivos detrás de los mandamientos de Dios fueran puros. Y ese fallo la dejó vulnerable. Efesios 6:16 nos dice que la fe es nuestro escudo. En el cristianismo, la fe no es solo una creencia, aunque la creencia es ciertamente una parte de ella. La *fe* probablemente se define de forma más simple como confianza. Resulta curioso que esto sea exactamente lo que falta en el corazón de Eva en esta primera

Si te diriges a una batalla espiritual sin la Palabra en tu mano y tu corazón, básicamente eres un civil desarmado en una zona de guerra, una mala idea.

tentación. Ya es bastante malo que no *conozca* lo que dijo Dios. Pero es aún peor que no *confíe* en lo que Él declaró. Por lo tanto, sin escudo, los dardos de fuego del enemigo penetran en su alma desnuda sin resistencia alguna. El veneno penetra en su mente, y ella se infecta con la manera de pensar satánica.

LA SERPIENTE DESNUDA

No sabemos cuánto tiempo disfrutaron los primeros seres humanos del paraíso del Edén. En algún momento dieron la vuelta en una esquina proverbial y se encontraron con una serpiente en el camino. Sin fanfarria ni explicación, el narrador nos dice: «La serpiente era el más astuto de todos los animales salvajes que el SEÑOR Dios había hecho. Cierto día le preguntó a la mujer: "¿De veras Dios les dijo que no deben comer del fruto de ninguno de los árboles del huerto?"» (Génesis 3:1, NTV).

La palabra hebrea traducida como «más astuto» es *'arum*. Sin embargo, otra palabra hebrea con una ortografía similar se traduce como «desnudos» en Génesis 2:25.[7] El autor usa un juego de palabras aquí para conectar estos dos términos diferentes que se ven y suenan similares. El efecto resulta poderoso.

> Ahora bien, el hombre y su esposa estaban desnudos [*'arummim* (plural de *'arum*)], pero no sentían vergüenza. La serpiente era el más astuto [*'arum*] de todos los animales salvajes que el SEÑOR Dios había hecho. Cierto día le preguntó a la mujer: "¿De veras Dios les dijo que no deben comer del fruto de ninguno de los árboles del huerto?"».
>
> —Génesis 2:25—3:1, NTV

Adán y Eva estaban desnudos, pero no sintieron vergüenza. Del mismo modo, utilizando el juego de palabras, la serpiente era la «más desnuda» de todos los animales salvajes. La desnudez de la serpiente se distingue de la de Adán y Eva al compararse con la de los animales salvajes. Así como hoy podemos decir que una persona instruida es «suave», así también el autor de Génesis conecta la desnudez con la inteligencia. Los animales salvajes suelen estar cubiertos de pieles gruesas, plumas o pelaje. Sin embargo, la serpiente contrasta con los animales salvajes. Aunque los animales salvajes son rudos por fuera, son inocentes por dentro. Por otro lado, el «discurso superficial de la serpiente resulta seductor e impecable, ocultando bien sus propósitos ulteriores».[8] En otras palabras, es «suave». Está «desnuda».

Uno de los aspectos más tristes de la historia de la caída de la humanidad es lo serena que resulta toda la escena. Adán, de pie junto al amor de su vida, parece tener la mirada ausente a medida que el engaño se desarrolla. Ni siquiera pronuncia un sonido extraño y agudo, mitad quejumbroso y mitad de advertencia, como el de mi amigo en la historia al principio de este capítulo. La serpiente no tiene ningún poder asombroso. No hace trucos de magia ni muestra pantallas iluminadas. Ella simplemente distorsiona las palabras de Dios y pone en duda sus motivos. Como el Dr. Ed Nelson escribe:

En cuanto a lo que muestra la Torá, *ha-nachash* [«la serpiente»] se encuentra prácticamente indefensa en medio de su retórica [...] Su poder, si se puede llamar así, está en su contradicción con la palabra de Dios. Ella ofrece una perspectiva alterna a lo que Dios dice, criticando el conocimiento de Dios como un conocimiento egoísta. Depende totalmente del poder de Dios, no del suyo propio, para reformar la historia y alterar el destino humano. Los mandamientos de Dios, cuando se incumplen, exigen justicia. «La serpiente» fuerza el asunto de que el juicio de Dios debe tener lugar para los humanos. *Yahweh* debe honrar su palabra hablada al hombre y la mujer: «Morirán», dijo. Él está obligado a ejercer su poder ejecutivo bajo su promesa de muerte a la vida si comieron del fruto prohibido. Él debe ser fiel a su palabra. El diablo dependía de ello. Esa es su manera de ejercer el poder por la espalda.[9]

El engaño de la serpiente funcionó. Adán y Eva eligieron la elevación de sí mismos por encima del amor. Cuando tomaron el fruto del árbol, se separaron no solo de la palabra de Dios, sino también de Dios mismo. El resultado inmediato fue que «de pronto sintieron vergüenza por su desnudez. Entonces cosieron hojas de higuera para cubrirse» (Génesis 3:7, NTV). Adán y Eva perdieron una vida libre de vergüenza a cambio de dolor, lucha, trabajo y muerte. Sin embargo, Dios todavía les mostró misericordia.

> Luego el Señor Dios dijo: «Miren, los seres humanos se han vuelto como nosotros, con conocimiento del bien y del mal. ¿Y qué ocurrirá si toman el fruto del árbol de la vida y lo comen? ¡Entonces vivirán para siempre!». Así que el Señor Dios los expulsó del jardín de Edén y envió a Adán a cultivar la tierra de la cual él había sido formado. Después de expulsarlos, el Señor Dios puso querubines poderosos al oriente del jardín de Edén; y colocó una espada de fuego ardiente —que destellaba al moverse de un lado a otro— a fin de custodiar el camino hacia el árbol de la vida.
>
> —Génesis 3:22-24, NTV

El pecado separó al hombre de Dios. La intimidad y el compañerismo de los que disfrutaban habían desaparecido. La muerte entró en escena, y el paraíso se perdió. Dios los envió a todos fuera del jardín, cada uno con su propia maldición. Finalmente, Él colocó querubines y una espada encendida en el camino al árbol de la vida para protegerlo. La preocupación de Dios era: «¿Y qué ocurrirá si toman el fruto del árbol de la vida y lo comen? ¡Entonces vivirán para siempre!».

Siempre pensé que este acto final —sacar a Adán y Eva del jardín y luego poner querubines y una espada ardiente para proteger el camino hacia el árbol de la vida— era parte del castigo. Lo vi como la manera de Dios de asegurarse de que nunca pudieran revertir la maldición. No obstante, un día me percaté de que esta era quizás una de las mayores manifestaciones de la misericordia de Dios. Dios sabía que si Adán y Eva se introducían en el jardín y comían del fruto del árbol de la vida, harían que su separación de Él fuera permanente. El fruto del árbol de la vida podría darles la inmortalidad física, pero no podría redimirlos de su estado caído. Vivir para siempre en un estado permanente de separación de Dios no es tener vida eterna. ¡En realidad, como examinamos anteriormente, esa es la definición misma del *infierno*!

Esos querubines y esa espada ardiente los protegían. Al mismo tiempo, creo que estaban señalando a lo lejos de ese árbol como si dijeran: «No vuelvan más aquí. Este árbol no puede ayudarlos ahora. Pero no se preocupen, Dios les dará otro árbol». Miles de años después, Dios le daría a la humanidad otro árbol de vida.

La serpiente no tiene ningún poder asombroso. No hace trucos de magia ni muestra pantallas iluminadas. Ella simplemente distorsiona las palabras de Dios y pone en duda sus motivos.

No era un árbol hermoso con una fruta deliciosa. Era un madero ensangrentado donde el cuerpo retorcido y destrozado de Jesús fue crucificado. No obstante, en ese madero Jesús tomó sobre sí mismo el pecado de Adán y Eva y de todos sus hijos humanos al mismo tiempo. Él se hizo pecado por nosotros para que «nosotros fuésemos hechos justicia de Dios» (2 Corintios 5:21).

Sin embargo, por el momento, Dios los vistió en el jardín. Cubrió su desnudez y vergüenza mientras esperaban, con toda la tierra, el día en que el Redentor vendría. Ellos se habían vestido con hojas de higuera que habían cosido juntas. Pero Dios rechazó estas vestiduras inadecuadas: la obra de sus propias manos (una imagen de arrogancia). En vez de eso, los vistió con pieles de animales: el sacrificio final de un sustituto inocente (una imagen del sacrificio de Cristo). La ropa en sí misma era una imagen de la redención venidera.

DE SERPIENTE A DRAGÓN

Cuando leemos el relato de Génesis sobre la creación, vemos que Dios le entrega el dominio del reino terrestre a la humanidad (Génesis 1:27-29; 2:20). No obstante, más tarde en el Nuevo Testamento descubrimos que Satanás es «el dios de este mundo»

(2 Corintios 4:4, nvi). ¿Cómo sucedió esto? Nunca leímos acerca de la entrega de la autoridad de Dios sobre el mundo a Satanás. Solo puede haber una explicación. ¡La consiguió de nosotros! En cierto sentido, Adán y Eva se la concedieron cuando decidieron ceder a la tentación y desobedecer a Dios. En otro sentido, toda la raza humana hace esto todos los días mientras continúa siendo engañada por esa astuta serpiente. Permíteme decirlo de otra manera. El único camino de Satanás hacia el poder es engañarnos para despojarnos de él. No es de extrañar que tenga un apetito tan insaciable por destruir a la humanidad.

Satanás se apoya en la agencia humana no solo por preferencia, sino también por necesidad. Aunque ya era un ángel caído, en el jardín fue objeto de otra maldición que ata para siempre su destino al destino de la humanidad.

> Y Jehová Dios dijo a la serpiente: Por cuanto esto hiciste, maldita serás entre todas las bestias y entre todos los animales del campo; sobre tu pecho andarás, y polvo comerás todos los días de tu vida. Y pondré enemistad entre ti y la mujer, y entre tu simiente y la simiente suya; ésta te herirá en la cabeza, y tú le herirás en el calcañar.
>
> —Génesis 3:14-15

Esta es la segunda vez que se menciona al polvo en las Escrituras. Anteriormente en Génesis leemos: «Entonces Jehová Dios formó al hombre del polvo de la tierra, y sopló en su nariz aliento de vida, y fue el hombre un ser viviente» (Génesis 2:7). Podemos estar seguros de que la idea de que el hombre está hecho de polvo no pasó inadvertida para Dios cuando maldijo a la serpiente. «[A la serpiente] se le ordena vivir en la misma sustancia de la que fue hecho el hombre, en las partículas elementales de la creación. De forma figurada, comerá este polvo seco del que Dios formó a los animales y al hombre. Esta es una señal de su caída y su ruina, destinada a habitar en las cenizas de los animales y la humanidad».[10]

El acusador se ha estado alimentando de las personas —el polvo— desde entonces. En cierto sentido, su supervivencia depende de las víctimas humanas. Él se alimenta de los cadáveres putrefactos de la humanidad, de los muertos producto de su engaño, de las víctimas de la maldición. El apóstol Pedro tiene esta imagen en mente cuando advierte: «¡Estén alerta! Cuídense de su gran enemigo, el diablo, porque anda al acecho como un león rugiente, buscando a quién devorar» (1 Pedro 5:8, NTV). Es evidente que Pedro tenía una buena razón para hacer sonar la alarma.

Debido a su firme y constante dieta de polvo, la serpiente se ha convertido en lo que el apóstol Juan describió como «un gran dragón rojo con siete cabezas y diez cuernos, y una corona en cada cabeza» (Apocalipsis 12:3, NTV). Para que no consideremos esta imagen extraordinaria y aterradora como un símbolo de otra cosa, Juan continúa.

Después hubo una gran batalla en el cielo: Miguel y sus ángeles luchaban contra el dragón; y luchaban el dragón y sus ángeles; pero no prevalecieron, ni se halló ya lugar para ellos en el cielo. Y fue lanzado fuera el gran dragón, la serpiente antigua, que se llama diablo y Satanás, el cual engaña al mundo entero; fue arrojado a la tierra, y sus ángeles fueron arrojados con él.

—Apocalipsis 12:7-9

¡Qué imagen tan aterradora! Un enorme monstruo serpenteante como los que se han representado en los mitos de todo el mundo durante milenios. Este es un terror que parece acechar dentro de los recovecos más profundos de la conciencia humana colectiva, y con razón. Se trata del gran enemigo de la humanidad. Un merodeador. Un cazador. Un depredador.

No obstante, al examinarlo más de cerca descubrimos una curiosa realidad. El dragón no tiene dientes, solo una lengua de plata. Su poder no es el de la fuerza física, sino el del engaño interior. Si no nos rendimos a él, no tiene fuerzas. Es más, Jesucristo es «el postrer Adán» (1 Corintios 15:45) y tuvo éxito donde el primer Adán falló. A través de Cristo, Dios ha creado una nueva raza de seres humanos, una especie de híbridos. Están hechos del polvo como el primer Adán, pero en ellos habita el Espíritu de Dios. Ellos nacen y se crían como cazadores de dragones. El Adán original fue un blanco fácil. Su carne desnuda era vulnerable y débil. Poco más podría haber hecho que golpear con sus pies el suelo y hacer un ruido extraño con la garganta, mitad quejumbroso y mitad de advertencia. Sin embargo, estos nuevos seres humanos son más que un rival para cada serpiente y escorpión de este mundo. Ellos llevan armas de otra dimensión. No están desnudos, sino vestidos con una armadura invencible. La Biblia los describe como hijos de la luz que atraviesan las tinieblas dondequiera que vayan (por ejemplo, Mateo 5:14-16; Juan 12:36; Efesios 5:8; 1 Tesalonicenses 5:5-8).

Estos son los campeones para quienes escribo este libro... ¡aquellos que pisarán dragones!

PREGUNTAS PARA LA DISCUSIÓN

- ¿Qué imágenes modernas vienen a tu mente cuando piensas en Satanás o el diablo?
- ¿Cómo se describe a la serpiente en Génesis? ¿Y en Apocalipsis? ¿Cómo se comparan estas imágenes con las imágenes/caracterizaciones modernas de Satanás, Lucifer, el diablo y el mal?
- ¿En qué sentido la expulsión del jardín del Edén constituye una demostración de la misericordia de Dios?
- ¿Cuáles son las herramientas de Satanás para mantener el poder sobre los seres humanos? ¿Cuáles imaginas que son las herramientas de Dios dadas a los seres humanos para derrotar el poder de Satanás?
- ¿Cuál es la forma satánica de pensar? ¿Cómo ves que se ha desarrollado esto en el mundo de hoy? ¿Y qué tal en tu vida?
- ¿Por qué el don del libre albedrío de Dios es algo bueno si hay opciones verdaderamente malas? ¿Cómo es que los cristianos siguen siendo desafiados por tales opciones?

CAPÍTULO 3

¿DIOS LES HA DICHO?

*Dios quiere instrumentos adecuados para su poder: voluntades
entregadas, corazones confiados, vidas consecuentes y labios obedientes
a su voluntad; y entonces puede usar las armas más débiles, y
hacerlas poderosas a través de Dios para derribar fortalezas.*
—A. B. Simpson, *Días de cielo en la tierra*

*La duda descubre dificultades que nunca resuelve: crea vacilación,
desánimo, desesperación. Su progreso es la decadencia de la
comodidad, la muerte de la paz. «¡Cree!» es la palabra que
le da vida al hombre; pero la duda clava su ataúd.*
—C. H. Spurgeon, *Fe en todo su esplendor*

El general chino Sun Tzu dijo en *El arte de la guerra*: «Si conoces al enemigo y te conoces a ti mismo, no debes temer el resultado de cien batallas».[1] El apóstol Pablo, hablando a los corintios, expuso las estrategias del diablo «para que Satanás no gane ventaja alguna sobre nosotros; pues no ignoramos sus maquinaciones» (2 Corintios 2:11). Saber en qué anda tu enemigo no solo te da una ventaja táctica, sino que también puede marcar la diferencia entre la vida y la muerte. En este libro hemos estado exponiendo la estrategia de Satanás en la tierra y mostrando cómo puede ser derrotado. En el último capítulo vimos de dónde obtiene su poder el dragón. En resumen, no tiene más poder que el que le damos. Él es un mentiroso, un engañador y, lo que es más importante, un acusador. Acusa a Dios ante nosotros y nos acusa a nosotros ante Dios. Le ha pasado su retorcida forma de pensar a la humanidad, y a través de ella controla el mundo caído. Comprender su estrategia es crucial si queremos luchar contra ella. En este capítulo vamos a examinar más de cerca los planes de Satanás y a exponer una de sus armas más potentes contra nosotros. Él usó esta arma con Eva en el jardín. Y luego la empleó de nuevo con Jesús en el desierto. Yo diría que él utiliza esta arma contra todos nosotros, intentando envenenar nuestra mente con incredulidad e impartir su malvada forma de pensar. Esto es lo que a menudo nos hace susceptibles al ataque, y es una técnica que ha usado para destruir incontables vidas.

Recomiendo leer este capítulo de una sola vez, ya que no se trata de una colección de pensamientos diferentes; es una revelación cohesiva que puede cambiar tu vida.

UNA SERPIENTE EN EL JARDÍN

En el tercer capítulo de Génesis leemos la historia de la caída de Adán y Eva en el jardín.

Entonces la serpiente, que era el más astuto de todos los animales del campo que el SEÑOR Dios había hecho, dijo a la mujer:
—¿De veras Dios les ha dicho: "No coman de ningún árbol del jardín"?
La mujer respondió a la serpiente:
—Podemos comer del fruto de los árboles del jardín. Pero del fruto del árbol que está en medio del jardín ha dicho Dios: "No coman de él ni lo toquen, no sea que mueran".
Entonces la serpiente dijo a la mujer:
—Ciertamente no morirán. Es que Dios sabe que el día que coman de él, los ojos les serán abiertos, y serán como Dios, conociendo el bien y el mal.
Entonces la mujer vio que el árbol era bueno para comer, que era atractivo a la vista y que era árbol codiciable para alcanzar sabiduría. Tomó, pues, de su fruto

y comió. Y también dio a su marido que estaba con ella, y él comió.

—Génesis 3:1-6, RVA-2015

Esta historia está ambientada en el paraíso prístino del recién creado huerto del Edén de Dios. Satanás había estado observando cómo Dios se ponía manos a la obra y comenzaba a crear un nuevo mundo, un mundo hermoso. Durante los primeros días todo parecía trivial. Dios estaba creando peces y pájaros y plantas y árboles.

De repente, Dios hizo algo extraño. En vez de simplemente llamar a algo a la existencia, se arrodilló y recogió un montón de tierra y comenzó a moldearla con sus propias manos y a darle la forma de una criatura a su propia imagen. Y entonces, sorprendentemente, Dios se inclinó sobre la criatura, puso su boca sobre su boca, comenzó a insuflar en ella aliento de vida, y el hombre se convirtió en un alma viviente.

La presión sanguínea de Satanás debe haberse disparado hasta las nubes cuando vio a Dios llevando al hombre a caminar por el jardín en el fresco del día. Dios se estaba volviendo personal e íntimo con su protegido. El destino estaba escrito con respecto al hombre; y cuando Dios le delegó el dominio sobre la tierra, Satanás sabía que la humanidad sería su peor pesadilla.

Es importante entender que Satanás odia a la humanidad, porque somos una amenaza directa a su plan y su poder. Cuando Dios creó a la humanidad, nos creó con un estatus especial. Él nos delegó autoridad y dominio sobre este planeta. Ese era el propósito de Adán, y ha sido transmitido a nosotros. ¡Somos los guardianes de este mundo! Satanás nos odia porque somos sus archienemigos y la mayor amenaza a su plan para este mundo. Hablaremos más sobre esto en el capítulo 5.

¡Somos los guardianes de este mundo! Satanás nos odia porque somos sus archienemigos y la mayor amenaza a su plan para este mundo.

Acechando detrás de los arbustos en el jardín, Satanás observó a Adán y Eva y desarrolló su estrategia para derribarlos y arrebatarles el dominio que Dios les había dado. Un día, Eva estaba paseando por el jardín y decidió tomar un desvío hacia el árbol del conocimiento del bien y del mal. Sabía que comer su fruto estaba prohibido, pero quizás el hecho de que estuviera fuera de los límites hacía que el árbol la intrigara de una manera especial. No tenía intención de comer la fruta, pero no habría nada malo con solo mirar, ¿verdad?

Cuando Satanás vio a Eva caminando hacia el árbol, hechizada por el fruto prohibido, supo que esta era la oportunidad que había estado esperando. La raza humana era joven, inocente e ingenua, y en ese momento Eva era especialmente vulnerable. Posiblemente no volviera a haber otra ocasión como esta. Necesitaba aprovechar la oportunidad.

Satanás metió la mano en su gran bolsa negra de trucos y sacó su artimaña más seductora. Esta no sería una vieja tentación común y corriente. En este momento más oportuno de todos, Satanás descargaría el arma más potente de su arsenal. La tentación puede no ser lo que tú piensas. De hecho, puede parecer muy trivial, pero ahí está el peligro. Proverbios 1:17 dice: «Porque en vano se tenderá la red ante los ojos de toda ave». Las trampas más traicioneras del enemigo son las que no reconocemos de inmediato como tales. Sin embargo, debido a la Palabra de Dios, «no ignoramos sus maquinaciones» (2 Corintios 2:11). Ruego que una vez que veas esta trampa por lo que es, no vuelvas a caer en ella nunca más, en el nombre de Jesús.

El arma secreta de Satanás era una simple pregunta de cuatro palabras: «¿Dios les ha dicho?». Fueron estas cuatro palabras, una simple inyección de incredulidad en el corazón de Eva, las que provocaron la caída de la raza humana. Cada pecado, cada enfermedad, cada corazón roto, cada vida destruida, cada guerra, cada genocidio, cada asesinato, cada rastro de odio y sufrimiento en el mundo puede ser rastreado hasta esa tentación original que comenzó con estas cuatro palabras: ¿Dios les ha dicho? Y te aseguro que toda tentación se origina aquí. Si rastreas cualquier transgresión hasta su origen, finalmente encontrarás esta pregunta, explícita o implícitamente, en la mente del transgresor: ¿Dios les ha dicho?

- Eva consideró la pregunta: «¿Dios les ha dicho?». Ella comió el fruto prohibido y toda la raza humana se vio sumergida en la oscuridad. Su inocencia fue envenenada.
- Abraham consideró esta pregunta e Ismael fue el resultado. Muchas generaciones de guerra, derramamiento de sangre y odio han sido la consecuencia. La paz de su familia fue envenenada.
- Moisés consideró esta pregunta, golpeó la roca en vez de hablarle, y no pudo entrar en la tierra prometida. Su destino fue envenenado.

Si estudias las Escrituras, descubrirás que cada vez que el enemigo ha sido capaz de ganar la victoria sobre el pueblo de Dios, es posible remontarse hasta esta simple inyección de incredulidad: ¿Dios les ha dicho?

Puede sorprenderte saber que Satanás incluso probó esta tentación con Jesús. En Mateo leemos dos historias que fluyen juntas: los relatos del bautismo de Jesús y de su tentación. En nuestras Biblias modernas estas historias están separadas por demarcaciones de capítulos. La historia del bautismo aparece en el capítulo 3, y la historia de la tentación se encuentra en el capítulo 4. No obstante, en el texto original no había distinciones de capítulos o versículos, y estas dos historias estaban destinadas a fluir juntas como una sola. Cuando las separamos, no vemos todo el significado de ninguna de los dos. Sin embargo, cuando las juntamos, surge una maravillosa revelación. Comenzaremos con el bautismo.

Entonces Jesús vino de Galilea a Juan al Jordán, para ser bautizado por él. Mas Juan se le oponía, diciendo: Yo necesito ser bautizado por ti, ¿y tú vienes a mí?

Pero Jesús le respondió: Deja ahora, porque así conviene que cumplamos toda justicia. Entonces le dejó.

Y Jesús, después que fue bautizado, subió luego del agua; y he aquí los cielos le fueron abiertos, y vio al Espíritu de Dios que descendía como paloma, y venía

sobre él. Y hubo una voz de los cielos, que decía: Este es
mi Hijo amado, en quien tengo complacencia.

—Mateo 3:13-17

En este momento de la vida de Jesús, su ministerio terrenal aún
no había comenzado. Todavía no había realizado un milagro, y
no había sido revelado como el Hijo de Dios. Esta experiencia
sería el punto más destacado de la vida terrenal de Jesús hasta
ahora. Era el comienzo de una nueva temporada en la que su
poder y su gloria se manifestarían al mundo. Quiero que prestes
especial atención a lo que el Padre le dice en esas aguas bautismales: «Este es mi Hijo amado, en quien tengo complacencia».
Tal declaración resulta muy importante, porque es el tema a tratar en el próximo capítulo cuando Jesús es tentado por el diablo.
Inmediatamente después de la experiencia del bautismo de Jesús,
se indica: «Entonces Jesús fue llevado por el Espíritu al desierto,
para ser tentado por el diablo» (Mateo 4:1).

A menudo las experiencias espirituales en la cumbre son segui-
das por profundos valles. Muchas veces una gran revelación es
seguida por una gran tentación. Así fue en la vida de Jesús, y así
sucede en nuestra vida también. No obstante, advierte que esto era
parte del plan de Dios. El versículo no dice que Jesús fue llevado
por el diablo al desierto. Afirma que fue conducido al desierto
por el Espíritu para ser tentado por el diablo.

Y después de haber ayunado cuarenta días y cuarenta
noches, tuvo hambre. Y vino a él el tentador, y le dijo:
Si eres Hijo de Dios, di que estas piedras se conviertan
en pan.

—Mateo 4:2-3

En el pasado pensaba que el diablo estaba tentando a Jesús
para que rompiera su ayuno. Si alguna vez has llevado a cabo un
ayuno prolongado, sabes lo fuerte que puede ser la tentación a
ceder ante el deseo de comer. Sin embargo, esta tentación en particular no tenía nada que ver con la comida. De hecho, la Escritura
dice claramente que la tentación tuvo lugar después del ayuno.

El ataque contra el Hijo de Dios fue mucho más significativo que la tentación a romper el ayuno. Al examinarlo más de cerca, observarás un sorprendente paralelismo entre la tentación de Jesús y la tentación de Adán y Eva en el huerto del Edén.

Jesús ha sido llamado el segundo Adán, y vemos muchos paralelismos bíblicos entre la vida de Jesús y la vida de Adán. Lo que Adán hizo mal, Jesús lo hizo bien. Donde Adán falló, Jesús tuvo éxito. La caída de Adán trajo maldiciones a su posteridad, pero la sangre de Jesús fue la semilla de una nueva raza que hereda bendiciones, salvación y libertad de la maldición.  Encontramos que así como Satanás tentó al primer Adán y a Eva en el jardín, así también tentó a Jesús.

Muchas veces una gran revelación es seguida por una gran tentación. Así fue en la vida de Jesús, y así sucede en nuestra vida también.

Si Satanás consideró al primer Adán como una amenaza, Jesús era un millón de veces más peligroso, porque Él era Dios y hombre... ¡las dos pesadillas de Satanás combinadas! ¡Como mortal, Jesús tenía la autoridad delegada sobre el reino físico, y como divino, en Él moraba corporalmente la plenitud de la Divinidad!

Sin embargo, había otro lado de la historia. Nunca antes Dios se había hecho tan vulnerable. Por los interminables eones de la eternidad, el Dios inmortal, invisible, omnipotente y todopoderoso se sentó entronizado en poder absoluto y total invencibilidad, rodeado de huestes de poderosos ángeles. Satanás era uno de los ángeles hermosos y poderosos de Dios. Él vio esta gloria de primera mano y supo que no tenía ninguna posibilidad de infligirle el más mínimo daño. ¡De hecho, cuando el pensamiento de rebelarse entró en la mente de Satanás, el Dios omnisciente lo expulsó del cielo con tal fuerza que cayó a la tierra como un rayo (Lucas 10:18)!

No obstante, ahora Dios había descendido desde el elevado trono del cielo hasta el lugar más bajo de la tierra. Se había revestido de la debilidad y la vulnerabilidad de la carne humana. Satanás observó a Jesús mientras caminaba por la tierra, y esperó una oportunidad de oro como la que encontró con Eva en el huerto del Edén. Jesús se había ido al desierto y ayunado durante cuarenta días. En ese momento estaba cansado, hambriento, débil y más vulnerable que nunca antes. Cuando Jesús se encontraba en su punto más débil, Satanás reconoció que esta era su oportunidad de oro. Era el momento que había estado esperando desde el día en que la soberbia se levantó en su corazón y declaró: «Subiré al cielo; en lo alto, junto a las estrellas de Dios, levantaré mi trono, y en el monte del testimonio me sentaré, a los lados del norte; sobre las alturas de las nubes subiré, y seré semejante al Altísimo» (Isaías 14:13-14). «Finalmente», se dijo, «la victoria está a mi alcance».

Al igual que en el huerto del Edén, Satanás metió la mano en su gran bolsa negra de trucos y sacó su artimaña más seductora. Esta no sería una vieja tentación común y corriente. En este momento más oportuno de todos, Satanás descargaría el arma más potente de su arsenal, la misma que usó con Eva cuando ella se encontraba frente al fruto prohibido, la misma arma que había usado con éxito contra la humanidad durante miles de años, su arma más poderosa y efectiva.

Quiero que recuerdes que Jesús acababa de ser bautizado en el río Jordán, ¿y te acuerdas de lo que el Padre le dijo? «Este es mi Hijo amado, en quien tengo complacencia». Ahora Satanás se acerca a Jesús, y las primeras cinco palabras que salen de su boca son estas: «Si eres Hijo de Dios...».

¿Lo ves? Es esencialmente la misma inyección de incredulidad que Satanás usó con Eva en el huerto: ¿Dios les ha dicho? Satanás quería dar a entender: «¿Estás seguro de que eres el Hijo de Dios? Muéstrame algunas pruebas. Haz algo sobrenatural. Realiza un milagro». Mirando alrededor en el desierto, las piedras se hallaban en gran abundancia, mientras que el alimento resultaba escaso. Satanás señaló una de las piedras que yacía en el suelo y le dijo a Jesús que hiciera un milagro y convirtiera la piedra en pan (Mateo 4:3). Satanás estaba queriendo decir: «Veamos si realmente eres quien Dios dice que eres».

Podemos leer acerca del primer milagro que Jesús realizó en unas bodas en Caná de Galilea unos días después de esta tentación. De manera interesante, el milagro y esta primera tentación tienen un curioso parecido. En la fiesta de bodas, Jesús no transformó las piedras en pan, sino que transformó otra cosa —el agua— en vino. Y el Evangelio de Juan nos informa que este milagro hizo que sus discípulos creyeran que Él era el Mesías (Juan 2:11). Como ya sabes, muchas veces nuestra fe está afianzada en el fundamento equivocado. Para los discípulos, al menos inicialmente, su fe en Jesús estaba cimentada en sus milagros. Ellos creyeron que Él era el Mesías porque convirtió el agua en vino, multiplicó los peces y los panes, sanó a los enfermos y resucitó a los muertos. Su fe estaba cimentada en lo que podían ver con sus ojos. No obstante, si el fundamento de nuestra fe es la vista, entonces nuestra fe puede ser sacudida por lo que vemos. Cuando Jesús fue arrestado y crucificado, la fe de los discípulos vaciló, porque estaba basada en lo que podían ver en vez de en la Palabra de Dios.

Los discípulos necesitaban la confirmación de un milagro para creer en Jesús. Sin embargo, para Jesús este milagro no era necesario a fin de creer lo que su Padre había dicho. Jesús respondió a esta primera tentación indicando: «Escrito está: No sólo de pan vivirá el hombre, sino de toda palabra que sale de la boca de Dios» (Mateo 4:4). En otras palabras, Jesús dijo: «Diablo, no necesito un milagro para probar que soy el Hijo de Dios. La única evidencia que necesito es el hecho de que mi Padre ha hablado. Mi fe no está afianzada en los milagros, sino en la Palabra que sale de la boca de Dios. Él lo dijo, yo lo creo, ¡y eso lo resuelve todo!».

La segunda tentación fue como la primera.

> Entonces el diablo le llevó a la santa ciudad, y le puso sobre el pináculo del templo, y le dijo: Si eres Hijo de Dios, échate abajo; porque escrito está: A sus ángeles mandará acerca de ti, y, en sus manos te sostendrán, para que no tropieces con tu pie en piedra.
>
> —Mateo 4:5-6

Solía pensar que esta tentación era una prohibición contra los deportes extremos. Cuando era un niño pequeño y hacía algo arriesgado o peligroso, a menudo escuchaba a los adultos decir: «No tientes al Señor». Cuando alguien iba a practicar paracaidismo o hacer saltos en caída libre, afirmábamos que estaba «tentando al Señor», porque pensábamos que esto era lo que el diablo estaba tentando a Jesús a hacer (Referencia: saltar desde el pináculo del templo, ¿verdad?).

En realidad, esta tentación no tiene nada que ver con los deportes extremos, así que siéntase libre de practicar el paracaidismo o saltar en caída libre si es lo bastante atrevido. Eso no es «tentar al Señor». En realidad, la tentación aquí se centró una vez más en esas cinco palabras de incredulidad: «Si eres Hijo de Dios». Aquí está de nuevo la antigua inyección de incredulidad proveniente de la boca de Satanás, la misma tentación que usó con Eva en el huerto: ¿Dios les ha dicho?

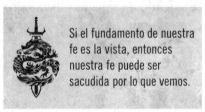

Si el fundamento de nuestra fe es la vista, entonces nuestra fe puede ser sacudida por lo que vemos.

La esencia de esta tentación era una vez más dudar de la Palabra de Dios, pero en esta ocasión fue presentada de una manera ligeramente diferente. «Si eres Hijo de Dios», dijo Satanás, «pruébalo. Lánzate de este pináculo del templo y pon a prueba la promesa de Dios». La respuesta de Jesús fue asombrosamente simple, pero totalmente profunda: «Escrito está también: No tentarás al Señor tu Dios» (Mateo 4:7).

Cada vez que veas la frase «Escrito está», significa que la siguiente cita es una referencia al Antiguo Testamento. Si queremos entender el significado completo de lo que Jesús estaba tratando de decir, necesitamos ir y ver dónde fue escrita.

Encontramos el versículo al que Jesús se refería en Deuteronomio 6:16: «No tentaréis a Jehová vuestro Dios, como lo tentasteis en Masah». Este versículo evidentemente se refiere a un acontecimiento en Masah que tuvo lugar mientras los hijos de Israel estaban vagando por el desierto. El Señor los había liberado de Egipto con una mano poderosa y un brazo extendido. Él separó el mar Rojo para ellos y los hizo caminar sobre tierra firme. Los guiaba con una columna de fuego de noche y una columna de nube de día. Les proporcionó maná para que comieran, e hizo que la ropa que llevaban puesta no se desgastara. Él los liberó de naciones vecinas hostiles y satisfizo cada una de sus necesidades año tras año. Entonces, un día se encontraron con un desafío. En este lugar llamado Masah, los hijos de Israel se quedaron sin agua y comenzaron a protestar y quejarse ante Moisés. Permitieron que la incredulidad entrara en sus corazones e incluso comenzaron a acusar a Moisés de tratar de matarlos.

> Así que el pueblo tuvo allí sed, y murmuró contra Moisés, y dijo: ¿Por qué nos hiciste subir de Egipto para matarnos de sed a nosotros, a nuestros hijos y a nuestros ganados?
>
> —Éxodo 17:3

Después de todo lo que Dios había hecho por ellos, después de toda la provisión milagrosa y toda la fidelidad inmerecida, a la primera señal de angustia inmediatamente comenzaron a dudar e incluso a acusar a Dios de dejarlos morir de sed. Sin embargo, considera lo que dice unos cuantos versículos después. Aquí es donde esta historia se vincula con la tentación de Jesús.

> Y llamó el nombre de aquel lugar Masah y Meriba, por la rencilla de los hijos de Israel, y porque tentaron a Jehová, diciendo: ¿Está, pues, Jehová entre nosotros, o no?
>
> —Éxodo 17:7

Cuando Jesús contestó: «Escrito está también: No tentarás al Señor tu Dios», quería decir: «Diablo, no voy a tentar al Señor como los hijos de Israel lo tentaron en Masah. Dios no necesita probarme que tiene buenas intenciones conmigo. Yo confío en Él completamente, y creo que es fiel. Creo que es bueno. Él nunca me ha fallado todavía, y creo que su Palabra es verdadera, no porque pase mi prueba, sino porque Él lo dijo, yo lo creo, ¡y eso lo resuelve todo!».

Amigo mío, Jesús estaba demostrando qué es la verdadera fe. Esta fe no está adulterada, contaminada ni envenenada por ningún indicio de incredulidad. La fe implica confianza absoluta e incondicional. La fe verdadera confía en Dios sin importar lo que se experimente en el reino natural. La fe verdadera no dice: «Confiaré en ti mientras hagas las cosas como yo quiero que se hagan». La fe verdadera declara como Job: «Aunque él me matare, en él esperaré» (Job 13:15).

La tercera y última tentación es la única en la que Satanás no usa explícitamente las palabras «Si eres Hijo de Dios». No obstante, como verás pronto, la tentación es la misma que las otras dos.

> Otra vez le llevó el diablo a un monte muy alto, y le mostró todos los reinos del mundo y la gloria de ellos, y le dijo: Todo esto te daré, si postrado me adorares.
>
> —Mateo 4:8-9

Siempre me pregunté qué hizo que el diablo pensara que tenía alguna posibilidad de hacer que Jesús se inclinara y lo adorara. ¿Por qué perdería el tiempo con una tentación tan tonta? Sin embargo, hay mucho más de lo que se ve a simple vista, y para entender esta tentación tenemos que ir una vez más al Antiguo Testamento, esta vez al libro de Salmos.

Salmos 2 es considerado un salmo mesiánico porque contiene referencias a Jesús, el Mesías. De hecho, en Hebreos 1:5 tenemos la corroboración definitiva del Nuevo Testamento de que el siguiente pasaje se refiere a Jesús. En Salmos 2:7, Dios Padre le dice a Jesús el Hijo: «Mi hijo eres tú; yo te engendré hoy».

¿Esto te suena familiar? ¿Te recuerda las palabras que el Padre le dijera a Jesús en las aguas bautismales del río Jordán? Ahora considera el siguiente verso. El Padre continúa diciendo: «Pídeme, y te daré por herencia las naciones, y como posesión tuya los confines de la tierra» (v. 8).

En esencia, el Padre le está diciendo a Jesús: «Tú eres mi Hijo, y como Hijo mío vas a recibir una herencia: las naciones, los reinos del mundo, los pueblos paganos y los confines de la tierra. Te los voy a dar todos».

Ahora Satanás se acerca a Jesús en el desierto y le dice básicamente: «Jesús, yo sé lo que Dios te dijo en el río Jordán. Él afirmó que tú eres su Hijo. Pero no olvides, Jesús, que Él dijo lo mismo en Salmos 2:7. Y cuando declaró que eras su Hijo a través de ese salmo profético, con el mismo aliento dijo que te daría las naciones. ¡Sin embargo, mira, Jesús, en vez de darte esos reinos a ti, me los dio a mí!». (En 2 Corintios 4:4 se identifica a Satanás como el «dios de este mundo» [NVI].) «Ahora bien», estaba insinuando Satanás, «si Dios no cumplió su promesa entonces, ¿cómo puedes creerle ahora? ¿Cómo puedes estar seguro de que realmente eres quien Él dice que eres?».

¿Te das cuenta? Discretamente escondida en estas palabras siniestras se encuentra la misma tentación: «Si eres Hijo de Dios...». Las palabras de Satanás contienen la misma inyección de incredulidad que usó con Eva en el huerto: ¿Dios les ha dicho? Con esta tentación Satanás se lanzó a matar. «Jesús», dijo, «parece que no se puede confiar en Dios. Parece que Él no ha sido totalmente honesto contigo. Te diré algo... hagamos un trato. Te inclinas y me adoras, y yo te daré las naciones».

La fe verdadera confía en Dios sin importar lo que se experimente en el reino natural.

Quisiera que intentaras ponerte en el lugar de Jesús cuando estaba en el desierto cansado, hambriento, débil y solo. Había soportado cuarenta días sin comer, el calor abrasador del sol del desierto, y ahora las tentaciones más insidiosas que el diablo podía lanzarle. Él era tan humano como tú. Tenía emociones. Sintió dolor y frustración. Sin embargo, quiero que notes lo que Jesús hizo en este momento. Él no entró en un estudio bíblico escatológico con el diablo, explicando cómo se cumpliría la promesa de Dios. De hecho, en ese instante, habiéndose limitado a sí mismo como un ser finito, tal vez ni siquiera conocía esos detalles. Pero mira cómo respondió.

Entonces Jesús le dijo: Vete, Satanás, porque escrito está: Al Señor tu Dios adorarás, y a él sólo servirás.

—Mateo 4:10

¿Qué debes hacer cuando estás en tu punto más bajo, cuando no entiendes y nada parece tener sentido? ¿Comienzas a cuestionar a Dios, dudando de su plan y su Palabra? Amigo mío, sigue el ejemplo de Jesús. ¡Dale la espalda al diablo, vuelve tus ojos hacia el cielo y comienza a adorar!

¿CON QUIÉN ESTÁS DE ACUERDO?

Vale la pena mencionar las circunstancias en las que todo lo que acabo de mencionar se hizo realidad para mí. Soy el sucesor de un famoso evangelista llamado Reinhard Bonnke. Su ministerio ha sido uno de los más poderosos y fructíferos de la historia. Él fundó el ministerio Cristo para todas las Naciones, que yo dirijo hoy. Al momento de escribir esto, nuestro ministerio ha visto a más de setenta y ocho millones de personas venir a Cristo desde 1987. Estoy hablando de conversiones documentadas, no de estimaciones. Cuando me convertí en presidente y director ejecutivo de este ministerio, tenía solo veintiocho años. Contábamos con diez oficinas en cinco continentes, realizábamos múltiples cruzadas gigantescas cada año, cada una de las cuales costaba casi un millón de dólares. Los presupuestos, las juntas, las cruzadas, las conferencias, la recaudación de fondos y muchas cosas más se convirtieron de repente en mi responsabilidad. Todo eso era más de lo que podía abarcar. Lo sabía, y todos los demás también lo sabían.

A menudo, el hecho de que no había pedido esta tarea me daba valor para continuar. Nunca había manipulado nada para que esto sucediera. No obstante, me sentía seguro de que Dios me había llamado a desempeñar esta tarea. Había recibido confirmaciones sobrenaturales a lo largo del camino, y yo sabía que la mano de Dios estaba sobre mí. Esto fue un gran consuelo. Cuando me enfrentaba a problemas más allá de mis posibilidades, a menudo decía: «Bueno, Señor, tú me pusiste aquí. Esta es tu idea, así que estoy seguro de que me concederás la gracia para salir adelante». Una y otra vez me asombraba la forma en que Dios me daba sabiduría y guía justo cuando la necesitaba.

Un hombre que estaba cerca de mí en esos días resultaba muy poco alentador. Era mi amigo, pero quería asegurarse de que no dejara volar mi imaginación. A menudo me decía: «Sabes que esto no puede funcionar, ¿verdad?». Entonces me describía la imposibilidad de la situación. ¿Cómo podría un chico de veintiocho años sin experiencia como yo ocupar el lugar de una leyenda como Reinhard Bonnke? «Está bien», me aseguraba mi amigo. «Nunca funcionará, pero al menos tendrás una buena experiencia». Al principio no apreciaba su negatividad. Sin embargo, a la larga me di cuenta de que solo trataba de prepararme para una inevitable decepción. Comprendí sus buenos motivos y no tomé lo que decía como algo personal. Luego, conforme pasaba el tiempo, me encontré coincidiendo con él e incluso repitiendo sus palabras. «Nunca funcionará, pero al menos tendré una buena experiencia». Había interiorizado por completo esas palabras en mi corazón.

Un día, mientras hablábamos durante la cena, me explicó una vez más por qué no podía funcionar, y yo estuve de acuerdo con él. Después volví a mi habitación del hotel y de repente el Señor me habló. «*Nunca más* vuelvas a cuestionar mis palabras», dijo. Esto fue una reprimenda, pero no me abrumó por completo. En vez de eso, trajo consigo un poder y una gracia que encendieron mi corazón. En un instante, toda esa revelación sobre la tentación de Cristo en el desierto —cómo se relacionaba con las palabras del Padre en el Jordán, cómo se conectaba con la tentación de Satanás en el jardín— cayó sobre mi espíritu como una descarga instantánea. Estaba sobrecogido. Me arrepentí. Le dije: «Lo siento, Señor. De ahora en adelante elegiré estar de acuerdo solo con tu palabra». Unos días después ese hombre fue alejado de mi vida. Me di cuenta de que aunque era una buena persona cristiana, estaba siendo usado por el enemigo para plantar semillas de incredulidad en mi corazón que me habrían destruido si no hubiera recibido la reprimenda del Señor.

Esto me recuerda la historia de Pedro que examinamos en el último capítulo. En Mateo 16, Jesús les pregunta a sus discípulos: «¿Quién dice la gente que es el Hijo del hombre?». Luego les pregunta a sus discípulos una vez más: «Y ustedes, ¿quién dicen que soy yo?» (vv. 13, 15, NVI).

Fue solo Pedro el que tuvo la revelación: «Tú eres el Cristo, el Hijo del Dios viviente» (v. 16).

«Bienaventurado eres, Simón, hijo de Jonás, porque no te lo reveló carne ni sangre, sino mi Padre que está en los cielos» (v. 17). Más tarde en ese mismo capítulo, Jesús les explicó a sus discípulos que iba a morir y resucitar. Cuando Pedro oyó esto, llevó a Jesús aparte y le dijo: «Señor, ten compasión de ti; en ninguna manera esto te acontezca» (v. 22).

Jesús lo reprendió diciendo: ¡Quítate de delante de mí, Satanás!; me eres tropiezo, porque no pones la mira en las cosas de Dios, sino en las de los hombres (v. 23).

Jesús le llamó a Pedro, uno de sus discípulos y amigos más cercanos, «Satanás», y procedió a decirle que estaba siendo usado para causar tropiezo. ¡Sí, Satanás puede usar incluso a los amigos sinceros, y también a los cristianos, para traer a tu mente pensamientos que se levantan contra el conocimiento de Dios!

Sin embargo, hay más. Como puedes ver, Jesús dice algo a lo que le debemos prestar mucha atención aquí. Ya lo he mencionado, pero lo reitero en aras del énfasis. Esta cuestión se planteará una y otra vez a lo largo de este libro. Después de llamarle «Satanás» a Pedro, dice: «Porque no pones la mira en las cosas de Dios, sino en las de los hombres». ¿Te das cuenta de que la forma en que los seres humanos piensan es demoníaca por naturaleza? La mente carnal se contrapone a Dios, porque es inspirada satánicamente.

Debemos ser diligentes a fin de proteger nuestras mentes y nuestras almas, manteniéndolas alineadas con la Palabra de Dios y rechazando la manera de pensar terrenal, sensual y demoníaca que gobierna a este mundo.

ESCRITO ESTÁ

En este punto resulta importante para mí enfatizar algo sobre esta historia. Jesús nunca respondió a las tentaciones del diablo contándole lo que había experimentado en el río Jordán. Ya sabes, cuando estás en la cima de la montaña espiritual y escuchas la voz de Dios claramente, tienes una experiencia emocionante. Sin embargo, cuando bajas al valle, es fácil empezar a cuestionar lo que experimentaste en la cima de la montaña.

Cuando te encuentras en un servicio de la iglesia poderoso el domingo, donde el predicador predica y la banda de adoración toca, sientes la unción y escuchas a Dios hablar. No obstante, el lunes, cuando el enemigo comienza a atacarte en tu trabajo o tu familia, tratará de hacerte cuestionar tu experiencia del domingo por la mañana. Y si permites que tu fe esté arraigada en tu experiencia, Satanás te zarandeará fácilmente como al trigo. Sin embargo, la buena noticia es que Dios nos ha dado una roca sólida para afianzar nuestra fe que no puede ser sacudida: la Palabra escrita de Dios. Cuando Jesús le respondió al diablo, en cada ocasión dijo: «Escrito está...».

LA ESPADA DEL ESPÍRITU

¡El diablo odia la Palabra de Dios, porque es un arma de guerra de dos filos que puede cortarlo en pedazos! La misma es inamovible e inmutable. Constituye una base sólida para tu fe y un ancla para tu alma. ¡Puedes confiar en ella, puedes apoyarte en ella, y puedes creerla con todo tu corazón, porque Dios honra su Palabra! ¡No importa lo que estés experimentando en lo natural, acepta la Palabra y confiésala con respecto a tu salud, tus finanzas, tu familia, tu negocio, tu ministerio y cada aspecto de tu vida!

ESCRITO ESTÁ: «Mi Dios, pues, suplirá todo lo que os falta conforme a sus riquezas en gloria en Cristo Jesús» (Filipenses 4:19).

ESCRITO ESTÁ: «Me invocará, y yo le responderé» (Salmos 91:15).

ESCRITO ESTÁ: «El impío hace obra falsa; mas el que siembra justicia tendrá galardón firme» (Proverbios 11:18).

ESCRITO ESTÁ: «Y si la hierba del campo que hoy es, y mañana se echa en el horno, Dios la viste así, ¿no hará mucho más a vosotros, hombres de poca fe?» (Mateo 6:30).

ESCRITO ESTÁ: «He aquí os doy potestad de hollar serpientes y escorpiones, y sobre toda fuerza del enemigo, y nada os dañará» (Lucas 10:19).

ESCRITO ESTÁ: «No te sobrevendrá mal, ni plaga tocará tu morada» (Salmos 91:10).

ESCRITO ESTÁ: «Muchas son las aflicciones del justo, pero de todas ellas le librará Jehová» (Salmos 34:19).

ESCRITO ESTÁ: «Y la oración de fe salvará al enfermo, y el Señor lo levantará; y si hubiere cometido pecados, le serán perdonados» (Santiago 5:15).

ESCRITO ESTÁ: «Echa sobre Jehová tu carga, y él te sustentará; no dejará para siempre caído al justo» (Salmos 55:22).

ESCRITO ESTÁ: «El ángel de Jehová acampa alrededor de los que le temen, y los defiende» (Salmos 34:7).

ESCRITO ESTÁ: «Encomienda a Jehová tu camino, y confía en él; y él hará» (Salmos 37:5).

ESCRITO ESTÁ: «Él hace habitar en familia a la estéril, que se goza en ser madre de hijos» (Salmos 113:9).

ESCRITO ESTÁ: «Para siempre es su misericordia» (Salmos 136:1).

ESCRITO ESTÁ: «Estamos atribulados en todo, mas no angustiados; en apuros, mas no desesperados; perseguidos, mas no desamparados; derribados, pero no destruidos» (2 Corintios 4:8-9).

PREGUNTAS PARA LA DISCUSIÓN

- ¿Has experimentado la tentación a cuestionar algo que Dios te ha prometido?
- ¿En qué se asemeja la tentación de Jesús en el desierto a la tentación de Adán y Eva en el huerto?
- ¿Por qué crees que la incredulidad resulta tan peligrosa?
- ¿Cómo podemos transformar nuestras mentes para alinearnos más con la Palabra de Dios?

CAPÍTULO 4

EL ESPÍRITU DEL TIEMPO O *ZEITGEIST*

*Es posible resistir a una invasión de ejércitos; una
invasión de ideas no puede ser resistida.*
—Víctor Hugo, *Historia de un crimen*

*La cruz está por encima de las opiniones de los hombres y a esa
cruz todas las opiniones deben venir al final para el juicio.*
—A. W. Tozer, *La cruz radical*

Zeitgeist es una palabra alemana que literalmente significa espíritu del tiempo. Se refiere al espíritu de los tiempos, o al espíritu de la época. En otras palabras, la actitud o el estado de ánimo de una cultura durante un período de tiempo en particular es lo que da lugar a sus valores y creencias únicas. Todos entendemos la idea a nivel instintivo, incluso si nunca logramos expresarla. Parece que sabemos instintivamente que muchas tendencias tipifican las pasiones o angustias de ciertas épocas en ciertos lugares. Por ejemplo, el espíritu contracultural de los años sesenta se expresó a través de distintos estilos de música, la literatura, experiencias religiosas, antiautoritarismo y experimentación con drogas.

Cuando las eras culturales cambian en el mundo, se puede sentir como si una mano invisible estuviera empujando las cosas. Esto constituye el espíritu de la época tanto de forma figurada como literal. Las personas llenas de sabiduría siempre lo han sentido. Sin embargo, hoy en día resulta imposible negarlo, incluso para los más inconscientes. El mundo está cambiando tan rápidamente ahora que cada nueva generación parece tener su propia cultura distinta, casi ajena a la generación anterior. Las ideas batallan entre sí en múltiples frentes, a veces luchando justo por debajo de la superficie de nuestra conciencia colectiva. Los vemos en las películas, la música y otras obras de arte. Escuchamos las opiniones contradictorias de predicadores, políticos, expertos, atletas, actores y artistas. De pronto la opinión pública comienza a cambiar, se escriben leyes, y la sociedad parece abrazar un conjunto de ideas y rechazar otras.

Desde la perspectiva bíblica el espíritu del tiempo o zeitgeist no es una abstracción. Los espíritus literales —espíritus poderosos y demoníacos— están impulsando activamente un plan desde sus altos cargos.

Las cosas que antes se consideraban tabúes ahora están *en boga*. ¿Cómo es posible que esto suceda? ¿Cómo es que países enteros se vuelven comunistas o fascistas? ¿Cómo es que la homosexualidad y la transexualidad pasan de ser socialmente inaceptables a estar de moda en unos pocos años? ¿Cómo explicas los muchos cambios radicales en la cultura, especialmente en Occidente, que han tenido lugar en los últimos cien años, como el Renacimiento, la Reforma, la Revolución Científica y la Ilustración? ¡Parece que vivimos en una época de revoluciones! ¿Cómo explicar las filosofías que se originan en algún aula entre intelectuales estirados, pero que pronto se convierten en los puntos de partida de la sociedad, encontrando su camino hacia el lenguaje y el pensamiento de la gente común sin que sepan de dónde provienen sus ideas? La clase obrera, sin saberlo, repite de forma mecánica ideas del postmodernismo, el marxismo y el relativismo. Los cuentos infantiles reflejan las ideas de Freud, Maslow, Kant, Jung y Piaget. Todo esto parece funcionar en conjunto de alguna manera extraña, como si estuviera orquestado por una compañía de mercadotecnia cósmica que ha estado trabajando durante muchos siglos, dándoles forma a las mentes de los hombres para convertirlas en lo que son.

El *Merriam-Webster* dice lo siguiente sobre la palabra *zeitgeist*: «Los eruditos han mantenido durante mucho tiempo que cada época tiene un espíritu único, una naturaleza o un clima que la distingue de todas las demás épocas. En alemán, tal espíritu se conoce como "Zeitgeist", de las palabras alemanas *Zeit*, que significa "tiempo", y *Geist*, que significa "espíritu" o "fantasma". Algunos escritores y artistas afirman que el verdadero espíritu de una época no se puede conocer hasta que no haya terminado, y varios han declarado que solo los artistas o filósofos pueden explicarlo adecuadamente. No sabemos si eso es cierto, pero sí sabemos que "zeitgeist" ha sido una adición útil al idioma inglés desde al menos 1835».[1]

Obviamente sería imposible pintar cualquier época de la historia con un solo trazo. Seguramente un análisis más matizado y de alta resolución mostraría muchos espíritus de épocas diferentes en muchos lugares distintos. Por ejemplo, el espíritu en Alemania durante la Segunda Guerra Mundial debe haber sido diferente al de Rusia, el Reino Unido y los Estados Unidos. El espíritu de una época y un lugar puede ser mejor o peor que el de otra época y lugar. Sin embargo, de una manera interesante, el espíritu de cada época parece encontrarse más a menudo en oposición a la concepción cristiana del mundo. Hay un tema constante de antipatía hacia Cristo y todo lo que Él representa. Este odio es tanto implícito como explícito. Juan se refería a eso cuando habló del «espíritu del anticristo [...] que ahora ya está en el mundo» (1 Juan 4:3).

Es también de esto que estaba hablando Pablo cuando dijo: «Porque no tenemos lucha contra sangre y carne, sino contra principados, contra potestades, contra los gobernadores de las tinieblas de este siglo, contra huestes espirituales de maldad en las regiones celestes» (Efesios 6:12). En otras palabras, desde la perspectiva bíblica el espíritu del tiempo no es una abstracción. Los espíritus literales —espíritus poderosos y demoníacos— están impulsando activamente un plan desde sus altos cargos.

A menudo pensamos en la guerra espiritual como un asunto personal. Y eso es cierto. Los ataques espirituales vienen contra los individuos a nivel personal. Así que debemos mantenernos alertas. Sin embargo, es crucial para nosotros entender que en su esencia el plan demoníaco no se trata simplemente de hacer miserables a los cristianos individuales. El plan demoníaco no existe para hacer que tu auto se descomponga o tengas un mal día en el trabajo. Satanás y sus ángeles constituyen esa enorme y antigua compañía de mercadotecnia que trabaja a través de todos los medios disponibles para influir en las mentes de los seres humanos. Ellos quieren imponerle la manera demoníaca de pensar a la humanidad, como hemos discutido en los dos últimos capítulos. De esto se trata la verdadera guerra.

Este asunto del espíritu del tiempo se remonta al huerto del Edén. Cuando la serpiente tentó a Eva, le transmitió con éxito su manera de pensar. Ese patrón de pensamiento demoníaco se ha vuelto natural para los humanos desde la caída. Hoy en día, la conciencia humana colectiva —el espíritu de la época, el *zeitgeist* global— está todavía bajo el encanto de ese hechizo demoníaco. De hecho, Juan hace una alusión muy obvia a la tentación en el jardín cuando dice: «Porque todo lo que hay en el mundo, los deseos de la carne, los deseos de los ojos, y la vanagloria de la vida, no proviene del Padre, sino del mundo» (1 Juan 2:16). Recuerda, Génesis 3:6 señala que Eva vio «que el árbol era bueno para comer» (los deseos de la carne), que era agradable a los ojos (la lujuria de la vista), y «árbol codiciable para alcanzar la sabiduría» (el orgullo de la vida). Según Juan, esta manera de pensar que Eva adoptó de Satanás es «todo lo que hay en el mundo». Este patrón de pensamiento, que es «del mundo», contradice directamente lo que es «del Padre».

Hoy Satanás tiene al mundo entero bajo su dominio a través de mentes esclavizadas. «El dios de este siglo cegó el entendimiento de los incrédulos» (2 Corintios 4:4). Sin embargo, esta forma de pensar no parece obviamente demoníaca en la superficie. De hecho, se siente muy natural. No obstante, como ya hemos visto a partir de lo que Jesús le dijo a Pedro, Satanás les ha pasado su

Si no estás siendo perseguido, tal vez te encuentras tan alineado con el espíritu de la época que no eres una amenaza para él.

manera de pensar a los seres humanos (Mateo 16:23). Hoy en día, la forma natural y carnal de pensar es realmente demoníaca. Como dijo Pablo: «Los designios de la carne son enemistad contra Dios; porque no se sujetan a la ley de Dios, ni tampoco pueden» (Romanos 8:7). El espíritu del anticristo se opone a Cristo. Todo lo que Jesús enseñó y representó es su enemigo. Y así es como los cristianos terminan en el fuego de la cruz. Como ya hemos examinado, el gran dragón no tiene dientes. Solo tiene una lengua de plata. Su arma es el engaño. Él trabaja a través de las mentes de los hombres para influir en el mundo. Aquellos de nosotros que tenemos la mente de Cristo estamos en oposición a ese movimiento demoníaco. Esta es la razón por la que el enemigo nos ataca.

Jesús dijo: «Si el mundo los aborrece, tengan presente que antes que a ustedes, me aborreció a mí» (Juan 15:18, NVI). El mundo nos odia por la misma razón por la que odiaba a Jesús. Su vida estaba en contradicción directa con el espíritu de la época, y Él tenía el poder de vencer a dicho espíritu. Cuando tenemos su mente y vivimos como Él, nos convertimos en el enemigo del espíritu del anticristo. Por eso Pablo dijo: «Todos los que quieren vivir piadosamente en Cristo Jesús padecerán persecución» (2 Timoteo 3:12). Si no estás siendo perseguido, tal vez te encuentres tan alineado con el espíritu de la época que no eres una amenaza para él.

Jesús encarnó la manera de pensar de Dios en el mundo. Él era el Verbo hecho carne (Juan 1:14). Toda su vida fue una agresión al espíritu demoníaco de la época. Esto nunca había ocurrido antes con tanta intensidad y firmeza. Sí, Dios le había dado la Ley a Moisés. Pero fue una revelación incompleta, un ayo o tutor hasta que Cristo vino en la plenitud de los tiempos (Gálatas 3:24-25; 4:1-5). Después de la época de Moisés, «la gracia y la verdad vinieron por medio de Jesucristo» (Juan 1:17). Jesús dijo de sí mismo: «Yo soy la luz del mundo; el que me sigue, no andará en tinieblas, sino que tendrá la luz de la vida» (Juan 8:12). Antes de Él y sin Él, no hay luz; el mundo entero camina en las tinieblas de las sombras demoníacas. No obstante, cuando Jesús vino, de repente hubo una luz en las tinieblas. Piensa en lo poderosa que ha sido la influencia de Jesucristo. ¡Un hombre que murió a los treinta y tres años de edad tiene más de dos mil millones de seguidores dos mil años después! Sus enseñanzas y la historia de su vida son conocidas y amadas por miles de millones. En medio del telón de fondo de oscuridad que representa el espectáculo de horror de la historia humana, hay un hombre cuya vida brilla en un contraste marcado, como un diamante entre carbones. No es de extrañar que Juan diga que su «vida era la luz de los hombres» (Juan 1:4).

El evangelista Billy Sunday señaló:

Cuando la nube brillante lo ocultó de la mirada de aquellos que lo amaban con una devoción que los llevó al martirio, el único registro de sus máximas se encontraba grabado en sus corazones, pero ahora las bibliotecas están dedicadas a la consideración de ellas. Ninguna palabra ha sido de tanto peso o importancia como las de Aquel que era tan pobre que no tenía dónde recostar la cabeza. La erudición del mundo se ha sentado a sus pies con la cabeza descubierta, y se ha visto obligada a decir una y otra vez: «Nunca el hombre habló como Él lo hizo». Sus palabras han sido traducidas a todas las lenguas conocidas, y han llevado la curación en sus alas a dondequiera que han ido. Ningún otro libro ha tenido jamás un diezmo de la circulación de lo que contienen las palabras de Jesús, y no solo eso, sino que sus pensamientos y la historia de su vida están tan entretejidos en toda la literatura, que si un hombre nunca leyera una línea en la Biblia, y sin embargo fuera un lector, no podría permanecer ignorante de Cristo.[2]

Jesús influyó de forma directa y poderosa en el espíritu del tiempo de todo el mundo, no solo en sus días, sino desde entonces. Considera lo extraordinario que es esto. Ningún otro hombre ha tenido nunca tanta influencia. Sin embargo, lo fascinante no es solo que Jesús fuera tan influyente. Lo que resulta más notable aún es la improbabilidad de que tales ideas prevalezcan en las mentes de tantas personas a lo largo de la historia en un mundo saturado de un espíritu totalmente contrario. Los pensamientos de Dios no son nuestros pensamientos. Ellos van en contra de todo lo que forma parte de la naturaleza humana. Jesús libró una guerra espiritual todos los días de su vida. No lo hizo agitando pancartas, haciendo sonar el shofar ni lanzando golpes al aire. Lo hizo a través de su forma de vida, su enseñanza, y su demostración del reino de Dios en la tierra a través de sus obras, su muerte y su resurrección.

Con esto en mente, la guerra espiritual en el ministerio de Jesús no es siempre lo que podrías esperar. Considera, por ejemplo, el Sermón del Monte (Mateo 5-7). La mayoría de los cristianos conocen y aman su mensaje. Sin embargo, nos hemos familiarizado tanto con el mismo que a menudo nos perdemos su significado. Esta enseñanza de Jesús nos abre los ojos a una forma de pensar completamente nueva. Es difícil transmitir lo revolucionario e incluso escandaloso que habría sido esto para sus primeros destinatarios. Recuerda, Jesús les trasmitió tales enseñanzas a las personas que vivían en el Imperio Romano del mundo antiguo. En esa época en la sociedad romana, el poder era la virtud suprema. La misericordia significaba debilidad, y la debilidad era despreciada. La inmoralidad, el libertinaje, el hedonismo y la violencia se celebraban.

Entonces Jesús vino y dijo que los bienaventurados son los pobres en espíritu, los afligidos, los mansos, los misericordiosos, los puros, los perseguidos, los pacificadores y los justos.

¿Los mansos heredarán la tierra? Qué impensable. ¿Acaso los poderosos y violentos no conquistan naciones y gobiernan el mundo? ¿La lujuria es adulterio? ¿El odio es asesinato? ¿La persecución es motivo de alegría? ¿Debemos perdonar a nuestros enemigos, e incluso amarlos? ¿Cuidar de los necesitados? ¿Dar, orar y ayunar en privado para que nadie en el mundo lo sepa y nos dé crédito? ¿Invertir nuestros tesoros en el cielo en vez de en la tierra? ¿Rechazar la ansiedad? ¿Amar a Dios más que a nuestra propia vida? ¿Negarnos a juzgar a los demás? ¿Caminar por el camino estrecho y menos popular?

Repito, es difícil para nosotros entender cuán revolucionarias habrían sido estas ideas en los tiempos de Jesús. Vivimos en una época en la que dos mil años de influencia cristiana han influido profunda y positivamente en el espíritu del mundo en formas de las que no siempre somos conscientes. Por ejemplo, tenemos una tendencia a mostrar misericordia hacia los pobres, débiles, enfermos, huérfanos y viudas. Sin embargo, así no es como solía ser. Las culturas paganas en las que se introdujo el cristianismo valoraban a los fuertes y los orgullosos. La idea de los derechos humanos es una idea cristiana. La idea de la libertad individual para elegir es una idea cristiana. La idea de la ley natural es una idea cristiana. La libertad de expresión, la separación de la iglesia y el estado, e incluso el método científico son productos del cristianismo.

La cultura occidental ha sido tan influenciada por las enseñanzas de Jesús y la Biblia que las personas a menudo están familiarizadas con temas e historias bíblicas aunque jamás hayan leído la Biblia. Y si ellos mismos no son conscientes de las historias, todavía han sido influenciados por su moral. Incluso el famoso y declarado ateo Richard Dawkins escribe sobre la importancia de la Biblia en lo que respecta al idioma inglés. Él enumera ciento veintinueve frases bíblicas que todo angloparlante educado usa y entiende, aunque nunca lea la Biblia. Estas incluyen «la sal de la tierra», «la segunda milla», «me lavo las manos», «ganancias deshonestas», «ver por un espejo de manera velada», «lobos vestidos de oveja», «poner la luz bajo el almud», «no hay paz para los malos», «cómo han caído los valientes», y muchas más.[3] Dawkins señala: «Un hablante nativo del inglés que nunca haya leído una palabra de la Biblia King James está al borde del barbarismo».[4] Piensa en lo que le ha hecho a la sociedad cuando historias como la parábola del buen samaritano y la parábola del hijo pródigo han tenido dos mil años para abrirse paso hasta la conciencia pública. Incluso el Antiguo Testamento se ha convertido en parte del pensamiento occidental debido a la influencia dominante del cristianismo (piense en David y Goliat o los Diez Mandamientos).

De muchas maneras, muchas más de lo que nuestros detractores seculares quisieran admitir, la sociedad pacífica, sofisticada y dócil de la que disfrutamos los occidentales hoy en día debe su existencia a la influencia cristiana. No obstante, esta ha estado bajo ataque durante cientos de años. La sociedad más grande que el hombre ha construido ha sido atacada por las mismas personas que se benefician de ella. Y atacan con la mayor vehemencia precisamente a aquello que la hizo grande. ¿Por qué? Como dice Dostoevsky: «El hombre es estúpido, ya sabes, fenomenalmente estúpido; o mejor dicho, no lo es en absoluto, pero es tan desagradecido que no podrías encontrar otro como él en toda la creación».[5] O tal vez aún haya otra explicación. Quizás esta hostilidad penetrante hacia Cristo y todo lo que Él representa viene del espíritu satánico y del anticristo que ya está en el mundo.

LA CRUZ: SABIDURÍA DIVINA

La manera divina de pensar es tan contraria a la manera satánica que cuando Dios hizo su movimiento más brillante, Satanás nunca lo vio venir. Y tampoco aquellos que piensan como Satanás. Pablo dice acerca de la sabiduría divina: «Ninguno de los gobernantes de este mundo la entendió, porque de haberla entendido no habrían crucificado al Señor de la gloria» (1 Corintios 2:8). ¡Así que Satanás no solo engaña a la gente, sino que también se engaña a sí mismo! Su manera malvada de pensar vio la cruz como una debilidad y un fracaso cuando en realidad representaba el poder y la sabiduría de Dios.

Esto es lo que debemos reconocer. La sabiduría de Dios no se parece en nada a la sabiduría humana. Esta existe en una categoría completamente única, totalmente separada de la manera de pensar del mundo y accesible a los humanos solo por la fe en Cristo Jesús. Si tratamos de pelear las batallas espirituales con técnicas que nos son familiares en la carne, fracasaremos en lo que respecta a derrotar a Satanás e incluso nos encontraremos luchando de su lado. Por ejemplo, en una pelea física, la ira, la rabia y el odio son tus amigos. Ellos encienden un fuego dentro de ti que te lanzará contra tu enemigo como un arma mortal. Sin embargo, las batallas espirituales no se libran de esta manera. El odio, la ira y la venganza son los métodos del enemigo para obtener justicia. ¿Cómo podemos usar los métodos del enemigo para vencerlo? En el momento en que hacemos uso de ellos, perdemos la batalla y nos alineamos con él. Sin embargo, Jesús no odia a sus enemigos humanos. Él los ama. Él no muere como un terrorista suicida, volándose a sí mismo para herir a sus enemigos. En vez de eso, da su vida por sus enemigos, entregándola para salvar la vida de ellos. Es casi imposible comprender esta forma de pensar. De hecho, no podemos entenderla sin la mente de Cristo. No obstante, según el evangelio, *esa* es la sabiduría divina —el camino del amor sacrificial, semejante al de Cristo— que derriba las fuerzas de las tinieblas.

Jesús les dijo a sus discípulos: «He aquí, yo os envío como a ovejas en medio de lobos; sed, pues, prudentes como serpientes, y sencillos como palomas» (Mateo 10:16). Tengo que admitir que esto suena muy poco atractivo. No quiero ser una oveja. Soy un hombre. Soy fuerte. Soy capaz de defenderme. Preferiría que Él dijera: «Os envío como a *leones* en medio de lobos». Quiero cazar a los depredadores, no convertirme en su almuerzo. Sin embargo, esa es la mente carnal caída hablando. Desde el punto de vista natural, los lobos son depredadores y las ovejas son presas. No obstante, según la sabiduría de Dios, las ovejas finalmente conquistan a los lobos. En Apocalipsis, cuando se presenta al León de la tribu de Judá como Aquel que venció, Juan se volvió y vio a un *Cordero*... un Cordero como inmolado (Apocalipsis 5:6). El León obtuvo la victoria sobre sus enemigos espirituales como un Cordero expiatorio.

«Los mansos [...] recibirán la tierra por heredad» (Mateo 5:5). Es cierto que no siempre ganamos a corto plazo, y a veces sufrimos en este mundo controlado por demonios. Incluso Jesús estaba rodeado de los «fuertes toros de Basán» mientras colgaba de la cruz. Ellos desgarraron su carne con sus dientes como leones (Salmos 22:12-13). Sin embargo, en ese momento, Él estaba venciendo a esos toros. Solo muriendo podía conquistar el poder de la muerte. ¡Jesús resucitó de entre los muertos con una victoria completa sobre sus enemigos para siempre!

¿Cómo podemos usar los métodos del enemigo para vencerlo? En el momento en que hacemos uso de ellos, perdemos la batalla y nos alineamos con él.

La vida de Cristo estaba tan en conflicto con el espíritu

demoníaco de la época que se enfrentaron en un combate mortal. Este no fue un debate retórico entre dos ideologías. Jesús no combatió la manera satánica de pensar a través de un debate moderado. Se trató de una guerra, la guerra espiritual más importante, aquella que definiría la eternidad. Otros rabinos habían enseñado cosas similares a las que Jesús enseñó, pero nadie había encarnado nunca la sabiduría y la había modelado a la perfección. Jesús físicamente personificó la sabiduría de Dios hasta el final, incluso cuando un cadáver ensangrentado y con la carne destrozada yacía frío y quieto en una tumba prestada. Y para todos los que miraban con ojos naturales debe haber sido obvio quién ganó. Los soldados romanos se pararon triunfalmente sobre el cadáver del amor. No obstante, tres días después, la tierra tembló cuando la sabiduría de Dios atravesó la corteza de miles de años de pensamiento demoníaco que había cubierto el planeta como un grueso cascarón.

USTEDES SON LA LUZ DEL MUNDO

Antes mencioné que Jesús declaró que Él era la luz del mundo. Sin embargo, ese no fue el final de la historia. Jesús se volvió a sus discípulos (y a nosotros) y les dijo: «*Vosotros* sois la luz del mundo» (Mateo 5:14, énfasis añadido). Cuando somos llenos del Espíritu Santo y por lo tanto recibimos la mente de Cristo, ¡nos convertimos en reflejos de su luz! Su manera de pensar y vivir se convierte en la nuestra. Cuando esto sucede, penetramos la oscuridad dondequiera que vayamos. ¡Somos extensiones andantes del reino de Dios! ¡Esta es una verdadera guerra espiritual!

Nuestro trabajo como cristianos no es simplemente pelear batallas espirituales a través de la oración y la intercesión. Combatimos las tinieblas viviendo como Jesús, demostrando su manera de pensar radical y del reino. Nuestro comportamiento diario debe encarnar los pensamientos y caminos de Dios. Esto tal vez no parezca el modo más emocionante de luchar contra el espíritu demoníaco, pero resulta extremadamente poderoso. Piensa en ello de esta manera. ¿Cómo podemos combatir el espíritu del tiempo demoníaco si estamos pensando y viviendo alineados con él?

Pablo declara cómo se manifestará el espíritu del tiempo demoníaco en los últimos días. «Debes saber esto: que en los postreros días vendrán tiempos peligrosos. Porque habrá hombres amadores de sí mismos, avaros, vanagloriosos, soberbios, blasfemos, desobedientes a los padres, ingratos, impíos, sin afecto natural, implacables, calumniadores, intemperantes, crueles, aborrecedores de lo bueno, traidores, impetuosos, infatuados, amadores de los deleites más que de Dios, que tendrán apariencia de piedad, pero negarán la eficacia de ella; a éstos evita» (2 Timoteo 3:1-5).

Puedes estar seguro de que esta descripción de las personas en los últimos días se opone a todo lo que es del Padre. Y se espera que nosotros que somos hijos de la luz caminemos en contra de todo lo que hay en el mundo.

En un mundo donde la mayoría de las personas vive bajo un hechizo demoníaco, los seguidores de Jesús tienen una manera totalmente diferente de pensar y vivir. La gente del mundo se ama a sí misma; nosotros no amamos nuestras vidas. Ellos aman el dinero; nosotros amamos el sacrificio. Ellos son orgullosos y jactanciosos; nosotros somos mansos y humildes. Ellos blasfeman; nosotros adoramos. Ellos no tienen ley; nosotros somos obedientes. Ellos son ingratos, impíos y poco amables; nosotros somos agradecidos, puros y estamos llenos de compasión como la de Cristo. Ellos están resentidos; nosotros perdonamos. Ellos calumnian; nosotros alabamos. Ellos son brutales; nosotros somos gentiles. Ellos desprecian el bien; nosotros luchamos por él. Ellos aman el placer; nosotros amamos a Dios.

Pablo contrasta repetidamente esta nueva manera de pensar y vivir con nuestra vieja manera bajo el dominio de ese espíritu del tiempo demoníaco. «Y él os dio vida a vosotros, cuando estabais muertos en vuestros delitos y pecados, en los cuales anduvisteis en otro tiempo, siguiendo la corriente de este mundo, conforme al príncipe de la potestad del aire, el espíritu que ahora opera

Nuestro trabajo como cristianos no es simplemente pelear batallas espirituales a través de la oración y la intercesión. Combatimos las tinieblas viviendo como Jesús, demostrando su manera de pensar radical y del reino.

en los hijos de desobediencia» (Efesios 2:1-2). «Y nosotros no hemos recibido el espíritu del mundo, sino el Espíritu que proviene de Dios, para que sepamos lo que Dios nos ha concedido» (1 Corintios 2:12).

Me atrevería a decir que nunca consideraste el fruto del Espíritu como un arma espiritual. No obstante, estas virtudes, desarrolladas por medio de la obra del Espíritu Santo en nuestras vidas, son sobrenaturales. Son celestiales. Vienen de lo alto, reflejando la sabiduría de Dios y ejerciendo la influencia divina. Esto significa que contradicen directamente al espíritu del tiempo demoníaco que está presente en el mundo. Por ejemplo, la fe no opera por lo que se ve, sino por la Palabra de Dios. La fe implica un modo de pensar cristiano, no carnal. Nos alinea con la mente de Dios, a través de la cual el poder divino fluye hacia la tierra.

He escuchado canciones de grupos cristianos de rock y rap que hablan de asesinar demonios o hacer estallar el reino de Satanás. Estas ideas siempre me han parecido bastante tontas. Satanás no está preocupado por las balas o las bombas. Lo que es extremadamente peligroso para el sistema satánico es la abundancia de virtudes que surgen de la manera de pensar única del Espíritu: amor, sacrificio, humildad, paciencia, fe, consagración, autodisciplina, santidad, alegría, mansedumbre y muchas más.

BATALLAS Y CONSTRUCTORES

Antes me referí al Sermón del Monte como guerra espiritual. Este representa el patrón de pensamiento divino que contradice directamente y por lo tanto ataca al espíritu del tiempo demoníaco. La guerra cósmica se trata de este choque de reinos. Si queremos luchar del lado del Cordero, solo hay una manera de hacerlo. Debemos tener lo que Pablo llama «la mente de Cristo» (1 Corintios 2:16). Nuestros pensamientos, creencias, acciones y estilo de vida deben alinearse por completo con Cristo. Esto es exactamente lo que Pablo quiere decir cuando señala: «No se conformen a este mundo; más bien, transfórmense por la renovación de su entendimiento de modo que comprueben cuál sea la voluntad de Dios, buena, agradable y perfecta» (Romanos 12:2, rva2015). Conformarse a este mundo es estar bajo la influencia del espíritu del anticristo, ya sea que nos demos cuenta o no. Con la mentalidad errada, incluso los hijos de Dios pueden luchar en el lado equivocado. Recuerda, Jesús le llamó «Satanás» a Pedro, su discípulo y buen amigo, porque *no pones la mira* en las cosas de Dios, sino en las de los hombres» (Mateo 16:23, énfasis añadido). Cuando adoptamos la forma de pensar del mundo, le damos acceso a su espíritu del tiempo a nuestras mentes, bocas y atmósfera. Así promovemos y fomentamos un sistema satánico. Es por eso que Jesús resulta tan extremo en su llamado a seguirlo. Jesús es blanco y negro en lo que respecta a su enseñanza. No hay muchos matices en sus posiciones. «El que no es conmigo, contra mí es; y el que conmigo no recoge, desparrama» (Mateo 12:30). La imagen que Él usa aquí se refiere a la recolección y la dispersión de las ovejas. ¿Quién recoge a las ovejas? El pastor. ¿Quién es el que dispersa a las ovejas? Un depredador. Eres un pastor o un lobo. No hay término medio. Jesús dice explícitamente: «¡Si no estás conmigo, estás contra mí!». No hay almas neutrales ni zonas neutrales. Suiza no existe en el mundo espiritual. Solo hay dos equipos. Puedes luchar por Dios, o puedes luchar por el diablo. Esas son tus únicas dos opciones. Y es fácil saber en qué equipo estás. Si no has tomado una decisión consciente de servir a Dios, entonces por defecto luchas en el otro lado: ¡contra Dios!

Muchos otros pasajes expresan el mismo sentimiento. Por ejemplo: «Ninguno puede servir a dos señores; porque o aborrecerá al uno y amará al otro, o estimará al uno y menospreciará al otro» (Mateo 6:24). Observa que no existe la opción de amar a uno y simplemente estar bien con el otro. La elección no es entre cuál te gusta más y cuál te gusta menos. La elección es entre el amor y el odio.

La elección que Jesús nos ofrece es tan extrema que Él no limita su elección de amor-odio a dos maestros. Lo lleva aún más lejos. «Si alguno viene a mí, y no aborrece a su padre, y madre, y mujer, e hijos, y hermanos, y hermanas, y aun también su propia vida, no puede ser mi discípulo. Y el que no lleva su cruz y viene en pos de mí, no puede ser mi discípulo» (Lucas 14:26-27). Esto resulta radical de acuerdo a cualquier estándar. Sin embargo, no estoy

El espíritu del tiempo o zeitgeist 93

escogiendo tales pasajes para demostrar mi punto de vista. Este puro radicalismo comprende la mayor parte de la enseñanza de Jesús. Él es inequívoco en cuanto a los requisitos para seguirlo. Su reino no puede permitirse acoger a las personas que sirven a Jesús sin rendirse por completo. Ellos no solo son inútiles, sino que también son activamente dañinos.

Jesús contó la historia de una higuera que no producía ningún fruto, así que el dueño pidió que la cortaran. Él explicó que estaba desperdiciando la tierra (Lucas 13:7). En otras palabras, este no era un árbol inofensivo. Estaba ocupando espacio, utilizando nutrientes y luz solar. Debilitó el suelo y dañó a los otros árboles del jardín. No existía neutralidad alguna. El árbol era una carga categórica. El dueño quería cortarlo por el bien de la viña, no solo por despecho. Repito, somos útiles o perjudiciales... ¡no hay término medio!

Si alguien afirma que es cristiano, pero continúa viviendo bajo el hechizo del espíritu del tiempo demoníaco, en un nivel práctico no representa a Cristo. Representa a Satanás. Solo hay dos espíritus principales en el mundo. Está el espíritu de Cristo y el espíritu del anticristo. Alinearse con uno es rechazar al otro. De la manera en que Jesús lo ve, si no estamos activamente conectados con Él y no llevamos el fruto del Espíritu, entonces somos destructivos, nos demos cuenta de ello o no. El diablo nos está usando, lo sepamos o no.

Jesús contó otra parábola:

> Supongamos que alguno de ustedes quiere construir una torre. ¿Acaso no se sienta primero a calcular el costo, para ver si tiene suficiente dinero para terminarla? Si echa los cimientos y no puede terminarla, todos los que la vean comenzarán a burlarse de él, y dirán: "Este hombre ya no pudo terminar lo que comenzó a construir".
> —Lucas 14:28-30, NVI

He visto esto a menudo en África. Un hombre que creció en un pueblo pobre tiene un golpe de buena fortuna y termina siendo un hombre de negocios o un político rico. Como muestra de su riqueza, encarga que le construyan una mansión en su ciudad natal. A veces es el edificio más grande e impresionante edificado en esa ciudad. Sin embargo, por alguna razón, antes de que el edificio esté terminado se le acaba el dinero. No es normal construir casas con préstamos en África (como no lo era en los tiempos de Jesús). Si quieres construir algo, construyes con dinero en efectivo. No obstante, si te quedas sin dinero, el edificio se detiene. Es tan simple como eso.

Vi muchas mansiones a medio terminar en África que aparentemente habían permanecido inactivas durante treinta años. Las malas hierbas e incluso los árboles habían crecido dentro de ellas. Los vagabundos se habían mudado, colocando unas cuantas tablas adicionales y viviendo adentro. Lo que debía haber sido un monumento se convierte en una monstruosidad y ese «gran hombre» llega a ser la burla de toda la ciudad. Jesús usa esta imagen del honor frente a la vergüenza para hacer un comentario importante sobre la entrega total. Con Él es todo o nada. Cualquier cosa intermedia se convierte tanto en un fracaso como en una vergüenza.

Cuando proclamas a Cristo, estás proclamando el nombre más elevado que existe. Como si estuvieras construyendo una gran torre o una mansión, la gente se dará cuenta de tu enorme declaración. Si usas el nombre de Cristo, pero no eres capaz de terminar lo que empezaste, traerás vergüenza a tu nombre y al de Él. «No tomarás en vano el nombre del SEÑOR tu Dios» (Éxodo 20:7, RVA2015). No se trata solo de usar «Dios» como una palabrota. Se trata de traer reprobación sobre el nombre del Señor tomándolo, o usándolo, en vano. Si te llamas a ti mismo cristiano, has tomado sobre ti el nombre de Jesús, el nombre que está por encima de cualquier otro nombre. Eso significa que su reputación está unida a la tuya. Será mejor que lo tomes en serio.

Cristiano tibio, eres una de las armas más poderosas del diablo contra el evangelio. Cuando las personas te miran y ven la vida que vives y se dan cuenta de que tu vida no es diferente a la de ellos, se convencen de que no necesitan a Jesús. Recuerda la famosa cita atribuida a Gandhi: «Me gusta tu Cristo, pero no me gustan tus cristianos». En otras palabras, las vidas de los cristianos eran incongruentes con el Cristo al que decían servir. Esta falta de semejanza a Cristo entre los *cristi*anos es uno de los mayores impedimentos para que la gente acepte el evangelio. Estamos en guerra. No podemos simplemente ponernos el uniforme del reino de Dios mientras luchamos a medias por ambos lados. Esto resulta deshonroso, peligroso y traicionero. A la luz de estas cosas, ¿qué debemos hacer? Veamos la parábola de Jesús que le sigue a su historia sobre la torre inacabada. Las dos historias parecen acotar en ambos extremos el caso de seguir a Cristo. Por un lado, la ilustración de la torre nos dice que tengamos en cuenta el costo de seguir a Jesús y que no tomemos esa decisión a la ligera. Y por otro lado, la siguiente historia nos dice que consideremos el costo de no seguirlo y luego nos indica exactamente qué hacer.

Supongamos que un rey está a punto de ir a la guerra contra otro rey. ¿Acaso no se sienta primero a calcular si con diez mil hombres puede enfrentarse al que viene contra él con veinte mil? Si no puede, enviará una delegación mientras el otro está todavía lejos, para pedir condiciones de paz. De la misma manera, cualquiera de ustedes que no renuncie a todos sus bienes, no puede ser mi discípulo.

—Lucas 14:31-33, NVI

En esta historia, el rey guerrero es superado dos a uno en número. No tiene ninguna posibilidad de ganar contra un rey mucho más poderoso. Por lo tanto, enviará rápidamente a una delegación para informar que se rinde. En el mundo antiguo, cuando un rey se rendía, generalmente era tratado con amabilidad y a menudo se le permitía permanecer en el poder como diputado del imperio conquistador. No obstante, si se resistía, no habría piedad.

El reino de Dios es más grande que cualquier reino terrenal e infinitamente más grande que cualquier ambición personal. Una persona sabia se dará cuenta de que es inútil y peligroso «dar coces contra el aguijón», como Dios le dijo a Saulo en el camino a Damasco (Hechos 26:14). Una rendición rápida es lo más razonable.

Este libro trata sobre la guerra espiritual. Estamos hablando de ser parte del ejército de Dios. En realidad, la vida cristiana es una vida de guerra en el espíritu. Sin embargo, aquí Jesús nos da una metáfora mucho más precisa. Unirse al ejército del Señor no es simplemente una cuestión de ir a una oficina de reclutamiento y alistarse. No somos ciudadanos de este reino por naturaleza. Somos enemigos naturales de Dios. No podemos comenzar simplemente por unirnos a Cristo. ¡Primero debemos rendirnos!

Todos nosotros vivimos en otro tiempo en los deseos de nuestra carne, haciendo la voluntad de la carne y de los pensamientos, y éramos por naturaleza hijos de ira, lo mismo que los demás.

—Efesios 2:3

Y a vosotros también, que erais en otro tiempo extraños y enemigos en vuestra mente, haciendo malas obras, ahora os ha reconciliado.

—Colosenses 1:21

Escucha el lenguaje de Pablo. Está hablando de los «deseos de nuestra carne», «la voluntad de la carne y de los pensamientos», y de cómo éramos «enemigos en [nuestra] mente». Él se refiere al espíritu del tiempo demoníaco que he estado describiendo. Para ser parte del ejército de Dios, tenemos que renunciar a esta vieja forma de pensar y vivir. Es por eso que el arrepentimiento resulta necesario para la salvación. ¡Arrepentirse es revolucionar la manera en que pensamos y por lo tanto vivimos!

TOMA TU CRUZ

He utilizado varias metáforas en este capítulo. Permíteme usar una más. Esta no es mi metáfora, sino una empleada por el mismo Jesús. Él dijo que si queremos ser sus discípulos, debemos negarnos a nosotros mismos, tomar nuestra cruz y seguirlo (Mateo 16:24). Antes hablamos de la sabiduría de la cruz, de cómo contradecía toda la sabiduría mundana y le asestaba un golpe fatal al espíritu del tiempo demoníaco. Aquí Jesús nos explica que si queremos ser sus discípulos, debemos llevar esa misma cruz. No obstante, ¿qué significa tomar la cruz? La cruz es un símbolo de sufrimiento y muerte. Alguien que lleva una cruz está en camino a ser crucificado. Es una persona muerta caminando. El modo de pensar viejo, carnal y demoníaco no puede ser simplemente cambiado. Hay que matarlo. Jesús requiere que hagamos a un lado a la persona que solíamos ser y asumamos una nueva identidad, un nuevo patrón de pensamiento y una nueva forma de vivir. Podemos vivir en el mismo cuerpo físico, pero nuestra antigua forma de ser ya está muerta. Hemos sido transformados por la renovación de nuestras mentes. Esto es precisamente lo que se requiere para llevar a cabo una guerra espiritual eficaz. Cualquier soldado sin una cruz en la espalda está luchando por Satanás. La batalla no solo se libra en el mundo, sino también en nosotros mismos. El cambio debe comenzar por nosotros.

PREGUNTAS PARA LA DISCUSIÓN

- ¿Cuáles son algunas de las cosas que caracterizan al espíritu del tiempo actual de tu mundo/cultura?
- ¿Cómo se oponen las tendencias de la cultura y la sociedad al espíritu de Cristo?
- ¿Cuáles son algunas de las filosofías o sistemas de creencias que has adoptado que podrían ser contrarias a las enseñanzas de Jesús?
- ¿Cómo guardamos nuestros corazones contra la influencia penetrante del espíritu de la época?

CAPÍTULO 5

LA BATALLA CÓSMICA

*Cada soldado debe saber, antes de ir a la batalla, cómo la pequeña
lucha que él va a librar encaja en el panorama general, y cómo
el éxito de su lucha influirá en la batalla como un todo.*
—Mariscal de campo Bernard Montgomery

*Una cosa muerta puede ir con la corriente, pero solo
una cosa viva puede ir en su contra.*
—G. K. Chesterton, *El hombre eterno*

En el capítulo anterior escribí sobre el espíritu del tiempo demoníaco, el espíritu de la época que controla el pensamiento del hombre natural. Esa es la misma manera demoníaca de pensar que Satanás le traspasó a Eva en el huerto del Edén. Jesús vino como la Luz del mundo. Él se abrió paso a través de la oscuridad de ese engaño demoníaco con la sabiduría de Dios. Esta sabiduría es completamente contraria a la sabiduría del mundo, y su expresión suprema fue la cruz. Ahora, Jesús nos dice: «Ustedes son la luz del mundo» (Mateo 5:14, NVI; énfasis añadido). Cuando somos salvos, nacemos de nuevo, siendo transformados de adentro hacia afuera con un corazón nuevo y una mente nueva. Ahora reflejamos su luz a través de una nueva manera de pensar y vivir en el mundo: pensamos y vivimos como Cristo. «Como él es, así somos nosotros en este mundo» (1 Juan 4:17).

He presentado este punto de vista porque a menudo tenemos una perspectiva narcisista de la guerra espiritual. Pensamos que cuando nuestro auto se avería o nos peleamos con un miembro de la familia antes de ir a la iglesia, es porque todo el infierno quiere arruinarnos el día. Es cierto que enfrentamos una resistencia espiritual en nuestra vida diaria; no estoy restándole importancia a esa realidad en absoluto. Sin embargo, hay un panorama general del que tenemos que ser conscientes. La meta de Satanás es controlar el mundo a través de las mentes de los hombres que han sido hechizados por su manera de pensar. Cuando luchamos contra su plan llevando nuestra cruz, siguiendo a Cristo y representando su sabiduría al mundo, entablamos una guerra espiritual en su máxima expresión.

No obstante, todo esto puede parecer un poco mundano. ¿Se supone que debemos ser buenos cristianos hasta que Jesús regrese? ¿Eso es todo lo que implica la guerra espiritual? ¡La respuesta es no! Todavía tenemos que discutir otros aspectos, pero establecer este panorama general básico resulta necesario antes de que podamos poner otras cuestiones en su contexto adecuado.

En este capítulo vamos a alejarnos un poco más para ver una imagen aún más grande. Vamos a poner en contexto la guerra espiritual no solo en la vida cristiana, sino también en la vida en general. Como veremos, esto no es un asunto secundario. Lo que estamos a punto de examinar abarca el propósito exacto para el cual el hombre fue creado. Veremos por qué Satanás estaba tan ansioso por engañar al hombre en el huerto del Edén y cómo somos parte del plan de Dios para revertirlo todo.

EL SIGNIFICADO DE LA VIDA

Hubo una chica brillante de diecisiete años que obtuvo puntajes perfectos en el Examen de Rendimiento Escolar y un puntaje perfecto en el índice de aceptación de la Universidad de California, una hazaña que nunca antes se había logrado. Ella era una verdadera genio. Sin embargo, cuando un reportero le preguntó: «¿Cuál es el sentido de la vida?», la chica respondió: «No tengo ni idea. Me gustaría conocerme a mí misma».[1]

El sentido de la vida es la gran cuestión existencial de la historia, el objeto de la lucha filosófica de la humanidad desde el principio de los tiempos. La pregunta ha dejado perplejos a los pensadores más brillantes, y continúa intrigando tanto a los pecadores como a los santos. Sí, incluso los cristianos pueden luchar con el significado de la vida. No obstante, ellos expresan el problema con mucha más precisión, haciendo en realidad dos preguntas: ¿Por qué fui creado? ¿Y por qué fui salvado?

A medida que escudriñamos las Escrituras, encontramos que la respuesta a ambas preguntas es la misma. Cuando encuentras la respuesta a una, has encontrado la respuesta a ambas, y por lo tanto al significado de la vida misma.

Con el fin de responder a la primera pregunta —¿Por qué fui creado?— volvamos una vez más al principio. En los primeros capítulos de la Biblia encontramos un tema que va desde Génesis hasta Apocalipsis. Como ya hemos visto, cuando Dios creó por primera vez a Adán y lo complementó con Eva, les dio a los dos un propósito específico como seres humanos: someter la tierra y tener dominio sobre ella (Génesis 1:26-28). En otras palabras, Dios hizo a la humanidad no como otra criatura igual a las plantas y

Del mismo modo en que Eva fue hecha como una ayuda idónea para Adán, así también la humanidad fue creada como una ayuda idónea para Dios.

los animales, sino como su ayudante especial para gobernar al mundo. Del mismo modo en que Eva fue hecha como una ayuda idónea para Adán, así también la humanidad fue creada como una ayuda idónea para Dios.

Los dones y llamados de Dios son irrevocables (Romanos 11:29), un principio que continúa aplicándose al llamado de la humanidad a tener dominio. La caída de Adán en el jardín no ha cambiado ese llamado. Dios continúa honrándolo. De hecho, este es el plan eterno de Dios. Glorificamos más a Dios cuando cumplimos el propósito para el cual nos hizo. Por eso Él se ha limitado a sí mismo de tal manera que no actuará en la tierra sin nosotros. Somos sus agentes, sus representantes, sus guardianes en este mundo.

Dios no obrará sin nosotros. De la misma manera, Satanás *no puede* obrar sin nosotros. Todo lo malo que sucede en este mundo viene a través de la gente malvada. Todo lo piadoso que sucede en este mundo viene a través de las personas piadosas. Es por eso que Satanás tienta a la gente a pecar. Él no tiene poder real en este mundo excepto el que nosotros, los guardianes, le damos. Esta es también la razón por la que en la saga del Éxodo Dios obró por medio de Moisés, mientras que Satanás obró a través de Faraón. Para los ojos naturales, el enfrentamiento parecía una confrontación entre dos hombres. Sin embargo, fue una batalla entre Dios y Satanás, cada uno actuando a través de su hombre. Y es por eso que, en el libro de Apocalipsis, Satanás necesita al anticristo, mientras que Dios obra a través de sus siervos los profetas (Apocalipsis 1:1-3; 10:7; 11:10; cf. Amós 3:7).

Yo le llamo a este principio una asociación divina. Una vez que nos damos cuenta de ella, la observamos a lo largo de toda la Escritura. Cuando Dios quiso mostrar su justicia y salvación durante el juicio del diluvio, se asoció con Noé, quien construyó el arca. Más tarde se asoció con Abraham para crear una nación especial, Israel, a fin de bendecir a todas las demás naciones del mundo. Dios se asoció con Moisés para liberar a los hijos de Israel de Egipto y con Josué para traerlos a la Tierra Prometida. Si Dios estaba usando a David, Salomón, Elías, Isaías, Jeremías o Ezequiel, vemos la asociación divina en acción. Hay tantos ejemplos de este principio en acción que podemos ir a prácticamente cualquier página de la Biblia y encontrarlo. De hecho, la Escritura misma es un producto de la asociación divina: los hombres hablaron y escribieron «siendo inspirados por el Espíritu Santo» (2 Pedro 1:21).

JESÚS: LA EXPRESIÓN MÁXIMA DE LA ASOCIACIÓN DIVINA

No obstante, como sucede con cualquier gran verdad, encontramos el ejemplo más poderoso de este principio en el mismo Cristo. Cuando Dios quiso mostrar su mayor expresión de gloria y traer la salvación a una humanidad perdida, envió a su propio Hijo al mundo (Hebreos 1). Sin embargo, el Hijo de Dios no se apareció como un ser extraño de una galaxia lejana, un fantasma de otra dimensión, o incluso como un ángel brillante de la gloria. Vino como un bebé humano a través de una madre humana. Él fue el ser humano supremo. Y como el ser humano supremo, Jesús se convirtió en el ejemplo supremo de la asociación divina.

Pero esta asociación con el hombre relacionada con el advenimiento de Cristo no comenzó en el momento en que el Espíritu Santo hizo concebir a una virgen llamada María. ¡En realidad, Dios había estado trabajando para llevar a cabo la encarnación de Cristo desde el principio! El libro de Mateo comienza con una larga genealogía de Jesús que se remonta a Abraham (Mateo 1). ¡Y el libro de Lucas rastrea su genealogía hasta Adán (Lucas 3)! Lo que estas genealogías demuestran es el linaje, la estirpe, la herencia de Cristo: la legitimidad de la pretensión de Cristo como heredero genuino del trono eterno de David y Salvador de toda la raza humana. Él no solo se materializó de la nada y nos salvó, sino que vino a través de los canales apropiados. Desde el principio, Dios se asoció con el hombre para salvar a la humanidad. Por medio de la simiente de Abraham, la línea de David y el vientre de María, el Redentor nació como un hombre de carne y hueso.

Vemos que Jesús es la expresión máxima de la asociación de Dios con el hombre. No obstante, Él es también la expresión máxima de la asociación deseada del hombre con Dios. El compañero humano que Dios anheló desde el principio —el Hijo humano que siempre quiso— lo encontró en Jesús. A partir de ahí, Jesús ilustró esta asociación de la manera más profunda y completa. Él nos muestra cómo es el verdadero dominio y cuál ha sido siempre la voluntad de Dios: que su señorío se extienda del cielo a la tierra a través de su pueblo. Y eso es exactamente lo que la Escritura quiere decir cuando se refiere al reino de Dios.

Antes de que Jesús apareciera, teníamos una imagen incompleta de este reino. A lo largo del Antiguo Testamento, profetas, maestros, narradores de historias y reyes nos suministraron porciones, fragmentos y vislumbres del reino de Dios. Ellos actuaron como señales en el camino, indicando la senda hacia el reino. Sin embargo, no eran el destino en sí mismo. Por lo tanto, no podían revelar la plenitud del dominio de Dios en la tierra.

David gobernó a Israel como el prototipo más poderoso de Cristo en el Antiguo Testamento. Pero el pecado demostró su insuficiencia y la muerte probó sus límites. Daniel vio visiones del reino venidero. No obstante, las visiones —aunque sobrenaturales y abrumadoras— eran todavía como puntos de luz brillando a través de pequeños agujeros en un velo. Toda la luz ardía detrás de ese velo, pero el velo aún no se había desvanecido. El reino supremo aún se escondía detrás de la mortaja.

Moisés, Elías y Eliseo hicieron señales, prodigios y milagros. Seguramente el dominio de Dios estaba irrumpiendo en el mundo a través de ellos. Hasta los muertos resucitaron. Eran hombres de los que el mundo no era digno. Sin embargo, aun así «no recibieron lo prometido» (Hebreos 11:39). Todo el reino se quedó detrás del velo. El reino completo y sin restricciones de Dios aún no se había visto... hasta que ese joven de Nazaret vino al río Jordán para ser bautizado.

EL REINO

La enseñanza de Jesús sobre el reino de Dios se extiende a lo largo de los Evangelios. Sus sermones, parábolas y enseñanzas privadas a los discípulos tratan del reino. Durante años Él enseñó continuamente sobre el reino hasta el día en que fue crucificado. No obstante, aun después de resucitar de entre los muertos, la Escritura dice que les habló «acerca del reino de Dios» durante cuarenta días antes de su ascensión (Hechos 1:3). El reino fue el tema principal de la enseñanza de Cristo de principio a fin. El reino es lo que Él enseñó. Y el reino es lo que demostró. De esto se trata la guerra espiritual en el mundo: del avance del reino. No luchamos contra espíritus demoníacos, principados, potestades y gobernantes de las tinieblas de este mundo de una manera arbitraria y subjetiva. ¡Luchamos por el avance del reino de Dios! Esto es precisamente lo que Jesús modeló para nosotros durante su vida terrenal.

En el mundo occidental a menudo tenemos profesores que enseñan materias que ellos solo entienden desde un punto de vista académico. Esto me recuerda a un profesor que tuve en la universidad que daba una clase sobre el emprendimiento. Comenzó el semestre anunciando que nunca antes había empezado un negocio, pero que nos iba a enseñar a hacerlo. Este no es el tipo de maestro que Jesús era. Ciertamente, para Jesús la demostración no siguió a la enseñanza; ¡la demostración en realidad vino primero!² Lucas 24:19 dice que Jesús fue un «profeta, poderoso en obra y en palabra». Para un oído occidental suena extraño poner esas palabras en ese orden. Más bien usaríamos la frase «en palabra y en obra». Sin embargo, el Evangelio de Lucas coloca de manera evidente las acciones antes que las palabras. En Hechos 1:1, Lucas habla «acerca de todas las cosas que Jesús comenzó a hacer y a enseñar». Una vez más, la demostración es lo primero y la explicación sigue. Jesús enseñó a sus alumnos para ayudarlos a entender lo que le vieron hacer primero a Él. No obstante, la triste verdad es que la mayoría no lo comprendió, así como sucede hoy en día. La mayoría miró directamente a Jesús y malinterpretó por completo lo que Él estaba haciendo y diciendo.

¿Y qué estaba haciendo exactamente? Hechos 10:38 lo declara explícitamente: «Dios ungió a Jesús de Nazaret con el Espíritu Santo y con poder. Después Jesús anduvo haciendo el bien y sanando a todos los que eran oprimidos por el diablo, porque Dios estaba con él» (NTV). Esta es una guerra espiritual perfecta.

De la misma manera, Jesús envió a los discípulos con esta comisión en Mateo 10:7-8: «Vayan y anúncienles que el reino del cielo está cerca. Sanen a los enfermos, resuciten a los muertos, curen a los leprosos y expulsen a los demonios. ¡Den tan gratuitamente como han recibido!» (NTV). Hemos sido llamados a la misma guerra espiritual que Jesús modeló. No se trata solo de una guerra arbitraria contra el mal en general... ¡sino del avance del reino de Dios en la tierra!

No debemos pasar por alto esta verdad tan evidente. Cuando el reino de Dios llega, debe manifestarse de alguna manera. Debe tener una demostración tangible. El dominio de Dios no es una doctrina etérea y teórica sin consecuencias en el mundo real. Cuando el reino de los cielos colisiona con el mundo natural, hay evidencia visible y demostrable del dominio de Dios. ¡Por ejemplo, los enfermos se sanan, los leprosos quedan limpios, los muertos resucitan, el poder de Satanás es quebrantado y los oprimidos son liberados!

Los milagros de Jesús demostraron su dominio. Al manifestar el reino de Dios a través del poder del Espíritu Santo, Jesús nos mostró cómo se ve cuando un ser humano cumple su destino como una extensión del reino de Dios en el mundo caído. Jesús demostró lo que un ser humano puede hacer bajo el poder del Espíritu Santo. Nos mostró cómo es un verdadero guerrero, un matador de dragones. Ahora podemos seguir su ejemplo.

El reino fue el tema principal de la enseñanza de Cristo de principio a fin. El reino es lo que Él enseñó. Y el reino es lo que demostró.

Algunos piensan de forma errónea que los milagros de Jesús simplemente demostraron que Él era el Mesías. ¡Qué conveniente sería eso para nosotros! Si los milagros de Jesús fueron meramente una prueba de sus afirmaciones mesiánicas, estaríamos librados. Pero este no es el caso. Los milagros de Jesús fueron más que una evidencia de su papel; constituyeron demostraciones que implican nuestro papel en realidad.

Por ejemplo, Jesús hace milagros poderosos en Mateo 12. Él sana a un hombre con una mano seca (v. 13). Luego sana a un hombre demonizado, ciego y mudo para que hable y vea (v. 22). De hecho, el versículo 15 nos dice que «le siguió mucha gente, y *sanaba a todos*» (énfasis añadido). Sin embargo, en ese mismo capítulo, solo unos pocos versículos más adelante, los escribas y fariseos insistieron todavía: «Deseamos ver de ti señal» (v. 38). ¿Te imaginas eso? ¡Acababan de ver cómo se curaba toda enfermedad, todo padecimiento y toda dolencia entre una gran multitud de personas! No conozco una demostración mayor de lo milagroso en la historia. Sin embargo, los críticos no estaban impresionados ni convencidos.

Estos milagros no eran el tipo de señal que los escépticos buscaban. Ellos querían algo más espectacular, más grandioso. Deseaban que Jesús dividiera el mar como Moisés o que bajara fuego del cielo como Elías. Jesús al final les daría esa clase de señal —su resurrección de entre los muertos— y aun así no creerían (Mateo 12:39-40). Pero mientras tanto, sus curaciones y milagros no eran intentos de probarles nada a los escépticos. Más bien fueron demostraciones de cómo son las cosas cuando un ser humano camina en el dominio del reino. En otras palabras, Jesús no hizo milagros para probar que podía hacerlos. ¡Él hizo milagros para probar que *nosotros* podíamos realizarlos! Él estaba diciendo: «¡Mira! ¡Este es el reino del que les he estado hablando! ¡Así se manifiesta cuando viene a la tierra! ¡Esto es lo que quiero que hagan!».

No obstante, hay un problema. Los humanos caídos no pueden caminar con la autoridad del reino. Estamos muertos en nuestros delitos y pecados. Estamos bajo la maldición y somos controlados por las potestades del aire. Hemos sido hipnotizados por el espíritu del tiempo demoníaco con el que Satanás controla al mundo. Es por eso que Jesús no solo demostró y enseñó el reino, sino que también murió para darles el reino a los que creen (Lucas 12:32). Su muerte en la cruz no tuvo lugar simplemente para rescatarnos del infierno; esta se llevó a cabo para restaurar el dominio que perdimos en el jardín... y mucho más. Recuerda, Jesús dijo: «Porque el Hijo del Hombre ha venido para salvar *lo que* se había perdido» (Mateo 18:11, énfasis añadido). La mayoría de la gente cita ese versículo incorrectamente, diciendo que Jesús vino a «salvar *a aquellos* que se habían perdido», pero Él vino a «salvar *lo que* se había perdido».

Jesús murió para restaurar a la humanidad a nuestro destino divino, para restaurar el propósito y el llamado que Dios le confirió a la raza humana desde el principio de los tiempos. Murió a fin de hacernos reyes y sacerdotes para Dios. Él nos llama una vez más a someter la tierra y ejercer nuestro dominio, no solo sobre las plantas y los animales, sino también sobre «serpientes y escorpiones, y sobre toda fuerza del enemigo» (Lucas 10:19). Jesús murió para que pudiéramos vivir de la misma manera que Él vivió. Murió para que pudiéramos pisar al dragón como Él. Jesús no murió solo para llevarnos al cielo. ¡Lo hizo para que el cielo venga a nosotros y al mundo a través de nosotros!

EL PROPÓSITO DE LA SALVACIÓN

Así que aquí encontramos la respuesta a nuestra segunda pregunta: ¿Por qué fui salvado? ¡Fuimos salvados para que el reino de Dios pudiera venir a través de nosotros y su voluntad pudiera ser hecha en la tierra como en el cielo! Sin embargo, la obra redentora de Dios no terminó en la cruz. Jesús les dijo a los discípulos que fueran al Aposento Alto y esperaran hasta que hubieran recibido el poder de lo alto. Diez días después el Espíritu Santo vino a morar con nosotros para siempre. Este fue un nuevo tipo de encarnación. Cuando Jesús vino al mundo, Dios se envolvió en la carne de un hombre, que se convirtió en «el primogénito entre muchos hermanos» (Romanos 8:29). Ahora, por medio del Espíritu Santo, Dios se ha envuelto en la carne de una nueva raza, nacida de nuevo no por «voluntad de varón, sino de Dios» (Juan 1:13).

El *Catecismo Menor de Westminster* declara: «El fin principal del hombre es el de glorificar a Dios, y gozar de él para siempre».[3] Estoy completamente de acuerdo con esta afirmación, pero tengo un problema con la forma en que a menudo se interpreta. Para algunas personas esto significa que planean pasar la eternidad en un servicio de alabanza y adoración sin fin.

Jesús no hizo milagros para probar que podía hacerlos. ¡Él hizo milagros para probar que nosotros podíamos realizarlos!

Incluso se imaginan cantando junto con una banda de adoración angelical por toda la eternidad. Para ellos, *glorificar a Dios* significa simplemente entonar palabras y melodías. Esta es la única manera en que entienden la adoración. No obstante, darle gloria a Dios involucra mucho más que nuestras palabras o nuestra música. Glorificamos a Dios a través de vidas obedientes que se ajustan a la imagen de Jesucristo. Eso significa que lo representamos como embajadores al asociarnos con Él para cumplir sus propósitos, caminando con autoridad y convirtiéndonos en una extensión de su reino. Para eso fuimos creados. Para eso fuimos salvados. ¡Y en eso consiste el sentido de la vida!

A fin de cuentas, la guerra espiritual ya fue ganada en la cruz. Sin embargo, vivimos en un mundo donde las personas siguen siendo esclavas del pecado y el diablo. Sus mentes aún están bajo ese espíritu demoníaco de la época. Nosotros hemos sido llamados a liberarlos. Así que proclamamos las buenas nuevas y luego demostramos el reino de Dios haciendo valer su poder. Donde hay demonios, los expulsamos. Donde hay enfermedad, la curamos. Donde hay esclavitud, la rompemos. Donde hay fortalezas, las derribamos. Hacemos esto con todas las herramientas que Dios nos ha dado: predicación, oración, fe, palabras proféticas, señales, prodigios, milagros, amor, sacrificio, actos de servicio y demás. Enfatizo estas cosas porque a menudo, cuando las personas piensan en la guerra espiritual, piensan en un aspecto unidimensional de la misma, generalmente orando en voz alta. Sin embargo, la guerra espiritual no se limita a la oración. Jesús modeló cómo libramos nuestra guerra contra la oscuridad. Jesús es el destructor de dragones que debemos tratar de imitar.

PREGUNTAS PARA LA DISCUSIÓN

- Basándote en este capítulo, ¿cómo explicarías el significado de tu vida?
- ¿Cómo explicarías el concepto de la asociación divina discutido anteriormente?
- ¿Cómo puedes usar tus talentos, tu trabajo y tu influencia para promover el reino de Dios?
- ¿Cuáles son algunas de las maneras en que podemos adorar a Dios que no involucran el canto o la música?

CAPÍTULO 6

LA GUERRA ESPIRITUAL DESMITIFICADA

Nada en este mundo puede reemplazar a la persistencia. El talento no lo hará; nada es más común que los hombres fracasados con talento. El genio no lo hará; el genio sin recompensa es casi un proverbio. La educación no lo hará; el mundo está lleno de negligentes educados. La persistencia y la determinación son omnipotentes.[1]

—Desconocido

La primera herramienta de la táctica es saber estar bien, y muchas cosas dependerán de ello.

—Crisóstomo, *Homilías sobre Efesios*

Si alguna vez has montado en bicicleta, probablemente ya sabes que puedes *sentir* una colina, incluso si no puedes verla. Unos pocos grados son demasiado sutiles para observarlos, en especial si hay muchas distracciones a lo largo del sendero —árboles, transeúntes al azar, perros ladrando— que compiten todos por tu atención. Sin embargo, tus piernas no mienten. Ellas saben cuándo avanzar resulta difícil y cuándo resulta fácil. Son capaces de sentir hasta la más mínima elevación que se oponga a tu esfuerzo.

Así como hay resistencia física, también hay resistencia espiritual. El apóstol Pablo les dijo a los efesios: «No tenemos lucha contra sangre y carne, sino contra principados, contra potestades,

contra los gobernadores de las tinieblas de este siglo, contra huestes espirituales de maldad en las regiones celestes» (Efesios 6:12).
Una conclusión obvia del versículo anterior es que aunque no se
vea, la lucha es real. Al igual que cuando subimos en esa bicicleta por una pendiente sutil, pero definida, usualmente no vemos
que las fuerzas reales nos hagan retroceder en nuestro progreso.
Sin embargo, sí las sentimos. Nuestras piernas espirituales no
mienten. En ese momento, debemos elegir perseverar, avanzar y
resistir hasta que terminemos el recorrido.

Este sentido de resistencia invisible es lo que los cristianos a menudo identifican como guerra espiritual. Tal vez se están preparando
para un viaje misionero y una cosa tras otra sale mal. Sienten como
si alguien estuviera *tratando* de sabotear sus planes. O tal vez están
experimentando desafíos inusuales con sus hijos o su matrimonio
que parecen siniestros. Las personas involucradas no actúan como
ellas mismas. Parece que se encuentran bajo una especie de depre-
sión espiritual. O quizás enfermedades extrañas siguen aparecien-
do en el cuerpo de alguien o los cuerpos de sus seres queridos. O
un negocio o sus finanzas parecen estar bajo un asalto implacable.
Toda esta resistencia parece surgir de la nada, y existe la impresión
de que viene de más allá del reino natural. No siempre es obvio qué
hacer durante esos momentos de la vida. En este capítulo discutiremos qué es realmente la guerra espiritual y obtendremos algo de
sabiduría en cuanto a cómo prepararnos para ella.

LA TERMINOLOGÍA

Como muchos términos útiles, la frase *guerra espiritual* no aparece en las Escrituras como tal. La expresión, en cambio, tiene
sus raíces en el uso de analogías militares bíblicas que describen
la manera en que los seguidores de Cristo deben prepararse para
el mal y repelerlo, tanto en forma de injusticia como de tentación.
Quizás el ejemplo más famoso se encuentra en la última parte de la
carta del apóstol Pablo a la congregación de los creyentes en Éfeso.

Una palabra final: sean fuertes en el Señor y en su gran
poder. Pónganse toda la armadura de Dios para poder

mantenerse firmes contra todas las estrategias del diablo.
Pues no luchamos contra enemigos de carne y hueso, sino
contra gobernadores malignos y autoridades del mundo
invisible, contra fuerzas poderosas de este mundo tenebro-
so y contra espíritus malignos de los lugares celestiales.
Por lo tanto, pónganse todas las piezas de la armadura
de Dios para poder resistir al enemigo en el tiempo del
mal. Así, después de la batalla, todavía seguirán de pie,
firmes. Defiendan su posición, poniéndose el cinturón
de la verdad y la coraza de la justicia de Dios. Pónganse
como calzado la paz que proviene de la Buena Noticia a
fin de estar completamente preparados. Además de todo
eso, levanten el escudo de la fe para detener las flechas
encendidas del diablo. Pónganse la salvación como casco y
tomen la espada del Espíritu, la cual es la palabra de Dios.
Oren en el Espíritu en todo momento y en toda ocasión.
Manténganse alerta y sean persistentes en sus oraciones
por todos los creyentes en todas partes.

—Efesios 6:10-18, ntv

Un soldado del antiguo Imperio Romano se ponía todo su
equipo de batalla antes de enfrentarse al enemigo. De la misma
manera, dice Pablo, también debemos estar completamente vestidos con la armadura *espiritual* —con los componentes tanto
defensivos como ofensivos— diseñados para proteger y hacer
avanzar nuestras vidas espirituales. Un soldado experimentado
entiende que cada centímetro del atuendo de un guerrero proporciona una protección específica. Olvidar hasta un solo calcetín
podría ser un error fatal. Puesto que nos enfrentamos a un enemigo que se toma en serio nuestra muerte, debemos considerar
la batalla contra el mal como una cuestión de vida o muerte, y
vestirnos en consecuencia.

VÍSTETE

En este punto, puedes esperar que haga un comentario punto por
punto sobre la armadura de Dios para mostrar cómo funciona

espiritualmente cada pieza. Por ejemplo, las personas a menudo dicen que la justicia es una coraza, porque protege nuestros corazones. O que la salvación es un casco, porque protege nuestras mentes, y así por el estilo. Sin embargo, no creo que esto sea lo que Pablo está tratando de decir. Más bien él está usando toda la armadura como metáfora para ayudarnos a entender la forma en que se libran las batallas espirituales en general. Así como las batallas físicas se libran con armas físicas, las batallas espirituales involucran implementos espirituales. Ese es el punto principal de Pablo. No se trata de que la justicia proteja solo nuestros corazones, mientras que la salvación protege solo nuestras mentes. Ese tipo de interpretación lleva la metáfora demasiado lejos.

Sabemos esto porque Pablo usa metáforas similares de diferentes maneras en otros lugares. Por ejemplo, aunque la fe es un escudo en Efesios, esta asume otras imágenes en otros contextos. Es una puerta en Hechos 14:27 y una coraza en 1 Tesalonicenses 5:8. Además, la Escritura usa los escudos como metáforas de virtudes diferentes a la fe. David usa la imagen de un escudo para simbolizar la salvación (2 Samuel 22:36), el favor (Salmos 5:12) y a Dios mismo (Salmos 33:20). El lenguaje es flexible. No debemos interpretar de manera excesiva, con una rigurosidad que nos distraiga de la idea principal.

Pablo quiere decir que estos son los tipos de provisiones que Dios ha puesto a disposición para nuestra protección en el Espíritu. La guerra espiritual requiere que cultivemos la vida del Espíritu en nuestros caracteres actuales. Eso significa que la verdad, la justicia, la paz, la fe y la salvación son más que virtudes piadosas. *Son instrumentos de batalla espiritual.* Necesitamos estas virtudes para ser buenos testigos, pero también para ser soldados eficaces. Por lo tanto, debemos recubrirnos de estas defensas espirituales, por así decirlo, a fin de estar preparados para combatir todo tipo de mal.

Somos hijos de Dios en la paz; somos igualmente hijos suyos en la guerra.

Es más, la metáfora de Pablo debe ser entendida en su contexto bíblico más amplio. Aunque él adaptó la metáfora para que sirviera a sus propios propósitos, no la inventó. Una audiencia judía habría reconocido inmediatamente el pasaje de la armadura de Dios como una referencia a la descripción de Isaías de Yahvé, preparándose para la batalla contra sus enemigos espirituales.

> Sí, la verdad ha desaparecido y se ataca a todo el que abandona la maldad. El Señor miró y le desagradó descubrir que no había justicia. Estaba asombrado al ver que nadie intervenía para ayudar a los oprimidos. Así que se interpuso él mismo para salvarlos con su brazo fuerte, sostenido por su propia justicia. Se puso la justicia como coraza y se colocó en la cabeza el casco de salvación. Se vistió con una túnica de venganza y se envolvió en un manto de pasión divina. Él pagará a sus enemigos por sus malas obras y su furia caerá sobre sus adversarios; les dará su merecido hasta los confines de la tierra.
>
> —Isaías 59:15-18, NTV

Repito, si el casco de la salvación significa que la salvación tiene el objetivo de proteger la mente del cristiano, ¿por qué *Dios* entonces lo usa en este pasaje? Él no necesita salvación, ni su mente necesita protección. Estas virtudes se refieren más bien a atributos del carácter de Dios que adquieren un nuevo significado en el contexto de la guerra espiritual. Por eso no debemos interpretar las piezas de la armadura de forma demasiado estricta. Sin embargo —y esta es la idea principal— la metáfora de la armadura habla de la intención de su portador de vencer el mal y la injusticia, con una pasión adecuada para la guerra total. Tomando prestadas las imágenes divinas de Isaías y aplicándolas a los cristianos, Pablo está comunicándoles a sus lectores que deben tratar al mal de la misma manera que el Señor: como a un enemigo que debe ser vencido por completo. Somos hijos de Dios en la paz; somos igualmente hijos suyos en la guerra. Nos vestimos de salvación, justicia y fe para que podamos mantenernos firmes frente a las estrategias del diablo mientras luchamos contra los malos gobernantes y las autoridades en el mundo invisible.

LA NORMALIDAD RADICAL DE LA GUERRA ESPIRITUAL

A lo largo de este libro he dedicado un tiempo a colocar la guerra espiritual dentro de su contexto cósmico. Hemos hablado de cómo Satanás, el príncipe de las potestades del aire, ha tratado de envenenar la forma humana de pensar. El espíritu del tiempo demoníaco, el espíritu del anticristo que ya está en el mundo, se posiciona completamente en contra de Dios y sus caminos. En realidad, la guerra espiritual entonces es cualquier cosa que debilite el dominio de Satanás sobre este mundo. Podemos y debemos llevar a cabo la guerra en nuestra vida diaria, no solo en reuniones de oración o conferencias especiales. Nuestros esfuerzos no siempre pueden parecer heroicos o demoledores. Sin embargo, imagina lo que sucedería si cada cristiano derribara un pedazo de la pared del reino de Satanás cada día.

Para muchos cristianos—especialmente carismáticos y pentecostales—la idea de la guerra espiritual a menudo se representa de maneras físicas. A veces verás reuniones de oración con intercesores ondeando banderas, haciendo sonar el shofar, bailando proféticamente, o incluso haciendo gestos corporales que se asemejan a una pelea física con un oponente invisible. No obstante, resulta crucial para nosotros entender que la mayoría de las guerras espirituales no se libran de este modo en absoluto. La guerra espiritual con frecuencia toma las apariencias más mundanas. Algunas de las cosas más destructivas que un cristiano puede llevar a cabo en contra del reino oscuro de Satanás tienen lugar a través de una vida de pureza, actos de bondad, perdón a la manera de Cristo, humildad y sacrificio propio.

Incluso cuando la guerra espiritual se vuelve aparentemente dramática y física, a menudo parece cualquier cosa menos una victoria impresionante. Considera, por ejemplo, el arma espiritual suprema: *la sangre de Jesús* es la bomba termonuclear de la guerra espiritual que ha cambiado para siempre el juego y ha convertido ya a Satanás en un enemigo derrotado. La cruz de Cristo fue el suceso principal de la guerra espiritual. Sin embargo, no pareció una demostración dramática de un poderío militar eterno. Al contrario, pareció un acto de debilidad total, pérdida total y fracaso total. Lo que parece poderoso y efectivo en la carne es a menudo completamente impotente en el reino espiritual. Asimismo, lo que parece débil y pequeño al ojo humano puede hacer temblar los reinos de las tinieblas. La guerra espiritual más efectiva ocurre bajo la superficie, en las profundidades de nuestro carácter, piedad y sacrificio.

Nada de esto tiene el objetivo de demostrar que no hay expresiones externas en la guerra espiritual. Más adelante en este capítulo defenderé a aquellos que practican la guerra espiritual de formas más físicas y demostrativas, especialmente en la intercesión. No obstante, por ahora quiero hacer hincapié en este punto más fundamental. Los shofares y las banderas no están listados en ninguna parte de las Escrituras como armas para la guerra espiritual. En realidad, para enfatizar cuán práctica es la guerra espiritual, considera la armadura listada para nosotros en Efesios: la verdad, la salvación, la justicia, el evangelio de la paz, la fe y la Palabra de Dios. Todos estos son atributos invisibles que solo se hacen evidentes a través de un estilo de vida cristiano. Además, cada punto mencionado aquí contradice directamente el espíritu de la época, el espíritu demoníaco del anticristo que examinamos anteriormente. Esto debe reforzar la verdad de que nuestra alineación interna con Dios y el comportamiento que procede de esa alineación son de vital importancia para la guerra espiritual. De hecho, son la raíz misma de la victoria en cualquier batalla espiritual. Si el mensaje de Pablo en Efesios no es lo suficiente claro sobre este punto, considera la manera en que él enmarca la armadura espiritual en Romanos.

Esto es aún más urgente, porque ustedes saben que es muy tarde; el tiempo se acaba. Despierten, porque nuestra salvación ahora está más cerca que cuando recién creímos. La noche ya casi llega a su fin; el día de la salvación amanecerá pronto. Por eso, dejen de lado sus actos oscuros como si se quitaran ropa sucia, y pónganse la armadura resplandeciente de la vida recta. Ya que nosotros pertenecemos al día, vivamos con decencia a la vista de todos. No participen en la oscuridad de las fiestas desenfrenadas y de las borracheras, ni vivan en promiscuidad sexual e inmoralidad, ni se metan en peleas, ni tengan envidia. Más bien, vístanse con la presencia del Señor Jesucristo. Y no se permitan pensar en formas de complacer los malos deseos.

—Romanos 13:11-14, NTV

Considera que esta terminología militar está siendo usada para abordar nuestra propia guerra personal contra el pecado. Enfatizo esto porque algunos lectores pueden pensar que me estoy tomando cierta libertad con esta terminología de la *guerra espiritual* y minimizando su significado al aplicarla a nuestra lucha interna. Quiero que algo quede claro: la guerra espiritual bíblica comienza en nosotros. Aquí Pablo específicamente enfatiza que nuestra armadura espiritual no solo protege contra los poderes malignos externos, sino también contra la práctica interna y personal del pecado. Pablo exhorta a sus lectores en ambos pasajes a protegerse contra el mal y el pecado usando, por así decirlo, el pensamiento correcto, las acciones puras y la presencia real de Dios.

Pablo usa un lenguaje fuerte y militar debido a una profunda preocupación por la santidad personal de su audiencia (que nos incluye a nosotros). Él no quiere ver a las iglesias —las personas preciosas a las que ha dedicado su vida— afectadas por una actitud frívola hacia el mal en todas sus formas. Así que los anima a prepararse para la batalla contra la tentación. Y una vez que han hecho todo lo posible para prepararse, los exhorta a que se levanten y realmente *peleen* la batalla.

PREPÁRATE; MANTENTE PREPARADO

Vestirse para la batalla no es tarea fácil. Los soldados estadounidenses modernos llevan más de sesenta libras de equipo, ¡y las patrullas más extensas pueden duplicar esa cantidad! Las raciones, el equipo médico, las armas, las municiones, la tecnología de la comunicación y otros aparatos llenan cada bolsa y bolsillo. No hace falta decir que la gente no realiza el esfuerzo de prepararse así a menos que vaya a la guerra. Eso es verdad hoy, y era verdad hace dos mil años cuando Pablo escribió Efesios. Nadie se prepara de esa forma para ir de compras. Estar vestido para la guerra indica la intención de luchar. Esta es la manera en que Isaías usó la metáfora de la armadura en el pasaje anterior, y es la manera en que Pablo la comunica a los cristianos ahora. Nos preparamos porque entendemos que estamos en una batalla espiritual. Por lo tanto, no caminamos ingenuamente desarmados e inconscientes como los simples ciudadanos. La mentalidad de un guerrero es diferente a la de un civil. Pablo se refiere a esta mentalidad guerrera cuando le dice a Timoteo: «Tú, pues, sufre penalidades como buen soldado de Jesucristo. Ninguno que milita se enreda en los negocios de la vida, a fin de agradar a aquel que lo tomó por soldado» (2 Timoteo 2:3-4).

El tema de la preparación militar satura el pasaje de la guerra en Efesios 6. Pablo habla acerca de ser capaz de mantenerse firme contra las asechanzas del diablo (v. 11). Habla de ser capaz de resistir al enemigo en el día malo (v. 13). Habla de tener los pies calzados para que estemos completamente preparados (v. 15). Luego habla de orar en el Espíritu en todo momento y toda ocasión. «Manténganse alerta y sean persistentes en sus oraciones por todos los creyentes en todas partes» (v. 18, NTV). En realidad, dentro de su contexto, toda la armadura parece ser una cuestión de preparación y disposición.

Verás que Pablo no especifica los métodos exactos para pelear una batalla espiritual en este pasaje. Más bien enfatiza que debemos estar equipados y listos. Pablo ni siquiera nos indica qué hacer con la espada; solo nos dice que tengamos una. Él tampoco provee estrategias particulares para la lucha. De hecho, no habla mucho de la pelea. Su instrucción básica es vestirnos y permanecer vestidos con la armadura de Dios, luego levantarnos y luchar.

Una de las peores cosas que le puede suceder a un soldado es que lo atrapen desprevenido, desnudo y durmiendo en medio de la noche. En una guerra nunca sabemos cuándo será el ataque. El enemigo siempre prefiere tomarnos por sorpresa. Sin embargo, a menudo hay señales de que algo no está bien. A veces podemos percibirlo en nuestro interior. A menudo se siente como lo que describí antes. Estamos pedaleando por lo que aparenta ser un camino normal, pero entonces una fuerza invisible parece oponerse a nosotros. Cuando sentimos esa resistencia, es hora de asegurarnos de que estamos vestidos. En realidad, ya deberíamos estar vestidos y listos en todo momento.

Resulta esencial estar preparados en todo tiempo, porque no siempre sabemos cuándo se aproxima un ataque espiritual. Otras veces es posible que en un inicio no seamos capaces de diferenciar entre un ataque espiritual y las dificultades normales de la vida. No obstante, una persona que está lista para la batalla es capaz de manejar todo lo que se le presente. «Sed sobrios, y velad; porque vuestro adversario el diablo, como león rugiente, anda alrededor buscando a quien devorar; al cual resistid firmes en la fe, sabiendo que los mismos padecimientos se van cumpliendo en vuestros hermanos en todo el mundo» (1 Pedro 5:8-9).

Estar vestido para la guerra indica la intención de luchar.

Sin volvernos supersticiosos o temerosos, nos mantenemos listos para la batalla manteniendo nuestros corazones y mentes alineados con Cristo. Algunas veces estaremos bajo asalto demoníaco, y otras veces simplemente estaremos lidiando con las volatilidades de la vida. No siempre sabremos cuál cosa es cuál, pero nuestra preparación asegurará que en cada situación seamos más que vencedores.

LEVÁNTATE Y LUCHA

Pablo hace una declaración interesante en el pasaje de guerra de Efesios 6. Después de decirnos: «Tomad toda la armadura de Dios, para que podáis resistir en el día malo, y habiendo acabado todo, estar firmes», él añade: «Estad, pues, firmes» (vv. 13-14). Una vez que nos pongamos la armadura de Dios y hagamos todos los preparativos para la lucha, todavía hay una cosa que debemos hacer: decidir levantarnos y pelear la batalla cuando llegue.

Poseemos todo lo que necesitamos para obtener la victoria en la guerra espiritual. Por medio de Cristo tenemos el propio equipo de batalla de Dios, el mejor del universo. No hay armas espirituales que se comparen con las forjadas en el cielo y que el Espíritu Santo maneja a través de nosotros. La armadura es en realidad un regalo para nosotros. Todo lo que tenemos que hacer es ponérnosla. Sin embargo, la decisión de luchar debe venir de adentro. Incluso el soldado mejor equipado será derrotado si no lucha.

Esto puede parecer algo obvio y quizás incluso innecesario de decir, pero resulta sorprendente cuántas personas encuentran resistencia espiritual y se dan por vencida. Abrumadas por la frustración y el miedo, se sientan y lloran. Miran a través de las lágrimas mientras el enemigo destroza sus vidas y preguntan: «¿Por qué, Dios?».

¡Tienes que luchar! Tienes que decidir que no vas a permitir que el diablo arruine tu vida, a tus hijos y tu matrimonio. Tienes que determinar que el enemigo no te va a destruir con enfermedades, problemas financieros, miedo, adicción, lujuria y mentiras. Necesitas asegurarte de que estás vestido con la armadura de Dios, y luego luchar.

Cuando Dios se pone su armadura en el pasaje de Isaías 59, es como en una escena de una película de acción. Casi se puede escuchar la banda sonora de la película, creciendo a un ritmo vertiginoso. En cámara lenta, Él aprieta su cinturón y envaina su espada. Casi puedes imaginar los ojos de Dios ardiendo con una mirada temible cuando sale para vencer a sus enemigos. Eso es lo que Isaías quiere que veas, y eso es también lo que creo que Pablo está tratando de transmitir en su pasaje acerca de la armadura del Señor. No se trata tanto de los implementos individuales como del corazón del guerrero, que se prepara para la batalla y sale a conquistar a sus enemigos. En la guerra espiritual tienes que tener un corazón ardiente y el ojo de un tigre, esa feroz determinación de ganar y nunca retroceder.

Como mencioné en el segundo capítulo, debe haber sido una escena lamentable cuando Eva fue tentada en el jardín. Por alguna razón inexplicable, Adán se quedó ahí parado y vio cómo se desarrollaba toda la escena. Debió haber agarrado a esa serpiente por la cabeza, ponerla bajo su talón, y aplicarle todo su peso. En vez de eso, permitió que su esposa pusiera ese fruto en su boca, sabiendo muy bien lo que Dios había dicho.

Al igual que Adán, muchos hombres hoy en día se quedan con los brazos cruzados mientras Satanás destruye a sus familias. Están demasiado ocupados sentados en el sofá con una cerveza y viendo fútbol, o jugando videojuegos, para darse cuenta de que hay una serpiente en la casa. ¡En el nombre de Jesús, levántate de tu sillón reclinable, suelta el control remoto, toma tu espada y lucha! Tal vez necesitas reunir a tu familia y tener devociones familiares, leer la Biblia y orar juntos. Tal vez necesitas salir con tu hijo, hija o cónyuge, hablar con ellos, escucharlos, orar juntos y ser un líder en tu hogar. Tal vez necesitas encerrarte en una habitación y orar con toda la gracia que Dios te da hasta que te muestre dónde se esconde esa serpiente. Tal vez necesites ayunar. Hay miles de formas en las que puedes sentirte impulsado a luchar contra el enemigo, demasiadas para mencionarlas aquí. No obstante, podemos decir esto con seguridad: prepárate para la batalla vistiéndote con la armadura de Dios. ¡Luego, cuando llegue la batalla, levántate y lucha! ¡Esta es una guerra espiritual!

LO NATURAL AFECTA LO ESPIRITUAL

En este capítulo he enfatizado la importancia de la preparación interna y personal, y los aspectos menos dramáticos de la guerra espiritual. A lo largo de este libro hago lo mismo, tratando mucho más con nuestras vidas personales que con nuestras demostraciones externas. Sin embargo, me gustaría decir algo a favor de aquellos que interceden de manera física y demostrativa en la guerra espiritual. Es un error pensar que podemos golpear el aire y derribar demonios (no se trata de que alguien realmente crea esto; es solo lo que parece a veces). No podemos pelear batallas espirituales con armas físicas. Esto es evidente por sí mismo. No obstante, tal cosa no niega el hecho de que las acciones naturales afectan al mundo espiritual. En las Escrituras

¡En el nombre de Jesús, levántate de tu sillón reclinable, suelta el control remoto, toma tu espada y lucha!

vemos muchos ejemplos de actos externos que tienen un tremendo significado espiritual.

Antes de mencionar algunos ejemplos bíblicos, creo que vale la pena decir que esto es también una cuestión de simple sentido común. Todo en el reino espiritual interactúa con el reino físico, y viceversa. Vivimos en el mundo natural. Así que aunque la guerra *espiritual* es *espiritual*, siempre se cruza con el reino físico. Las dos esferas se conectan cuando las personas están involucradas. Cada uno de nosotros es cuerpo, alma y espíritu. Lo natural y lo espiritual se unen en nosotros. Y aunque estas realidades (la física y la espiritual) son distintas entre sí, e incluso a veces contrarias entre sí, en nosotros colisionan de una manera que a menudo hace difícil saber dónde termina una y dónde comienza la otra. La oración, por ejemplo, involucra nuestros cerebros, voces y cuerpos. Estas son cosas físicas que tienen eficacia espiritual. El ayuno, como discutiremos más adelante, es también una disciplina física que tiene que ver con el reino espiritual.

Una historia peculiar ilustra mi punto de vista. Joás, el rey de Israel, fue a ver al profeta Eliseo antes de que muriera (2 Reyes 13:14-19). Eliseo le dijo a Joás que tomara unas saetas y golpeara la tierra, pero no le dio ninguna explicación ni instrucciones adicionales. Joás golpeó el suelo tres veces y se detuvo. Eliseo se enojó con él y le dijo: «Al dar cinco o seis golpes, hubieras derrotado a Siria hasta no quedar ninguno; pero ahora sólo tres veces derrotarás a Siria» (v. 19).

Lo que está sucediendo en este pasaje no resulta obvio superficialmente. Sin embargo, el profeta Eliseo entendió que habría algunas ramificaciones espirituales muy reales a partir de las acciones físicas del rey. La respuesta corpórea de Joás repercutiría en el reino espiritual y afectaría directamente las campañas militares de Israel contra Siria. Dios aparentemente vio el celo con el que Joás golpeó la tierra como una indicación de su corazón. Tal vez la falta de entusiasmo de Joás expuso su corazón y mostró dónde yacían sus motivaciones más profundas. Quizás esto fue una señal de que no confiaba en el Señor. En cualquier caso, Eliseo sabía que Joás tenía que actuar físicamente. Sin las acciones externas no habría efectos espirituales. Ya sea que se tratara de muchos golpes o pocos, el rendimiento físico de Joás tendría consecuencias serias en el mundo real.

En una historia similar, los israelitas luchaban contra los amalecitas. Mientras Moisés levantaba su mano —con la vara de Dios— en la cima de la colina, Israel prevalecía contra Amalec en el valle de abajo. No obstante, tan pronto como Moisés bajaba sus manos, Amalec prevalecía (Éxodo 17:9-13). Una vez más vemos una acción externa que afecta directamente la intervención sobrenatural de Dios. Lo mismo ocurrió en Jericó. De alguna manera la marcha de los israelitas alrededor de los muros de la ciudad afectó directamente el derrumbe sobrenatural de esas murallas (Josué 6). Elías le dijo a Naamán que se sumergiera en el río Jordán siete veces (2 Reyes 5:1-14). Jesús puso lodo en el ojo de un ciego (Juan 9:6), y les dijo a los discípulos que echaran sus redes al otro lado de la barca (Juan 21:6).

Hay muchos ejemplos como estos a lo largo de las Escrituras. Por supuesto, el ejemplo más grande es la cruz de Cristo. Nada podría haber sido más físico que la forma en que Jesús murió. Él derramó sangre física en una cruz física. Sufrió en un cuerpo humano traspasado y desfigurado hasta el punto de quedar irreconocible. Luego experimentó una muerte física. Todo esto, aunque completamente dentro del mundo natural, sacudió el reino espiritual desde la cima del cielo hasta el fondo del infierno. Nunca antes o desde entonces ha habido un acontecimiento espiritual tan significativo. Y sin embargo, se logró enteramente en el mundo físico.

LA HEREJÍA GNÓSTICA

Este mismo asunto se encuentra en el corazón de la herejía gnóstica a la que Juan se refirió en 1 Juan. Los gnósticos enseñaron entre otras cosas que el mundo físico es inherentemente malo. Solo el reino espiritual es bueno. Así, la «salvación» ocurría cuando el espíritu de una persona era liberado del mundo de la carne a través del conocimiento, o *gnōsis*. Este sistema filosófico llevó a los herejes a negar la humanidad de Jesús, así como a rechazar su muerte física y literal y su resurrección. No obstante, esta herejía todavía encuentra su camino hasta nuestra manera moderna de pensar en la iglesia. Algunas veces de forma explícita, pero otras veces de modo sutil, tratamos de separar el mundo físico y espiritual. Uno es malo y el otro es bueno. Debido a que la palabra *carne* se usa a menudo para referirse a la naturaleza pecaminosa (cf. Romanos 7:18, NVI, NTV), pensamos que todo en el mundo físico y humano es malo. Sí, *la carne* puede referirse a la naturaleza carnal (sensual, demoníaca), así como a una forma de pensar que es contraria a Cristo (como hemos examinado ampliamente en este libro). Sin embargo, Dios hizo el mundo físico, incluyendo nuestra carne, en el principio. Y entonces el «Verbo fue hecho carne» (Juan 1:14). «La tierra es del SEÑOR y todo lo que hay en ella» (Salmos 24:1, NTV). Simplemente no hay justificación bíblica para una forma de pensar que vea el mundo físico como inherentemente malo. Por el contrario, el Nuevo Testamento enfatiza con gran fuerza que nuestra fe espiritual debe personificarse en nuestros cuerpos físicos o no es fe legítima. (Véase, por ejemplo, 1 Corintios 6:12-20.) El mundo físico es el lugar exacto al que el reino espiritual está destinado a venir. «Venga tu reino. Hágase tu voluntad, como en el cielo, así también *en la tierra*» (Mateo 6:10, énfasis añadido). Es por eso que las acciones físicas también pueden tener un efecto tan profundo en el reino espiritual.

Debido a esta poderosa verdad, la Biblia contiene muchos ejemplos de acciones físicas que afectan las realidades espirituales. Es un misterio cómo los gestos físicos pueden realmente causar un impacto en el espíritu. Pero eso forma parte de mi punto de vista. No siempre sabemos lo que Dios está haciendo o por qué o cómo está guiando a la gente, y ciertamente no entendemos con grandes detalles de qué manera opera el mundo espiritual. De modo que si alguien se encuentra intercediendo y haciendo algo externamente que parece extraño, no te apresures a juzgarlo. Se halla en buena compañía, como hemos visto en estos ejemplos bíblicos. Es muy posible que alguien pueda ver un tremendo avance espiritual como resultado de algo que le parece tonto a un observador casual, en particular cuando tal actividad proviene de la obediencia al Espíritu Santo.

PREGUNTAS PARA LA DISCUSIÓN

- ¿Cómo pueden virtudes como la fe, la esperanza y el amor ser armas contra el reino oscuro de Satanás?
- ¿Cómo Jesús llevó a cabo la guerra espiritual a lo largo de su vida terrenal?
- ¿Has sentido que algún área de tu vida ha sido atacada recientemente?
- ¿Cómo describirías tu estado de ánimo actual? ¿Estás listo como un soldado para la batalla espiritual, o te consideras más bien un civil?

CAPÍTULO 7

DISCIPLINA, CONSAGRACIÓN Y AUTORIDAD ESPIRITUAL

El autocontrol es el elemento principal de la autoestima, y el respeto a uno mismo, a su vez, es el elemento principal de la valentía.
—Tucídes, *Historia de la guerra del Peloponeso*

¿Por qué es importante la disciplina? La disciplina nos enseña a operar por principios en lugar de por deseos. Decirle que no a nuestros impulsos (incluso a los que no son inherentemente pecaminosos) nos permite controlar nuestros apetitos en vez de lo contrario. Destituye a nuestra lujuria y permite que la verdad, la virtud y la integridad gobiernen nuestras mentes.
—John F. MacArthur, *Momentos de verdad*

Dios envió a Pablo y Silas a Macedonia por medio de un sueño. Un día, mientras iban a la oración, se encontraron con «una muchacha que tenía espíritu de adivinación» (Hechos 16:16). Ella comenzó a acecharlos, siguiéndolos por todas partes y gritando una y otra vez: «Estos hombres son siervos del Dios Altísimo, quienes os anuncian el camino de salvación» (Hechos 16:17). Después de varios días de soportar tal actitud, Pablo tuvo suficiente. Él «se volvió y dijo al espíritu: Te mando en el nombre de Jesucristo, que salgas de ella. Y salió en aquella misma hora» (Hechos 16:18).

Este pasaje contiene muchas cosas interesantes, pero hay una que quiero enfatizar: cualquier demonio que toleres se quedará contigo. Demasiadas personas son atormentadas por espíritus que de hecho se irían si ya no fueran bienvenidos. Jesús reprendió a la iglesia en Tiatira por tolerar a un espíritu de Jezabel (Apocalipsis 2:20-21). Como resultado, habían sido engañados y llevados a la inmoralidad sexual y otros pecados. Este espíritu los engañaba y traicionaba, no porque fuera demasiado poderoso para ellos, sino porque permitían que reinara sin oposición en medio de la iglesia.

AUTORIDAD ESPIRITUAL

Ya hemos establecido que el único poder que tiene Satanás es el poder que le damos. Sin embargo, ¿cómo podemos ejercer autoridad sobre los espíritus que toleramos o, peor aún, aquellos a los que nos sometemos? Si una persona está atada por la lujuria, no tendrá autoridad sobre ese espíritu. Si una persona está atada por las adicciones, no tendrá autoridad para liberar de ellas a los demás. Si una persona está llena de celos u orgullo, estos espíritus reinarán sin oposición en su presencia.

Jesús dijo: «No hablaré ya mucho con vosotros; porque viene el príncipe de este mundo, y él nada tiene en mí» (Juan 14:30). Nada de origen demoníaco habitaba en Jesús. Él no se había rendido a ese patrón demoníaco de pensamiento. No se había rendido a la tentación. Satanás no tenía nada en Él. Es por eso que el diablo no tenía poder sobre Jesús. Ni siquiera la muerte misma pudo retenerlo. No es de extrañar entonces que Él tuviera una autoridad tan completa sobre los demonios. Esos casos dramáticos de exorcismo eran solo una demostración visible de la manera en que Jesús caminaba en completa autoridad sobre el dragón a cada momento de cada día.

No siempre podemos caminar en perfecta victoria sobre el pecado, el ego y el diablo como lo hizo Jesús. Sin embargo, como hijos de Dios, estamos llamados a crecer constantemente bajo la autoridad de Cristo. «La grandeza de su autoridad [...] no tendrá fin» en nuestra vida diaria (Isaías 9:7, PDT). La victoria de Jesús sobre las fuerzas de las tinieblas no puede ser solo una verdad teológica o posicional. Debe ser algo práctico. Debe convertirse en un estilo de vida. Debemos caminar con autoridad sobre el pecado y el diablo a medida que nuestro carácter cristiano crece a la imagen de Cristo. La conclusión es que hemos sido llamados a vivir vidas llenas de disciplina y santidad.

Entonces esta autoridad sobre la oscuridad en nuestra propia vida práctica se extenderá al mundo que nos rodea. Cuando nos enfrentamos a los demonios en otros, también tenemos autoridad sobre ellos. No obstante, cuando nos sometemos a Satanás en nuestra vida, nos resultará extremadamente difícil demostrar autoridad sobre su influencia en la vida de otra persona. Este es un asunto tanto espiritual como práctico. Si cedemos a algo, estamos de acuerdo con ello. Este acuerdo se manifiesta en nuestras acciones, aunque nuestras palabras declaren la verdad de Dios. Tal disparidad entre nuestras palabras y nuestra vida no tendrá ningún peso contra las fuerzas satánicas.

Sin embargo, es importante entender la distinción que estoy haciendo. No estoy diciendo que tengamos autoridad sobre los demonios con nuestra propia fuerza, cuando somos lo suficiente buenos o disciplinados. Nuestra autoridad no proviene de una cantidad adecuada de obras religiosas o actos aleatorios de auto-disciplina. Nuestra autoridad proviene de nuestra sumisión a la autoridad de Dios. De hecho, la sumisión a Dios contradice al orgullo humano, la confianza en uno mismo y las obras religiosas. La sumisión a Dios reconoce nuestra necesidad profunda y desesperada de su gracia. Pero tal entrega humilde a Dios debe seguir ocurriendo en la práctica. Por lo

Así como la autoridad del centurión sobre sus hombres provenía de su sumisión a la autoridad de sus superiores, así también nuestra autoridad espiritual sobre el pecado y los demonios proviene de nuestra sumisión a Cristo.

tanto, si *no* nos sometemos a Dios en nuestro estilo de vida, realmente *nos oponemos* a su autoridad. ¿Cómo podemos poseer la autoridad de Dios y al mismo tiempo resistirnos a ella? Sin sumisión no tenemos autoridad para enfrentarnos a las fuerzas satánicas. Cuando nos sometemos a Dios, recibimos su autoridad, lo cual nos permite entregársela a otros.

«Someteos, pues, a Dios; resistid al diablo, y huirá de vosotros» (Santiago 4:7). Nuestra capacidad de resistir a Satanás depende de nuestra sumisión a Dios, y por una buena razón: toda autoridad espiritual viene de Dios. No tenemos autoridad sobre Satanás por nosotros mismos. Para poder liberar la autoridad de *Dios* debemos someternos a ella. Por cierto, Judas nos dice que incluso Miguel, el gran arcángel, dijo en una disputa con Satanás: «El Señor te reprenda» (v. 9). Ni siquiera los poderosos ángeles guerreros poseen autoridad por sí mismos sobre las fuerzas demoníacas. Esta proviene solo de Dios. De la misma manera, nuestra autoridad viene de estar bajo su autoridad.

El centurión de Capernaum comprendió bien esta dinámica crucial. «Respondió el centurión y dijo: Señor, no soy digno de que entres bajo mi techo; solamente di la palabra, y mi criado sanará. Porque también yo soy hombre bajo autoridad, y tengo bajo mis órdenes soldados; y digo a éste: Ve, y va; y al otro: Ven, y viene; y a mi siervo: Haz esto, y lo hace» (Mateo 8:8-9). Así como la autoridad del centurión sobre sus hombres provenía de su sumisión a la autoridad de sus superiores, así también nuestra autoridad espiritual sobre el pecado y los demonios proviene de nuestra sumisión a Cristo. No es de extrañar que Pablo se llame a sí mismo «esclavo de Cristo Jesús» (Romanos 1:1, NTV). Luego, en otra parte, afirma que somete su cuerpo a servidumbre (1 Corintios 9:27). El cuerpo del apóstol era un esclavo de Pablo, que era un esclavo de Cristo. Esto es lo que significa estar bajo autoridad. Jesús dejó claro que no podemos servir a dos señores. Debemos escoger a uno u otro (Mateo 6:24). Si no estamos sometidos a Cristo, entonces estamos esclavizados al pecado (Romanos 6:16-23). La imagen es clara: sin sumisión a Dios en santidad y consagración, no tenemos autoridad espiritual.

DISCIPLINA

Uno de los secretos para una vida espiritual victoriosa que con frecuencia pasamos por alto es la simple obediencia a Cristo y la disciplina. Algunos ven al cristianismo como algo que ocurre después de que se pronuncia la oración del pecador. Piensan que *obras* es una mala palabra y que todo lo que exige resolución y esfuerzo se opone a la gracia. Sin embargo, esto no es lo que la Biblia enseña.

«Porque por gracia sois salvos por medio de la fe; y esto no de vosotros, pues es don de Dios; no por obras, para que nadie se gloríe» (Efesios 2:8-9). Este versículo es bien conocido y ampliamente citado. No obstante, pocas personas citan el versículo siguiente: «Porque somos hechura suya, creados en Cristo Jesús para buenas obras, las cuales Dios preparó de antemano para que anduviésemos en ellas» (v. 10). O sea, que aunque no fuimos salvados por las buenas obras, fuimos salvados para las buenas obras. No podemos negar la importancia de las obras. En cuanto a la salvación, las obras no tienen sentido. Pero una vez que somos salvados y llenos del Espíritu Santo, Dios espera que demos buen fruto.

Muchos cristianos no han comprendido esta idea revolucionaria. ¡Tú tienes la capacidad de hacer lo que es correcto! No tienes que pecar. No tienes que caer. Puedes ser disciplinado. Puedes decirle que no al pecado y sí a la justicia. En realidad, Dios espera que hagas eso. Si piensas que eso es legalista o de alguna manera opuesto a la gracia, recuerda lo que Pablo le dice a Tito acerca de la gracia: «Porque la gracia de Dios se ha manifestado para salvación a todos los hombres, enseñándonos que, renunciando a la impiedad y a los deseos mundanos, vivamos en este siglo sobria, justa y piadosamente, aguardando la esperanza bienaventurada y la manifestación gloriosa de nuestro gran Dios y Salvador Jesucristo» (Tito 2:11-13).

Susanna Wesley le dijo estas sabias palabras al joven John Wesley: «¿Podrías juzgar la legalidad o la ilegalidad del placer, la inocencia o la malignidad de las acciones? Sigue esta regla: Todo lo que debilita tu razón, altera la ternura de tu conciencia, oscurece tu sentido de Dios, o te impide el deleite de las cosas espirituales; en resumen, todo lo que aumenta la fuerza y la autoridad de tu *cuerpo* sobre tu *mente*, esa cosa es un pecado para *ti*, por muy inocente que sea en sí misma».[1]

Este es un buen momento para una pequeña prueba de diagnóstico. ¿Qué es lo que debilita tu razón? ¿Qué es lo que altera la ternura de tu conciencia? ¿Qué es lo que oscurece tu sentido de Dios? ¿Qué es lo que te impide el deleite de las cosas espirituales? Quizá sean los videojuegos. Quizá sea la pornografía. Tal vez sea perder el tiempo o descuidar tus responsabilidades con tu familia. Tal vez es no serle fiel a la iglesia. Tal vez es descuidar tu tiempo con Jesús en oración y en las Escrituras. Al decir estas cosas, no estoy tratando de crear reglas extrabíblicas. Lo que te pido que hagas es permitir que el Espíritu Santo te muestre las áreas de tu vida donde has hecho concesiones. Cuando Él te muestre lo que estás haciendo que le desagrada, ¡detente! Si quieres luchar contra el diablo y derribar su reino, empieza por poner orden en tu propia casa.

AYUNO

Muchas disciplinas espirituales importantes deben ser parte del arsenal del cristiano. Más adelante en este capítulo describiré brevemente algunas de ellas. No obstante, primero me referiré con más detalle a una de las disciplinas espirituales más poderosas: el ayuno. El ayuno es la opción intencional de abstenerse de comer o beber por un período de tiempo. Hoy en día, muchos usan el término para describir la abstención de cualquier cantidad de cosas, desde el chocolate hasta los videojuegos. Ya sea que se aplique de forma exclusiva a la comida o la bebida, o más ampliamente a las actividades menos necesarias, el ayuno significa autosacrificio. Cuando ayunamos, renunciamos a algo que queremos o incluso necesitamos para darle más espacio a Dios en nuestra vida. Y visto a través de esa lente, esto es el complemento perfecto para la guerra espiritual. Cuando ayunamos, nos negamos a nosotros mismos. Eso en sí mismo pone al diablo de cabeza. Su meta, después de todo, es engañarnos para que lo obedezcamos poniendo nuestros deseos, nuestro progreso y a nosotros mismos por encima de Dios. Recuerda su tentación original en el jardín: «Seréis como Dios» (Génesis 3:5). Cuando ponemos nuestras necesidades básicas temporalmente en espera para conocer y servir mejor a Dios, frustramos de inmediato el plan de Satanás de ponernos a nosotros mismos en primer lugar. Eso también indica que no tendrá mucho éxito con nosotros.

El ayuno y la oración se combinan como una técnica de recalibración espiritual increíblemente eficaz. Si sientes que tu corazón está empezando a endurecerse, que el orgullo se está infiltrando, o que tu alma está comenzando a alinearse con la carne, entonces el ayuno y la oración causarán una realineación tan rápida como pocas otras cosas podrían hacerlo. A medida que te niegas a ti mismo y llegas a conocer tu propia debilidad, te darás cuenta de lo lejos que has llegado, como si estuvieras despertando de un sueño. Después de solo un par de días de ayuno, a menudo no entenderás por qué no lo hiciste antes. Descubrirás que tu forma previa de pensar es ajena y extraña. El ayuno y la oración son disciplinas espirituales que deben estar al alcance de la mano de cada creyente.

El ayuno juega un papel interesante en varias historias bíblicas fundamentales. Moisés ayuna durante cuarenta días cuando sube al monte Sinaí para recibir la ley de Dios (Éxodo 34:28). David ayuna cuando ora por su hijo recién nacido enfermo para que sobreviva (2 Samuel 12:16, 21-22). Ester ayuna antes de acercarse al rey a fin de hablar sobre la sentencia de muerte que decretó para el pueblo judío (Ester 4:16). Y una historia sobre el profeta Daniel resulta particularmente fascinante y relevante.

Daniel fue un profeta con un conocimiento extraordinario de los sueños, las visiones y hasta los asuntos naturales. Un ejército invasor de Babilonia lo llevó cautivo desde Judea, junto con muchos de sus compañeros judíos. A pesar de su condición de cautivo, los dones de Daniel le consiguieron un lugar como consejero del rey. En realidad, resultó tan favorecido que incluso después de que Babilonia fuera conquistada por otro imperio, Persia, el nuevo rey eligió mantener a Daniel como parte de su personal.

Alrededor de tres años después de que asumiera el cargo bajo el rey de Persia, Dios le dio una visión que lo preocupó profundamente. Daniel sabía que el mensaje era verdadero y que se trataba de una gran guerra. Sin embargo, no podía descifrar por completo su significado ni eludir su tono ominoso. Daniel buscó a Dios para entender la visión (Daniel 10:1-12). Además de sus oraciones, él nos dice: «No comí manjar delicado, ni entró en mi boca carne ni vino, ni me ungí con ungüento, hasta que se cumplieron las tres semanas» (v. 3).

Como cortesano del Imperio Persa y consejero personal del rey, Daniel tenía acceso a lo mejor de lo mejor. No necesitaba traer su propio sándwich de mantequilla de maní y jalea al trabajo todos los días. Una de las ventajas de este trabajo era el acceso a las delicias más extraordinarias disponibles en cualquier lugar. La riqueza de las naciones se derramó en Persia; eran dueños del mundo conocido. El palacio constituía el epicentro de la riqueza, y Daniel se encontraba en el epicentro del palacio. Se puede decir sin temor a equivocarse que por lo general comía bien. Sin embargo, a pesar de todo esto, reconoció que no podía obtener las respuestas que necesitaba con sus propias fuerzas. Dejó de prestarse atención a sí mismo. No halagó su vanidad con exquisitas lociones perfumadas. No satisfizo sus antojos de comida refinada. El rey aún exigía su tiempo, pero Daniel solo hacía lo que era necesario para cumplir con sus obligaciones. De lo contrario, su atención se centraba en Dios. Su prioridad era el descubrimiento de la palabra de Dios en medio de su situación. Después de veintiún días de abnegación, Daniel recibió un mensaje extraordinario del cielo. Él se encontraba de pie junto a un río cuando todo esto ocurrió.

Levanté los ojos y vi a un hombre vestido con ropas de lino y un cinto de oro puro alrededor de la cintura. Su cuerpo tenía el aspecto de una piedra preciosa. Su cara destellaba como un rayo y sus ojos ardían como antorchas. Sus brazos y sus pies brillaban como el bronce pulido y su voz era como el bramido de una enorme multitud [...]
Entonces el hombre me dijo: «Daniel, eres muy precioso para Dios, así que presta mucha atención a lo que tengo que decirte [...] Desde el primer día que comenzaste a orar para recibir entendimiento y a humillarte delante de tu Dios, tu petición fue escuchada en el cielo. He venido en respuesta a tu oración; pero durante veintiún días el espíritu príncipe del reino de Persia me impidió el paso. Entonces vino a ayudarme Miguel, uno de los arcángeles, y lo dejé allí con el espíritu príncipe del reino de Persia. Ahora estoy aquí para explicar lo que le sucederá en el futuro a tu pueblo, porque esta visión se trata de un tiempo aún por venir».

—Daniel 10:5-6, 11-14, NTV

Dios envió a un mensajero en el momento en que Daniel hizo su petición. Sin embargo, en el camino el ángel se encontró con «el espíritu príncipe del reino de Persia». El espíritu príncipe de Persia era el poder detrás del trono, el agregado demoníaco que estableció el tono de la cultura del imperio e influyó en las decisiones del rey humano. El príncipe le bloqueó el paso al mensajero angelical de Dios hacia su destino, que era estar junto a Daniel. Dios envió a uno de sus propios ángeles guerreros —«Miguel, uno de los arcángeles»— a fin de combatir contra el espíritu príncipe de Persia y liberar al mensajero para que entregara su misiva.

Daniel 10 contiene muchos detalles significativos que nos proporcionan un conocimiento maravilloso.

Primero, la preocupación de Dios por sus amigos es primordial. En el momento en que Daniel oró, Dios respondió. Aunque la llegada de la respuesta se retrasó debido a la oposición espiritual, la respuesta fue inmediata. Dios no se oculta de nosotros.

Segundo, cuando los factores que no comprendemos por completo se interponen en el camino, podemos estar seguros de que nuestro Padre ya se ha ocupado de todo lo que necesitamos. Ayunar no es nuestra manera de coaccionar a Dios para que actúe a nuestro favor. Es más bien una expresión de confianza paciente en que Dios ya ha actuado. Es una seguridad expresa en Dios. Esto nos recuerda que la fuerza de Dios está en acción y que el avance es inminente, y obliga a nuestros cuerpos físicos a aceptar esta verdad.

Tercero, las acciones de una persona pueden influir en el panorama mucho más amplio. Las decisiones de Daniel garantizan el plan eterno de Dios sobre todo un imperio; muchas naciones y pueblos están representados bajo el espíritu príncipe de Persia. En otras palabras, en este caso el ayuno de Daniel fue un acto de guerra espiritual que tuvo una influencia significativa en un conflicto en los cielos y produjo un gran avance en la tierra. Los efectos cósmicos de largo alcance de nuestros pensamientos y acciones no siempre son obvios en lo cotidiano. La vida diaria no nos permite tener una visión tan completa. Sin embargo, no importa cuán oscuras parezcan nuestras vidas en la tierra, las ramificaciones de nuestra relación con Dios son enormes. No debemos subestimar la importancia de nuestro combate. La iglesia no tiene un equipo juvenil aficionado; todos los seguidores de Cristo juegan en las ligas mayores.

Cuarto, un beneficio del ayuno es la participación de nuestros cuerpos físicos en nuestra búsqueda de respuestas espirituales. La participación de nuestros cuerpos físicos es importante, ya que no solo somos seres espirituales, sino también físicos. Experimentamos nuestra vida en el plano material, es decir, en el reino de la existencia que puede ser percibido e interpretado con nuestros cinco sentidos físicos. No obstante, nuestros cuerpos físicos están animados por un espíritu, insuflado en nosotros por Dios mismo (Génesis 2:7). Y el cuerpo y el espíritu están a su vez unidos por un alma compuesta de nuestro intelecto, emociones y voluntad. El apóstol Pablo confirma esta arquitectura humana cuando ora para que «el mismo Dios de paz os santifique por completo; y todo vuestro ser, espíritu, alma y cuerpo, sea guardado irreprensible para la venida de nuestro Señor Jesucristo» (1 Tesalonicenses 5:23).[2]

Somos en parte polvo, en parte espíritu. Cada elemento de nuestra composición hace contribuciones únicas a nuestra experiencia como seres humanos, pero ciertamente interactuamos con el mundo con Dios a través de nuestros cuerpos. «¿No se dan cuenta de que su cuerpo es el templo del Espíritu Santo, quien vive en ustedes y les fue dado por Dios? Ustedes no se pertenecen a sí mismos, porque Dios los compró a un alto precio. Por lo tanto, honren a Dios con su cuerpo» (1 Corintios 6:19-20, NTV). Dios no solo redimió nuestros espíritus o nos ordenó que renováramos nuestras mentes. También compró nuestros cuerpos para proveerle habitación y expresión al Espíritu de Dios dentro de nosotros.

C. S. Lewis describe el valor de involucrar al cuerpo en la guerra espiritual en su clásica presentación de ficción *The Screwtape Letters* [*Cartas del diablo a su sobrino*]. En este breve libro, Lewis imagina una correspondencia de un experimentado demonio llamado Screwtape a su sobrino y aprendiz, Wormwood. Screwtape instruye al estudiante sobre los métodos para obtener el alma de un recién convertido al cristianismo. En una de estas notas, Screwtape le presenta a Wormwood una paradoja.

Por lo menos, pueden ser persuadidos de que la posición corporal no tiene ningún impacto en sus oraciones; pues constantemente olvidan, algo que tú siempre debes recordar, que son animales y que todo lo que sus cuerpos hacen afecta a sus almas.[3]

No darle de comer a nuestro cuerpo durante una temporada corta fortalece el espíritu de la misma manera en que la poda de un árbol produce más frutos. Cuando nos disponemos a pasar hambre, Dios nos satisface. Daniel estaba hambriento de respuestas espirituales, respuestas que no podía elaborar por sí mismo. Así que sometió a su cuerpo a pasar hambre hasta que llegaron las respuestas. Sin embargo, Dios no le respondió a Daniel debido a que ayunó. Él procuró su respuesta en el momento en que Daniel oró. Dios no se conmueve con las

El ayuno es una personificación extrema de la sumisión. La carne es sometida radicalmente por el alma (la voluntad), y el alma se somete a Dios.

huelgas de hambre. Más bien, el ayuno de Daniel expresaba físicamente su necesidad de Dios. La cercanía de Daniel con Dios le había enseñado que no podía estar satisfecho con sus propias fuerzas. Su ayuno le dio forma a esa lección, trajo la verdad al mundo real. Somos sabios cuando hacemos lo mismo.

En caso de que haya alguna confusión sobre este punto, me gustaría aclarar algo. No ayunamos por poder. Esta es la forma en que los curanderos ayunan, tratando de manipular al mundo de los espíritus para su propio beneficio. No aliento este tipo de ayuno. No creo que sea correcto ni siquiera efectivo. Además, hay una historia narrada en los Evangelios en la que Jesús parece indicar que el ayuno es necesario para expulsar ciertos tipos de demonios. Me referiré a esto con más detalle en el capítulo 10. No obstante, por ahora basta con decir que esta interpretación no es necesariamente exacta.

Entonces, ¿cómo se relaciona el ayuno con la guerra espiritual? Hemos hablado largamente en este libro acerca de la importancia de la alineación interna con el corazón y la voluntad de Dios para la guerra espiritual. Ese es el principio que se enseña en Santiago 4:7: «Someteos, pues, a Dios; resistid al diablo, y huirá de vosotros». Como se mencionó antes, esta sumisión a Dios (estar bajo su autoridad) nos da autoridad sobre el reino demoníaco. Es por eso que todas las disciplinas espirituales son importantes. El ayuno es una personificación extrema de la sumisión. La carne es sometida radicalmente por el alma (la voluntad), y el alma se somete a Dios. En este punto casi resulta fácil alinear todo nuestro ser. Es una ironía extraña que a medida que la carne se debilita empezamos a sentir una mayor fuerza y autoridad en el espíritu.

OTRAS DISCIPLINAS ESPIRITUALES

El ayuno es un ejemplo de disciplina espiritual. Estos son comportamientos que cuando se ponen en práctica, llevan al ego al talón y a Dios a un primer plano en nuestra vida. La Biblia menciona muchas de estas actividades. No obstante, para empezar, voy a enumerar doce disciplinas comúnmente reconocidas que puedes entretejer en los patrones de tu vida. Cada una se enfoca en un aspecto específico del ser. A medida que nos apartamos de nuestro propio camino, hacemos que resulte más fácil ver a Dios. Podemos entender las disciplinas específicas como formas de iluminar mejor determinados aspectos de Dios. A medida que aprendemos acerca de su carácter en esa área, nos encontramos más libres de las tentaciones que nos molestan en ese ámbito.

Las disciplinas espirituales se dividen claramente en dos grupos: las disciplinas de autonegación y las disciplinas de participación.[4] A continuación se enumeran algunas de las disciplinas incluidas en cada grupo.

Disciplinas de autonegación

Soledad — la práctica de pasar tiempo lejos de otros con la intención precisa de estar a solas con Dios. A través de la soledad eliminamos las distracciones que nos impiden escuchar al Señor. A través de la soledad nos negamos a nosotros mismos cualquier compañía excepto la de Dios.

Silencio — el compañero natural de la soledad. Cuando estamos en silencio, tanto en nuestro entorno como en nuestra mente, oímos más claramente el «silbo apacible y delicado» a través del cual el Espíritu a menudo elige hablarnos. (Véase 1 Reyes 19:11-13.) Por medio del silencio nos negamos a nosotros mismos cualquier voz excepto la de Dios.

Ayuno — el rechazo intencional de la comida o la bebida por un período de tiempo. También puede ser la abstención de una actividad como el sexo (véase 1 Corintios 7:5), de varios medios de comunicación, o de alguna otra actividad recreativa. Cuando ayunamos, nos negamos a nosotros mismos cualquier alimento (físico o mental) excepto el que Dios nos proporciona por medio de su presencia y su Palabra.

Sacrificio — la práctica de ofrecer nuestro tiempo, talento o bienes, por lo cual nosotros mismos ya no tenemos lo que necesitamos para satisfacer nuestras necesidades básicas. El sacrificio, ya sea financiero o de otro tipo, requiere que confiemos en Dios para compensar la diferencia. Y ese es un desafío para el que Él está listo y que espera aceptar.

Secreto — la práctica de ocultarles a los demás información sobre nuestra vida espiritual o nuestra generosidad. (Véase Mateo 6:3.) Está conectado a la soledad (orar en privado o dar anónimamente). A través del secreto aumentamos la intimidad con Dios, ya que hay una parte (justa) de nuestra vida a la que solo se le permite entrar a Él. Por medio del secreto nos negamos a nosotros mismos cualquier crédito por una actividad excepto el que Dios nos otorga.

Sumisión — la renuncia voluntaria a nuestra propia voluntad con la intención específica de cumplir la voluntad de Dios. A través de la sumisión nos negamos a nosotros mismos la satisfacción de cualquier deseo excepto los de Dios.

Disciplinas de participación

Estudio de la Escritura — leer la Biblia con miras a entender los contextos de pasajes específicos, conocer la intención del autor, revelar los temas generales y memorizar varios versículos. Al estudiar las Escrituras, nos relacionamos con la Palabra inspirada de Dios y renovamos nuestras mentes para que sean como la de Cristo.

Adoración — ofrecerle a Dios gratitud y veneración por sus atributos divinos (amor bondadoso, amabilidad, belleza, etc.) puede tomar la forma del canto, la liturgia o incluso el silencio, y puede llevarse a cabo solo o en grupo. La adoración a menudo involucra expresiones físicas de entrega tales como levantar las manos, arrodillarse o postrarse boca abajo en el suelo. Al adorar, entramos a la presencia de Dios.

Oración — conversar con Dios, especialmente con la conciencia de que dependemos de Él para satisfacer nuestras necesidades espirituales, mentales, físicas, sociales y financieras. Al orar, nos conectamos con la personalidad de Dios, su voluntad y su capacidad.

Meditación — Pablo describió esto como poner nuestras mentes en las cosas de arriba. Tal vez la manera más común de hacerlo es sumergiéndose en las Escrituras, poniendo atención y pensando profundamente en la Palabra de Dios, y permitiendo que Él te hable a través de ella.

Comunión — reunión con otros creyentes para tener compañerismo, adorar, orar, profetizar y celebrar la Cena del Señor (Hechos 2:42; 1 Corintios 11:17—14:40). Necesitamos relaciones estrechas con otros creyentes tanto para animarlos como para rendirles cuentas. La Biblia nos manda a practicar la hospitalidad (Romanos 12:13), a someternos los unos a los otros (Efesios 5:21), y a confesaros nuestros pecados mutuamente (Santiago 5:16; véase también 1 Juan 1:9). La práctica de la verdadera comunión es una de las necesidades más grandes en la vida espiritual de la iglesia hoy y una de las armas más efectivas en la guerra espiritual (Romanos 16:20; Ef. 4:7-16).

Reflexión — contemplar nuestro interior para reconocer y apreciar la obra del Espíritu Santo en nuestra vida. Podemos considerar un pasaje de la Escritura que tuvo una aplicación sorprendentemente inmediata, una anécdota de un compañero creyente, o una impresión que nos llevó a compartir nuestra fe. Cualquier número de experiencias podría ser relevante para lo que Dios está haciendo en nosotros. Reflexionando, nos comprometemos con el proceso continuo de redención personal de Dios.

Servicio — dar nuestro tiempo, talentos y recursos para satisfacer las necesidades de los demás. El servicio podría incluir esfuerzos voluntarios para alimentar a los pobres, ayudar a los sin techo, o preparar y organizar servicios en la iglesia; diezmar; o simplemente compartir tu almuerzo con un colega. Al servir, nos comprometemos con la naturaleza humilde y desinteresada de Dios y su manera de interactuar con el mundo.

Al igual que la disciplina física, la disciplina espiritual puede resultar agotadora al principio. Tiene sentido empezar despacio y tener un desarrollo gradual. Cinco minutos de oración es mucho mejor que ningún tiempo de oración. Leer un versículo de la Escritura es mucho mejor que no leer nada de la Escritura. ¡Sentarse en la parte de atrás en un servicio de la iglesia después de llegar veinte minutos tarde es mucho mejor que no asistir a ningún servicio de la iglesia! Tienes que empezar por algún lado. Como se informara erróneamente que el legendario receptor de los Yankees de Nueva York, Yogi Berra, dijo: «En teoría no hay diferencia entre la teoría y la práctica; en la práctica sí la hay».[5]

En otras palabras, el paso más importante es aquel que convierte la disciplina de una mera idea en una acción del mundo real. ¡Empieza a trabajar! Una vez que hayas visto el fruto de ayunar una o dos comidas o de leer algunos pasajes de las Escrituras cada día, te encontrarás deseando más. Dios recompensará tu pequeño esfuerzo con su enorme gracia, y tú estarás maravillado por los resultados.[6]

PREGUNTAS PARA LA DISCUSIÓN

- Si el ayuno no hace que Dios conteste nuestras oraciones, ¿qué lo hace?
- La autodisciplina no siempre parece divertida. ¿Cómo animarías a otros mantenerla?
- ¿De qué tentaciones podrían traer libertad las diversas disciplinas enumeradas en este capítulo? (Ejemplo: el sacrificio es un antídoto contra la codicia.)
- ¿Cuál es el papel de nuestros cuerpos físicos en la guerra espiritual?

CAPÍTULO 8

CÓMO MATAR A TU DRAGÓN MASCOTA

El propósito total de nuestra salvación es que podamos disfrutar de la presencia manifiesta y consciente de Dios, así como Él disfruta de nuestra presencia. Cuando disfrutamos de la presencia consciente de Dios, cumplimos con los principios de nuestra salvación.
—A. W. Tozer, *La presencia de Dios en tu vida*

Solo el gozo de Cristo puede mantenernos en una relación correcta con Dios.
—Eric Gilmour

Jack Kent escribió un libro para niños titulado *There's No Such Thing as a Dragon* [No hay tal cosa como un dragón]. La historia trata acerca de un niño pequeño llamado Billy Bixbee, que se sorprendió una mañana cuando se despertó y descubrió a un dragón en su habitación. Era un lindo dragón del tamaño de un gatito. Era amigable e incluso permitió que Billy le diera palmaditas en la cabeza. Por supuesto, Billy no podía esperar a contarle a alguien sobre su nuevo amiguito, pero cuando se lo dijo a su madre, ella le contestó como si hablara muy en serio: «No hay tal cosa como un dragón». Pronto el dragón estuvo abajo, incluso sentado sobre la mesa de la cocina. Sin embargo, la madre de Billy lo ignoró. Ella ya había asegurado que no existía tal cosa como un dragón. ¿Cómo podría decirle a un dragón que se bajara de la mesa? La historia continúa relatando cómo el dragón se convirtió en una molestia y creció tanto que finalmente llenó toda la casa. No obstante, todos lo ignoraron. La madre de Billy continuó diciendo: «No hay tal cosa como un dragón». Al poco tiempo, la cabeza del dragón se asomó por la puerta principal y su cola salió por la parte de atrás. Era tan grande que cuando pasó un camión de pan, el dragón hambriento lo persiguió por el camino, llevando la casa de Bixbee en su espalda como la concha de un caracol.[1]

En enero del año 2018 se publicó un artículo en *National Geographic* con el siguiente titular: «Por qué una pitón de dos metros y medio puede haber matado a su dueño». El escrito continúa relatando cómo un hombre en Inglaterra resultó muerto por su mascota, una pitón de roca africana amarilla llamada Tiny.[2] En un momento dado, esta serpiente mortal había sido una linda serpiente pequeña. Incluso un niño hubiera podido desenroscarla. Sin embargo, a medida que crecía y el hombre al que terminaría matando la cuidaba y alimentaba, nadie se daba cuenta de la tragedia que su dueño estaba propiciando.

Las personas crean sus propios monstruos todos los días. La mayoría de las veces, estas cosas que destruyen a las personas empiezan siendo pequeñas. Y para el momento en que se les toma en serio, se han convertido en formidables depredadores que destrozan vidas y familias. Por eso Salomón nos advirtió de «las zorras pequeñas, que echan a perder las viñas» (Cantares 2:15). Jesús también nos advirtió sobre las pequeñas semillas del pecado cuando nos enseñó que monstruos como el asesinato y el adulterio comienzan sus andanzas como las pequeñas mascotas de la ira y la lujuria. En última instancia, estas cosas que nos destruyen empiezan dentro de nosotros. Les damos vida, las alimentamos y las nutrimos, y se convierten en los dragones contra los que luchamos.

Santiago nos dice exactamente cómo ocurre este proceso: «Cuando alguno es tentado, no diga que es tentado de parte de Dios; porque Dios no puede ser tentado por el mal, ni él tienta a nadie; sino que cada uno es tentado, cuando de su propia concupiscencia es atraído y seducido. Entonces la concupiscencia, después que ha concebido, da a luz el pecado; y el pecado, siendo consumado, da a luz la muerte» (Santiago 1:13-15).

Estos malos deseos se convierten en dragones de la muerte, porque sus dueños a menudo los malcrían (como el dueño de Tiny) o los ignoran y los niegan (como la mamá de Billy Bixbee). La batalla contra los dragones de este mundo comienza en el corazón y la mente humana. Aquí es donde comienza la batalla, y aquí es donde la batalla se debe ganar. Podemos ser muy apasionados en lo que respecta a cambiar el mundo, pero a menos que cambiemos nuestros propios corazones, nos estamos engañando a nosotros mismos.

En Mateo 6 leemos lo que se conoce como el padrenuestro. Allí encontramos el relato de Jesús enseñando a orar a sus discípulos al modelar para ellos la oración perfecta. Me encanta la forma en que el versículo 10 se presenta en la versión Reina Valera Revisada 1960. Este dice: «Venga tu reino. Hágase tu voluntad, como en el cielo, así también en la tierra». Observa que dice «en la tierra» en lugar de «sobre la tierra». Ahora bien, tal vez estoy sacando más provecho de esto de lo que el idioma original justifica, pero creo que mi argumento es válido. Génesis 2:7 afirma que Dios formó al hombre del polvo de la tierra. Dios le dijo a Adán en Génesis 3:19 que él había sido hecho de la tierra y que a la tierra regresaría. Somos la tierra. Todos queremos que el reino de Dios venga *sobre* la tierra. Todos queremos que la voluntad de Dios se cumpla *sobre* la tierra. Sin embargo, cuánto agonizamos por la presencia de su reino *en* la tierra y el cumplimiento de su volun-

Cuando era niño, me preocupaban los monstruos debajo de la cama. Cuando me hice hombre, me di cuenta de que el monstruo soy yo.

tad *en* la tierra... ¡es decir, en nosotros! Después de todo, somos la tierra que Dios desea. Jesús no murió por las montañas y los campos. Él murió para redimir a los seres humanos y llenar sus vasos de barro con su Espíritu.

Si este es el caso, y en verdad lo es, no es de extrañar que la batalla se libre principalmente dentro del corazón humano. Cuando era niño, me preocupaban los monstruos debajo de la cama. Cuando me hice hombre, me di cuenta de que el monstruo soy yo. No hay dragones físicos literales en el mundo. Pero hay muchos monstruos entre los hombres. Jeremías 17:9 dice: «El corazón humano es lo más engañoso que hay, y extremadamente perverso. ¿Quién realmente sabe qué tan malo es?» (NTV). Todo mal de este mundo viene a través de los corazones de los hombres. Sí, los desastres naturales inexplicables, las enfermedades y las tragedias ocurren. Sin embargo, estos no son actos intencionales y malévolos. Los actos del verdadero mal solo vienen a través de agentes humanos. Como escribió Aleksandr Solzhenitsyn en *Archipiélago Gulag*: «La línea que divide el bien y el mal atraviesa el corazón de cada ser humano. ¿Y quién está dispuesto a destruir un pedazo de su propio corazón?».[3]

Todos luchamos contra un dragón en algún momento de la vida, y algunas personas luchan contra muchos. A veces el espíritu del tiempo demoníaco produce grandes males que acaban con millones de vidas. El aborto, el racismo, la perversión, la falsa religión, la persecución, la corrupción y el terrorismo son algunos de los dragones que mi generación está combatiendo. Sin embargo, en realidad, la mayoría de los dragones a los que nos enfrentamos no son del tipo de los que existen fuera de nosotros. La mayoría de los dragones que nos amenazan son aquellos que hemos incubado, alimentado y criado en nuestros propios corazones. La lujuria, el orgullo, la codicia, el egoísmo en todas sus formas, el odio, el abandono de la responsabilidad, la falta de autodisciplina... esos son el tipo de dragones que usualmente nos destruyen. Y de hecho son estos «pequeños» dragones internos los que se convierten en los enormes dragones externos mencionados antes. Considera al aborto, por ejemplo, un dragón del genocidio que se ha cobrado cientos de millones de vidas humanas inocentes.[4] En esencia, el problema se reduce a una decisión de adorar en el altar de la conveniencia. Es parte del espíritu de la época de una generación que le da poco valor a la vida y tiene un amor supremo por el placer.

O por ejemplo, considera a un verdadero monstruo como Adolf Hitler, que mató millones de personas inocentes, destruyó incontables vidas y cambió el mundo a través de su barbarie sin sentido. Uno de los dragones más horrible que haya existido en este mundo. Sin embargo, en un tiempo fue un niño inocente. En algún lugar del camino vino a su mente un pensamiento que comenzó a cambiarlo. Tal vez se trató de una ofensa que trajo consigo una raíz de amargura. Tal vez escuchó a alguien vomitando odio con elocuencia. Sin importar lo que fuera, su furia asesina tuvo algún origen. De esa semilla brotó un odioso dragón que devastó al mundo y acabó con millones de vidas.

No obstante, así como el mal que produjo la pesadilla nazi comenzó en la mente de alguien, también lo hicieron las acciones valientes que lo vencieron. Imagínese lo que pasó por las mentes de esos jóvenes que irrumpieron en la playa de Normandía el Día D, el 6 de junio de 1944. Cuando las rampas de los vehículos anfibios de transporte descendieron sobre la arena empapada de sangre, los hombres miraron hacia adelante y no pudieron ver nada más que una matanza. Miles de sus hermanos ya estaban muertos o heridos en la playa. Contra todo instinto de supervivencia y todo deseo de vivir, corrieron de frente hacia el peligro para combatir el gran mal. La Segunda Guerra Mundial suele verse como una gran guerra, pero en realidad se trató de millones de guerras luchadas en millones de mentes. Millones de hombres y mujeres decididos a vencer el mal tuvieron que empezar por luchar contra sus propios dragones del miedo y la cobardía.

Volvamos a la pregunta que nos ocupa. ¿Cómo matas a tu dragón mascota? Ya sea que se haya convertido en una serpiente asesina que come hombres como Tiny, o que aún sea del tamaño de un gatito, de la forma en que el dragón de Billy Bixbee comenzó, aquí tienes unas cuantas palabras de sabiduría que pueden darte la victoria sobre tus dragones mascota.

DESTRÚYELO MIENTRAS ES JOVEN

La forma más fácil de matar a un dragón es, obviamente, aplastándolo mientras aún está dentro de su huevo. Si puedes matarlo en su período de gestación, nunca tendrás que luchar contra un monstruo, y es posible que disfrutes de algunos huevos revueltos como gratificación. Las cosas grandes empiezan siendo pequeñas. Las grandes adicciones surgen de la simple curiosidad. Los pecados grandes crecen de las semillas pequeñas, como hemos discutido antes. Si puedes ser honesto contigo mismo, a menudo te darás cuenta de lo que está sucediendo. Cuando te percates de que estás consintiendo a un monstruo en ciernes, ¡mátalo rápidamente! Siempre he odiado cortarme el pelo. Cada vez que tengo que hacerlo, deseo terminar rápido. No me gustan los pelos que me caen en la camisa y me dan picazón. Soy introvertido por naturaleza, lo que significa que no me gusta tener que charlar durante cuarenta minutos. Nada relacionado con cortarme el pelo me parecía agradable. No obstante, hace años empecé a ir a un salón donde las cosas cambiaron. En este salón en particular, la dama a la que me asignaron era muy atractiva. Resultaba interesante hablar con ella y parecía muy interesada en mí. Cuando me cortó el pelo, el tiempo pasó volando. Fui a ese salón durante unos dos meses y disfruté de mi interacción con esta joven en cada ocasión.

Muchas catástrofes podrían haberse evitado sin dolor si alguien se hubiera enfrentado a las pequeñas tentaciones sin piedad.

Una mañana me desperté y vi que tenía un corte de pelo programado para ese día. Sentí un pequeño revoloteo de emoción en mi interior. Esto me sorprendió. Siempre odié cortarme el pelo, pero ahora lo estaba deseando. ¿Por qué? Obviamente, me entusiasmaba la idea de ver a esa joven atractiva. Ahora bien, debo mencionar que estaba casado en ese momento y ya tenía dos o tres hijos. El hecho de que estuviera deseando pasar tiempo con otra mujer me alarmó. Me di cuenta de lo que sucedía. Algo estaba creciendo. Todavía era muy inocente, pero si continuaba por ese camino, me estremecía al pensar en lo que podría llegar a convertirse.

Llamé al salón, cancelé mi cita y nunca volví. Lo más probable es que esa situación nunca se hubiera transformado en algo serio. Soy plenamente consciente de ello. Pero también soy consciente de que cada incidente se remonta a un pequeño e inocente revuelo de emoción. Muchas catástrofes podrían haberse evitado sin dolor si alguien se hubiera enfrentado a las pequeñas tentaciones sin piedad.

Ahora bien, estoy seguro de que algunas personas podrían ver esto como una reacción ridícula y exagerada. Sin embargo, recuerda cómo Jesús nos dijo que lidiáramos con la tentación: si tu mano te hace pecar, córtatela. Si tu ojo te hace pecar, sácatelo (Mateo 5:29-30). Fui honesto conmigo mismo. Sé que no soy invencible. Reconocí el potencial latente para que un pequeño huevo de dragón comenzara a crecer en mi vida, y me encargué de ello de manera rápida y absoluta. Si piensas que estás más allá de tal tentación, recuerda que hombres y mujeres más grandes que tú y yo han sido destruidos por el pecado. En 1 Corintios 10:12 se nos dice: «Así que, el que piensa estar firme, mire que no caiga». Aquellos que piensan demasiado bien de sí mismos y su inmunidad a la tentación se están preparando para el fracaso. Por eso Pablo dijo: «Nadie tenga un concepto de sí más alto que el que debe tener, sino más bien piense de sí mismo con moderación, según la medida de fe que Dios le haya dado» (Romanos 12:3, NVI).

NO MUESTRES PIEDAD; NO TOMES PRISIONEROS

Toleramos el pecado y la condescendencia en nuestra vida porque no vemos a estas cosas como los enemigos destructivos que son. Recientemente leí en el periódico sobre un pastor que había sido atrapado en un escándalo moral. Se vio obligado a renunciar al liderazgo de su iglesia, perdiendo todo en el proceso: su familia, su ministerio, su trabajo y toda su credibilidad. Él se paró frente a su congregación en su último domingo como pastor y leyó entre lágrimas una declaración sobre lo arrepentido que estaba por la forma en que había decepcionado a todos y les había fallado, incluyendo a aquellos a quienes más amaba. Mientras leía su declaración, transcrita en el periódico, me preguntaba dónde habría nacido este dragón que destruyó su vida.

Cosas como esta no crecen de la noche a la mañana. A menudo son el producto de muchos años de alimentarlas y consentirlas. Me preguntaba cómo él habría respondido hace tantos años, cuando este pecado estaba todavía en su infancia, si hubiera podido ver el monstruo en que se convertiría y la forma en que destruiría su vida. Imagínese si después de ese primer pensamiento lujurioso o fantasía fugaz hubiera podido tener de repente una visión de su futuro y sido testigo de cómo leía ese discurso desgarrador lleno de lágrimas y arrepentimiento. Creo que se habría vuelto despiadado con ese pequeño pecado. Se habría vuelto violento y brutal con el mismo.

Esta es la razón por la que Jesús fue tan radical cuando dijo: «Si tu mano o tu pie te es ocasión de caer, córtalo y échalo de ti; mejor te es entrar en la vida cojo o manco, que teniendo dos manos o dos pies ser echado en el fuego eterno. Y si tu ojo te es ocasión de caer, sácalo y échalo de ti; mejor te es entrar con un solo ojo en la vida, que teniendo dos ojos ser echado en el infierno de fuego» (Mateo 18:8-9). Jesús estaba tratando de expresar cuán implacable debe ser nuestra actitud hacia el pecado. Esta no es una cuestión secundaria. No es algo insignificante. El pecado puede destruir nuestra vida, tanto en este mundo como en la eternidad. Y no solo eso, sino que también puede destruir las vidas de quienes nos rodean. Si pudiéramos tener la perspectiva correcta sobre el pecado, creo que nos volveríamos absolutamente despiadados en nuestra intolerancia hacia él.

Dios odia el pecado, ya que ve el principio desde el fin. Él ve el daño y la destrucción que el pecado causa en nuestra vida y el mundo. Si podemos tener la perspectiva de Dios en cuanto a esos pequeños dragones en nuestra vida, si podemos verlos como realmente son —monstruos que exhalan fuego en desarrollo— nos volveremos despiadados con ellos, tal como Dios lo es. Si nos descubrimos consintiendo los pecados o tolerando las componendas en nuestra propia vida, algo está peligrosamente mal. Tenemos que tomar en serio al pecado.

ADMITE QUE EXISTE

¿Qué pasa si mi dragón ya está fuera de control? ¿Y si ha estado creciendo durante años y es un monstruo con tres cabezas y un código postal propio? Para Billy Bixbee la clave era admitir que había un dragón. Cada vez que reconocía la existencia del dragón, se hacía más y más pequeño. En pocas palabras, este es precisamente el principio de admitir que tienes un problema. Incluso los psicólogos seculares y los programas de doce pasos como

Alcohólicos Anónimos requieren que las personas que solicitan ayuda admitan que tienen un problema. A menos que se vuelvan honestos acerca de sus problemas, nunca puede haber soluciones. Esto es en realidad un principio bíblico. Santiago 5:16 dice: «Por eso, confiésense unos a otros sus pecados, y oren unos por otros, para que sean sanados. La oración del justo es poderosa y eficaz» (NVI). ¿Por qué debemos confesarnos nuestros pecados unos a otros? Porque cuando rendimos cuentas de nuestros actos, podemos recibir ayuda y gracia de otras personas. Sin esta transparencia, nuestro pecado permanece en la oscuridad. Es entonces cuando los pequeños dragones se vuelven grandes. No obstante, cuando sacamos a estos monstruos a la luz, empiezan a morir. En 1 Juan 1:7 dice: «Pero si andamos en luz, como él está en luz, tenemos comunión unos con otros, y la sangre de Jesucristo su Hijo nos limpia de todo pecado».

USA UN ARMA SECRETA

Los dragones de diversas mitologías de todo el mundo usualmente se caracterizan por ser inmunes a las armas ordinarias. A menudo había que usar un arma especial o incluso mágica para derribarlos. Afortunadamente, Dios ha provisto para el cristiano armas sobrenaturales, capaces de matar incluso a la serpiente más feroz. En el próximo capítulo hablaremos acerca de las poderosas armas de nuestra guerra, pero en este me gustaría darte una poderosa arma secreta contra la tentación que la mayoría de los cristianos no parecen conocer.

En el capítulo anterior examinamos la importancia de la disciplina en la guerra espiritual. La realidad ineludible es que los dragones, en especial los grandes, no mueren de manera voluntaria o fácilmente. Es necesario resistirse a la tentación, y a veces esto implica una pelea. Sin santidad y consagración un cristiano pronto se encontrará en las espirales de la tentación, asfixiado hasta la muerte. No obstante, podrías preguntarte: ¿Cómo alcanzamos este elevado lugar de sumisión a Dios? ¿Es simplemente una cuestión de esforzarse más? ¿Debemos establecer reglas legalistas complicadas para la vida como las que tenían los fariseos?

¿Deberíamos unirnos a un convento o un monasterio? ¿Cómo llegamos a ser santos y a estar consagrados a Dios?

El estilo de vida monástico surgió en los siglos tercero y cuarto debido a un desdén por los abusos que muchos vieron en la iglesia. Algunos monjes muy sinceros llegaron a extremos excepcionales para negar su carne y consagrarse. Varios de ellos se bañaron en hielo para evitar la tentación. ¡Otros podían sostener sus dedos sobre la llama de una vela hasta que literalmente se les quemaran los dedos! Se sabe que algunos se castraron, y la práctica de la autoflagelación era común.

Sin esta transparencia, nuestro pecado permanece en la oscuridad. Es entonces cuando los pequeños dragones se vuelven grandes. No obstante, cuando sacamos a estos monstruos a la luz, empiezan a morir.

Un monje, Simeón Estilita, vivió durante treinta y seis años en una plataforma levantada sobre una columna que alcanzó dieciocho metros de altura con un collar de hierro alrededor de su cuello.[5] ¡Uno de sus discípulos fue conocido por pasar sesenta y ocho años sobre una columna similar! Francisco de Asís tomó como esposa a «Dama Pobreza».[6] Él se negó a sí mismo incluso el simple placer de disfrutar de la comida que ingería. «Rara vez o casi nunca comía alimentos cocinados, pero si lo hacía, los rociaba con cenizas o atenuaba el sabor de las especias con agua fría».[7] Otro monje, Antonio, vivió en soledad en el desierto durante ochenta y cinco años.[8]

Estos son solo algunos ejemplos de los extremos a los que algunos hombres han llegado en un intento de consagrarse a Dios. Sin embargo, ¿eso es lo que Dios espera de nosotros? ¿Eso es lo que requiere la consagración: aislarnos del resto de la humanidad y vivir en lo alto de una torre, o castigar nuestros cuerpos hasta el punto de la más absoluta miseria y desesperación? Amigo mío, cuando Dios nos pide que seamos totalmente suyos, creo que tiene algo más en mente, algo maravilloso, hermoso y satisfactorio.

En Deuteronomio 6:5, Dios instruyó a los hijos de Israel, diciendo: «Ama al Señor tu Dios con todo tu corazón y con toda tu alma y con todas tus fuerzas» (NVI). Nota que Dios hace énfasis en el amor, porque sabe que la verdadera consagración puede ser una consecuencia únicamente del amor. Este tipo de amor trae como resultado una satisfacción sobrenatural solo con Dios que hace que los placeres falsos del pecado palidezcan en comparación. Dios sabe que la consagración no vendrá como consecuencia de la automutilación y la esclavitud legalista. La clave de la consagración es el amor, y no cualquier amor, sino un amor tan ferviente que consume por completo el corazón, el alma, la mente y las fuerzas.

Como la novia anhela a su novio y se separa de todos los demás a causa de su amor, así los que más aman a Cristo son los que están más comprometidos con Él. Dios sabía que apartados del amor radical nunca podríamos estar verdaderamente separados o consagrados. Es por eso que cuando le preguntaron a Jesús cuál es el mandamiento más grande, reiteró la ordenanza de Dios: «Amarás al Señor tu Dios con todo tu corazón, y con toda tu alma, y con toda tu mente y con todas tus fuerzas» (Marcos 12:30).

Incluso hoy en día este mandamiento es una parte central del judaísmo y los judíos religiosos lo citan todos los días como parte de la liturgia del Shemá, que comienza: «Oye, Israel, el Señor es nuestro Dios, el Señor uno es. Bendito sea el nombre de la gloria de su reino por los siglos de los siglos. Amarás al Señor tu Dios con todo tu corazón, con toda tu alma y con todas tus fuerzas».[9]

Sin embargo, hay un problema. A pesar del mandato de amar a Dios, el amor auténtico no es algo que pueda ser demandado. Ni tampoco puede ser conjurado por medio de confesiones repetitivas. Amamos a alguien con quien podemos relacionarnos e identificarnos, a alguien que podemos ver, sentir y conocer. ¿Cómo podríamos amar verdaderamente a un Ser cósmico, etéreo e invisible que es tan diferente de nosotros, tan escurridizo, tan intocable? El mandamiento de amar a Dios con todo nuestro corazón, alma, mente y fuerzas resultaba realmente imposible de cumplir en su sentido más profundo... hasta que Jesús vino. Cuando vimos a Jesús, nos enamoramos de Dios. De repente pudimos relacionarnos con Él. Cuando vimos sus ojos tan llenos de amor, cuando observamos su compasión por los enfermos, cuando escuchamos sus palabras llenas de misericordia y perdón, cuando lo vimos golpeado y ensangrentado, colgado de una cruz romana, muriendo por nosotros y declarando: «Padre, perdónalos», en respuesta a este amor cruciforme, pudimos verdaderamente empezar a amar a Dios con todo nuestro corazón, alma, mente y fuerzas.

No amamos a Dios simplemente porque se nos ordenó hacerlo, sino que «le amamos a él, porque él nos amó primero» (1 Juan 4:19). El predicador del siglo diecinueve, Charles Spurgeon, dijo: «¡Cuán grande es la maravilla de que alguien como nosotros haya sido llevado a amar a Jesús de manera absoluta! ¡Qué maravilloso que cuando nos rebelamos contra Dios, Él, con un despliegue de un amor tan asombroso, busque hacernos retractar! ¡No! Nunca deberíamos haber tenido un ápice de amor por Dios a menos que haya sido sembrado mediante la dulce semilla de su amor por nosotros».[10]

Dios tiene todo el derecho de exigir nuestro amor y devoción, ya que sabe que es el único que puede satisfacernos verdaderamente. Dios nos creó de tal manera que no podemos encontrar la verdadera realización fuera de Él. ¡La satisfacción y el deleite verdaderos se encuentran únicamente en Cristo!

Basilea Schlink escribió una vez:

Jesús solo puede ser nuestro verdadero amor, nuestro primer amor, si nuestro amor por Él tiene prioridad y, cuando tenemos que elegir entre Jesús o las personas y las cosas, lo elegimos a Él. Jesús tiene todo el derecho de hacer tal reclamo sobre nuestro amor, porque Él no tiene igual. Nadie es tan glorioso, tan majestuoso y sin embargo, tan encantador como Jesús. Su amor es tan convincente, tierno e íntimo, tan ferviente y fuerte, que ningún amor humano podría comparársele. Nadie nos ama tan fielmente, ni nos ama como si fuéramos los únicos. A nadie le importamos tanto. Nadie está tan exclusivamente disponible para nosotros como Jesús. Jesús sabe lo que puede dar con su amor. Sabe cuán profundamente feliz puede hacer a una persona. Por eso tiene derecho, mil veces más que cualquier esposo en la tierra, a decir:

«Dame todo, todo tu amor. Hazme tu primer amor, por el cual dejarías todo lo demás atrás, así como una novia terrenal renunciaría a su hogar y a su tierra natal, y en verdad a todos sus deseos».[11]

Y medita en las palabras de Thomas Doolittle, el ministro del siglo diecisiete: «Si Cristo tiene nuestro amor, entonces lo tiene todo. Cristo nunca tiene todo de nosotros hasta que tiene nuestro amor. El amor no le niega nada a Cristo cuando se le es concedido sinceramente a él. ¡Entonces Cristo será el dueño de nuestro tiempo, y de nuestro servicio, y del uso de todas nuestras habilidades, y dones y gracias! Sí, entonces tendrá nuestras posesiones, nuestra libertad y nuestras propias vidas cuando las pida».[12]

CÓMO SER SANTO

Cuando un hombre ha llegado al punto donde su amor por Cristo ha sobrepasado su deseo por todo lo demás, solo la presencia de Dios lo satisfará, y la voluntad de Dios se convertirá en su deleite. Es en este lugar de satisfacción donde nace la verdadera consagración. Si los anhelos de una persona se satisfacen en Cristo, ya no desea el sabor amargo del pecado. No obstante, sin esta plenitud divina hay una búsqueda sin fin de satisfacción para la cual los placeres del pecado proporcionan una solución temporal, pero atractiva.

¿Alguna vez has notado que las cosas saben mucho mejor cuando tienes hambre? Sin embargo, después de haber comido y estar lleno, se puede pasar por delante de un buffet de deliciosas exquisiteces y no tener el más mínimo deseo de ellas. Proverbios 27:7 lo dice de esta manera: «La persona saciada desprecia el panal, pero para la hambrienta todo lo amargo es dulce» (RVA2015).

Tal vez hayas escuchado el cliché de que fuimos creados con un vacío en forma de Dios dentro de nosotros que solo Él puede llenar. Augustín lo

Dios tiene todo el derecho de exigir nuestro amor y devoción, ya que sabe que es el único que puede satisfacernos verdaderamente.

expresó así: «Tú nos has hecho para ti mismo y nuestros corazones están inquietos hasta que descansan en ti».[13] No obstante, si esa hambre no se satisface con Dios, entonces incluso el sabor amargo del pecado se vuelve apetitoso. Si una persona se esfuerza por ser santa tratando desesperadamente de evitar el buffet de las indulgencias mundanas sin haber satisfecho su alma con Dios, esa persona permanecerá hambrienta, y la tentación a pecar se hará mayor y ganará más y más poder sobre ella. Sin amor, tal vez necesites vivir en la cima de una columna durante sesenta y ocho años para evitar la tentación. Sin embargo, cuando estás lleno de Dios, el pecado perderá su atractivo. Si te encuentras satisfecho con el deleite supremo de la presencia de Dios, no querrás perder el tiempo con menos.

¡La santidad no es una disciplina terrible; es la consecuencia natural del descubrimiento del deleite supremo! El salmista dijo: «Serán completamente saciados de la grosura de tu casa, y tú los abrevarás del torrente de tus delicias» (Salmos 36:8). Dios no está en contra del placer; en realidad, Él quiere satisfacernos con un placer como el que nunca hemos conocido. Salmos 16:11 declara: «En tu presencia hay plenitud de gozo; delicias a tu diestra para siempre». Una persona que ha encontrado la satisfacción total no necesita buscar la plenitud en ningún otro lugar y ya no hay rivales para el trono de su corazón, porque sabe que nadie más puede compararse con Cristo. ¿Puedes entenderlo? Así es como una persona llega a ser consagrada, separada y santa, no a través de la autoflagelación, la mutilación y la penitencia, sino a través de la satisfacción completa solo en Cristo.

Consideremos por ejemplo a un consumado concertista de piano que ha pasado muchos años de su vida refinando y perfeccionando su extraordinaria habilidad. ¿Cuántas veces se negó a sí mismo los placeres que disfrutaban sus compañeros? Durante su infancia, mientras sus amigos jugaban al fútbol, él estaba sentado al piano. Mientras jugaban a los videojuegos, él practicaba escalas tediosas y ensayaba repetidamente la misma pieza. ¿Por qué estaba dispuesto a privarse de lo que otros disfrutaban? ¿Tenía que esforzarse para evitar el fútbol y los videojuegos? ¡No! Su motivación provenía de un deseo mayor, y su energía estaba dirigida hacia la búsqueda de ese anhelo superior. Deseaba un placer mucho mayor del que se le ofrecía en el terreno o frente al televisor. Tal vez anhelaba los aplausos de la multitud y la calidez de los focos, o tal vez simplemente amaba la música y encontró en ella una libertad para su alma. Sin importar cuál fuera su motivación, una cosa es cierta: se perdió una diversión menor por un placer mayor.

CULTIVANDO LA INTIMIDAD

Creo que si estamos cultivando una intimidad con Dios en oración, disfrutando de su presencia y escuchando su voz, Él siempre nos mostrará dónde están esos huevos de dragón en nuestra vida. Me parece inverosímil que una persona que está cerca de Dios y es obediente a sus indicaciones termine alimentando y criando a un dragón mientras su Padre mira y no dice nada. Eso nunca sucederá. Los cristianos que crían dragones lo hacen por una de dos razones:

1. No están pasando tiempo con Jesús. No tienen intimidad con el Señor y no están escuchando su voz. A Dios le encantaría decirnos muchas cosas si tan solo nos tomáramos el tiempo para escuchar.
2. No están obedeciendo. Escuchar la voz de Dios es una cosa y obedecerla es otra.

Tal vez estás leyendo este libro con la esperanza de descubrir el secreto para derrotar a los demonios. Para la mayoría de los cristianos, lo que sería mucho más eficaz en su batalla espiritual es simplemente aprender a amar más a Jesús: sentándose a sus pies, bebiendo de su presencia. Aprender a confiar en Él y obedecer como resultado del amor es incluso más poderoso que la oración de guerra espiritual más articulada. En el próximo capítulo hablaré un poco acerca de la oración y cómo cultivar la intimidad con Dios a través de ella. No hay nada que Satanás tema más que tu intimidad con Cristo. En medio de todas tus disciplinas espirituales y tus oraciones de intercesión, no olvides la parte más importante: simplemente estar con Él. Lo más probable es que muchas de las batallas que estás librando pierdan automáticamente su significado y poder a medida que tienes mayor intimidad con Jesús.

PREGUNTAS PARA LA DISCUSIÓN

- ¿Cuál es nuestra arma secreta contra la tentación?
- ¿Cómo sabemos que Dios quiere que lo disfrutemos?
- ¿Cuáles son algunas de las maneras en que puedes saber si estás profundamente satisfecho con Dios?
- Si alguien no está disfrutando a Dios, pasando tiempo en su presencia, y encontrando satisfacción en Él, ¿qué le sugerirías que hiciera?

LAS ARMAS DE NUESTRA GUERRA

Somos agentes de la omnipotencia. Esto significa que el poder ilimitado está al alcance de nuestras manos. También significa que no hay grandes hombres trabajando en el Reino de Dios. Más bien, hay un gran Dios obrando en los seres humanos que tienen fe como la de un niño.
—Reinhard Bonnke, *Obras aún mayores*

El Espíritu Santo no viene solo para ayudarnos a hablar en lenguas o hacernos caer al suelo. No viene a nosotros para que podamos danzar en el Espíritu o llorar. Él es una manifestación viva del poder de Dios en nuestras vidas, y nos unge para hacer buenas obras, sanar a los que están bajo el poder del diablo y proclamar el evangelio de Jesucristo; ese es su propósito.
—Carlos Annacondia, *¡Oíme bien, Satanás!*

Hemos pasado mucho tiempo en este libro considerando la guerra espiritual desde una perspectiva interna: la batalla dentro de nosotros. Este enfoque es intencional. La batalla interna es la que la mayoría de la gente descuida, y es también donde la mayoría de las personas se ve derrotada. Si eres derrotado en tu interior, nunca tendrás autoridad sobre el mundo exterior. Una vez que hayas establecido en tu mente la forma correcta de pensar, te hayas sometido a Dios y vestido con su armadura, es tiempo de llevar su reino a cada rincón del mundo. Ese es nuestro llamado y propósito, como se examinó en el capítulo 5.

En 2 Corintios 10:4 encontramos esta poderosa declaración parentética: «Porque las armas de nuestra milicia no son carnales, sino poderosas en Dios para la destrucción de fortalezas». ¿Cuáles son estas armas? Podrías pensar de inmediato en la armadura de Dios que aparece en Efesios 6, la cual ya hemos discutido. No obstante, recuerda que esta lista solo contiene un arma ofensiva: la espada del Espíritu, que es la Palabra de Dios. El resto del equipo es estrictamente defensivo (es decir, no está listado como armas). Sin embargo, Pablo dice que tenemos *armas* espirituales poderosas (en plural) para hacer la guerra y derribar fortalezas.

La pregunta sigue siendo: ¿Cuáles son estas armas? Primero, como argumenté en el capítulo 6, es importante tener en mente que la enseñanza de Pablo sobre la armadura de Dios no debe ser tomada de una manera demasiado estricta. La metáfora de Pablo se asemeja a la armadura de Dios en Isaías 59:15-18. Esta indica una disposición para la batalla contra el mal y la injusticia. Vestirnos con la armadura espiritual es también una indicación para nosotros de que estamos en pie de guerra contra el mal. Sin

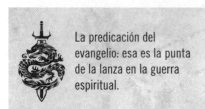

La predicación del evangelio: esa es la punta de la lanza en la guerra espiritual.

embargo, obviamente los creyentes tenemos muchas armas poderosas en nuestro arsenal más allá de las enumeradas en Efesios 6.

La Biblia no siempre usa la metáfora militar, pero muchas de las virtudes y dones que se enumeran a lo largo de la Escritura siguen siendo armas poderosas para la guerra. Por ejemplo, en Gálatas 5 se usa el fruto como una metáfora de la clase de virtudes que el Espíritu Santo produce en nuestra vida. Aunque el fruto no es una buena provisión de armas en lo natural, cuando se trata de la guerra espiritual, el diablo teme pocas cosas más que un «tiroteo con el fruto». Estas virtudes son armas poderosas contra la oscuridad. Recuerda que cualquier cosa que contradiga un patrón demoníaco de pensamiento es una amenaza directa al reino oscuro de Satanás. Esto significa que cada vez que exaltamos la forma de pensar y vivir de Cristo, estamos llevando a cabo una guerra. Y significa que todo el fruto del Espíritu constituye armas poderosas: amor, gozo, paz, paciencia, benignidad, bondad, fe, mansedumbre y templanza. En realidad, hay demasiadas armas de nuestra guerra para examinarlas todas en un capítulo. No obstante, me gustaría examinar tres herramientas increíblemente eficaces que Él nos ha dado que son extraordinariamente «poderosas en Dios para la destrucción de fortalezas». Y ten en cuenta que ahora me estoy enfocando en la guerra espiritual en el mundo, no solo dentro de nosotros mismos. Habiendo dicho esto, te aseguro que estas armas funcionan tan bien en nuestras batallas personales e internas como en el mundo exterior.

LA PUNTA DE LA LANZA

Una de las cuestiones que pueden ser confusas para algunos es esta: Si Jesús ya ganó la victoria sobre el pecado, la muerte, el infierno y la tumba a través de su muerte y resurrección, ¿por qué seguimos luchando? Por lo general, cuando se gana una guerra, la lucha se detiene. Esto nos lleva a uno de los conocimientos más emocionantes de todos. La guerra que Jesús ganó en el mundo espiritual ahora tiene que ser proclamada y llevada a cabo en la tierra. Esa es nuestra tarea como hijos e hijas de Dios. Recordarás que antes hablamos de esto como el significado de la vida humana y el propósito específico de nuestra salvación. Fuimos creados para ser ayudantes de Dios de la misma manera en que Eva fue creada para ser ayudante, o una ayuda idónea, de Adán. Hemos sido creados con un cuerpo físico y un espíritu a fin de poder tocar el cielo con una mano y la tierra con la otra. No somos como los ángeles que tienen cuerpos espirituales (similares a como serán los nuestros después de la resurrección; véase Mateo 22:30). Tenemos cuerpos hechos de partículas físicas, el polvo de la tierra. Sin embargo, el Espíritu que levantó a Cristo de entre los muertos mora en los hijos de Dios, que constituyen su templo terrenal. No es de extrañar entonces que a Adán se le haya dado autoridad sobre la tierra. Somos los instrumentos terrenales ideales de la omnipotencia divina. Así como a los ángeles (seres espirituales) se les ha dado autoridad en el aire, o en los reinos espirituales, a los humanos (seres espirituales y físicos) se les ha dado autoridad en la tierra, o en el reino físico. Se nos ha dado la tarea de actualizar la victoria que Cristo ganó en la cruz en el reino de nuestra responsabilidad: la tierra. Por eso Jesús dijo: «Id por todo el mundo y predicad el evangelio a toda criatura» (Marcos 16:15).

Observa que la última instrucción que Jesús nos da es llevar su victoria al mundo entero. No obstante, Él también es específico en cuanto a cómo debemos hacerlo. Esto es algo que sucede a través de la predicación del evangelio: esa es la punta de la lanza en la guerra espiritual. Para mucha gente la palabra *predicar* es una palabra religiosa. Es algo que las personas de cuello blanco o con vestimentas elaboradas hacen en los edificios religiosos los domingos por la mañana. Sin embargo, la palabra que se traduce *predicar* en Marcos 16:15 (y otras treinta y una veces en los Evangelios) es el término griego *kēryssō*. Este significa «proclamar como un heraldo; hacer un anuncio público oficial en voz alta».[1] Se refiere a una proclamación pública en alta voz, la cual Jesús contrasta con una conversación privada susurrada en Lucas 12:3: «Lo que habéis hablado al oído en los aposentos, se proclamará [kēryssō] en las azoteas». Otra palabra usada para la predicación del evangelio es *euangelizō*, que significa «anunciar buenas nuevas».[2] La misma se usaba cuando un mensajero oficial anunciaba algo importante, como una victoria en la guerra, la liberación de los enemigos, o el ascenso de un rey a su trono.[3] En la antigüedad, cuando una nación ganaba una batalla, los heraldos oficiales anunciaban la victoria a sus ciudades. Este es el tipo de imagen que llevan estas palabras: el anuncio público y alegre de la victoria o la liberación de los enemigos.

EL DÍA DE LA EMANCIPACIÓN

Una de las festividades estadounidenses menos conocidas es el Día de la Emancipación en Texas. La misma celebra la proclamación de la abolición de la esclavitud en el estado de Texas el 19 de junio de 1865. Algo más comúnmente conocido, por supuesto, es que la Guerra Civil Estadounidense aseguró la libertad de todos los esclavos. La Proclamación de la Emancipación se firmó el 22 de septiembre de 1862 y entró en vigor el 1 de enero de 1863. No obstante, las noticias viajaban lentamente en esos días. No había ni radio, ni televisión, ni internet. En muchos casos, las noticias tenían que entregarse en persona.

El último estado en enterarse oficialmente de la noticia fue Texas, donde se calcula que vivían doscientos cincuenta mil esclavos. Ellos eran legalmente libres, pero vivían en la esclavitud. Sin embargo, más de dos años y medio después de la entrada en vigor de la Proclamación de la Emancipación, el general de división Gordon Granger llegó a Galveston al frente de casi dos mil soldados. Habían sido enviados por el gobierno federal para ocupar Texas. El 19 de junio de 1865, el general Granger se paró en el balcón de la Villa Ashton en Galveston y leyó la Orden General No. 3, que anunciaba la emancipación de todos los esclavos.[4]

Esta es una bella imagen de lo que significa predicar o proclamar —*kēryssō* o *euangelizō*— el evangelio. Hemos sido enviados a proclamarles la libertad a todos los que son esclavos del pecado y Satanás. Esto es en realidad lo que Jesús mismo hizo en su ministerio terrenal. Él leyó estas palabras de Isaías y se las aplicó a sí mismo:

El Espíritu del Señor está sobre mí, por cuanto me ha ungido para dar buenas nuevas (euangelizō) a los pobres; me ha enviado a sanar a los quebrantados de corazón; a pregonar (kēryssō) libertad a los cautivos, y vista a los ciegos; a poner en libertad a los oprimidos; a predicar (kēryssō) el año agradable del Señor.

—Lucas 4:18-19

A menudo he tenido el privilegio de predicarles el evangelio a las personas y en raras ocasiones incluso en lugares donde nunca antes el evangelio se había escuchado. Resulta asombroso pensar que durante los dos mil años transcurridos desde que Jesús murió en la cruz, los espíritus demoníacos que dominan estos lugares nunca han sido confrontados. Ellos han reinado sin oposición desde el principio de los tiempos. Las personas, esclavas del miedo y las tinieblas, nunca han oído que la victoria se ha ganado en su nombre. Nunca han escuchado que pueden ser libres. Cuando llego a la escena, tengo conciencia de que no estoy allí simplemente para enseñar la Biblia o convertir a la gente a otra religión. Me encuentro allí como heraldo, declarando la victoria que Jesús compró en la cruz y anunciándole a cada oyente, tanto humano como demoníaco, que el régimen satánico ha sido derrotado. La guerra ha sido ganada. ¡El precio de su libertad ha sido pagado con sangre, y Jesús es el Señor!

Si tal cosa no es una guerra espiritual, no sé lo que es. Es a esto que me refiero cuando digo que luchamos desde un lugar de victoria. Llevamos el anuncio de la derrota de Satanás a todo el mundo. A medida que se proclama el evangelio, el poder del cielo interviene en esa proclamación, confirmando la Palabra y liberando a los cautivos.

En el primer capítulo de este libro presenté algo de lo que la Biblia tiene que decir sobre los ángeles y los demonios, así como sus papeles y jurisdicción. Sin embargo, debo admitir que aunque muchos indicios interesantes nos ayudan a pintar una imagen un tanto cohesiva, hay mucho que todavía no sabemos o entendemos. Obviamente, Dios no pensó que era importante que supiéramos todos los detalles de cómo funciona el mundo de los espíritus, o nos habría dicho más. Considero que Dios nos ha dado suficiente información para que podamos confiar y obedecerlo. Más allá de eso, no debemos especular mucho. Parte de la fe consiste en la disposición a vivir con los muchos misterios de la Escritura, obedeciéndola sin cuestionarla.

En Hechos 1, después de que Jesús resucitó de entre los muertos y se les apareció a sus discípulos durante un período de cuarenta días, los discípulos le preguntaron si iba «a restablecer el reino a Israel» (v. 6, NVI). Ellos estaban preguntando acerca de la restauración del reino físico durante sus vidas. Jesús respondió: «No les toca a ustedes conocer la hora ni el momento determinados por la autoridad misma del Padre [...] Pero, cuando venga el Espíritu Santo sobre ustedes, recibirán poder y serán mis testigos tanto en Jerusalén como en toda Judea y Samaria, y hasta los confines de la tierra» (vv. 7-8, NVI). En otras palabras, Jesús les dijo que los tiempos y las estaciones que el Padre estableció por medio de su propia autoridad no eran asunto de ellos. Él no les dijo lo que no necesitaban saber. En vez de eso, les pidió que se enfocaran en su responsabilidad: obtener el poder del Espíritu Santo y llevar el evangelio hasta los confines de la tierra. Creo que este mismo principio se aplica a la guerra espiritual. Hay muchas cosas que no sabemos porque no son de nuestra incumbencia. Nuestra tarea es proclamar el evangelio con poder. Conozco a algunos creyentes que están obsesionados con el mundo espiritual. Cada vez que hablo con ellos, me dicen lo que está sucediendo con los principados de su región y cómo los están combatiendo con cierto encuentro de oración y determinada caminata de oración, y a través del mapeo espiritual, y así sucesivamente. Creo que si la mayor parte de esto no se une al evangelismo, se reduce a una superstición tonta. No estoy diciendo que los principados no sean reales. Por el contrario, la Escritura es clara en que sí existen y estamos luchando contra ellos. Sin embargo, no necesariamente entendemos mucho sobre lo que hacen y cómo operan, y creo que eso se debe a que no es realmente asunto nuestro. En vez de quedarnos atrapados en algo que termina siendo nada más que conjeturas y fantasías, llevemos a cabo la guerra que se nos ha pedido que hagamos: predicar el evangelio, sanar a los enfermos, resucitar a los muertos y echar fuera a los demonios (Mateo 10:8).

He visto los efectos épicos de la predicación del evangelio lo suficiente para saber que el dominio de Satanás tiembla ante esa idea. He visto a personas —no solo en reuniones multitudinarias, sino en restaurantes, gasolineras y tiendas de comestibles— llenas del poder del Espíritu Santo, nacidas de nuevo, liberadas de demonios y sanadas milagrosamente. Estos son resultados reales. Conocemos las obras del evangelio. Cuando libramos una guerra espiritual sin llevar la proclamación del evangelio a nuestro mundo, estamos indicando por nuestras acciones (o por la falta de ellas) que podemos hacer algo más poderoso que lo que Cristo ya ha hecho. Amo la oración y la intercesión, pero sin evangelismo su eficacia será limitada. ¡Por otro lado, si conectas la oración y la intercesión con el evangelismo, tendrás una explosión dinámica que puede cambiar ciudades y regiones!

DYNAMIS

Un detalle interesante en la historia del Día de la Emancipación que mencioné antes es que no fue cualquier mensajero quien emitió la Orden General No. 3. Se trató de un general, un militar. Y no estaba solo. Lo acompañaban casi dos mil soldados, porque el gobierno federal sabía que a los dueños de los esclavos no les gustaría que les dijeran que los liberaran. Aunque la guerra fue ganada y la Proclamación de la Emancipación ya estaba en vigor, ellos tenían que estar preparados para hacerla cumplir usando el poder si fuera necesario. Texas no había sido un estado donde se habían librado batallas, pero la Proclamación de la Emancipación lo incluyó. El general Granger llevó la batalla al nivel local, a fin de lograr que los que se encontraban en la esclavitud fueran verdaderamente liberados. Aquí es donde la liberación pasaría de ser una realidad legal a convertirse en una realidad física. Las tropas que estaban detrás del general Granger se encontraban allí para asegurar esta liberación, incluso por la fuerza si fuera necesario.

Cuando llevamos el evangelio al mundo, nos hallamos en la misma situación que el general Granger. Estamos allí no solo para proclamar la victoria de Cristo en la cruz, sino también para imponerla a nivel local. Jesús dijo que los violentos arrebatan el reino por la fuerza, proveyendo una imagen de la manera en que el evangelio avanza (Mateo 11:12). Este requiere no solo palabras, sino también poder. El apóstol Pablo dijo: «Ni mi palabra ni mi predicación fue con palabras persuasivas de humana sabiduría, sino con demostración del Espíritu y de poder» (1 Corintios 2:4). Y también: «Porque el reino de Dios no es de palabra, sino de poder» (1 Corintios 4:20). En ambos pasajes la palabra *poder* es *dynamis (dúnamis)*. El término significa «poder, fuerza, potencia, fortaleza o capacidad».[5] Se usa especialmente en referencia al poder que hace milagros.[6] ¡Estamos hablando aquí de un poder que acompaña a la proclamación del evangelio, trayendo resultados sobrenaturales e incluso milagros! ¿De dónde obtenemos este poder?

Volvamos a Hechos 1:8; Jesús dijo: «Pero recibiréis poder [*dynamis*], cuando haya venido sobre vosotros el Espíritu Santo, y me seréis testigos en Jerusalén, en toda Judea, en Samaria, y hasta lo último de la tierra». Él les prometió que recibirían el poder para difundir el evangelio cuando el Espíritu Santo fuera derramado. El cumplimiento de esta promesa ocurrió unos días después, el día de Pentecostés. Leemos acerca de este derramamiento en Hechos 2. A lo largo del resto del libro de Hechos vemos una y otra vez cómo los de la iglesia primitiva recibieron este precioso regalo.

Hay muchos debates sobre lo que es o significa el bautismo del Espíritu. Las personas disputan acerca de cuándo sucede, si es posterior a la salvación, si viene con evidencia, y cuál esa evidencia podría ser. He escrito sobre este tema con mayor profundidad en otras partes, pero para nuestros propósitos en este capítulo mencionaré lo que creo que es importante. Jesús dijo que este derramamiento estaría acompañado de poder (*dynamis*). Muchos cristianos han reducido este poder a algo que todos los creyentes tienen, lo sepan o no. Se trata más de un poder teórico que de algo real o tangible. Afecta sus vidas solo de la manera más ambigua. No obstante, para aquellos que lo ven como tal, me gustaría señalar dos cosas.

Primero, no hay ningún ejemplo en Hechos de que alguien reciba el derramamiento del Espíritu Santo sin ser consciente de ello. Puedes debatir acerca de qué señales o dones podrían ser indicativos del bautismo del Espíritu, pero no puedes negar que en cada caso ellos tuvieron una experiencia consciente del Espíritu Santo.

Segundo, alguna evidencia de poder acompañaba siempre estas experiencias del Espíritu Santo. En algunos casos hablaban en lenguas, profetizaban, se mostraban audaces y demás. No obstante, en cada ocasión el poder resultaba evidente.

Sin entrar en una enseñanza prolongada y detallada acerca de lo que es el bautismo del Espíritu, simplemente podría decir que todos los cristianos necesitan una experiencia de empoderamiento en sus vidas. Esto debe ser algo de lo que sean conscientes, no solo una verdad teórica y teológica. Tal poder es necesario a fin de servir a Dios y vivir para Él. Es un arma poderosa y no negociable de nuestra guerra. Y es también nuestra herencia como hijos de Dios.

LA ORACIÓN EFICAZ

Es posible que te parezca curioso que en un libro sobre la guerra espiritual haya esperado tanto tiempo para hablar de la oración. Y te sorprenderás del poco espacio que le dedico en este capítulo al tema. La mayor parte de la enseñanza sobre la guerra espiritual trata principalmente acerca de la oración, y nunca quisiera restarle importancia a la misma. De hecho, he escrito un libro entero sobre la oración —específicamente sobre la intercesión— para aquellos que quieran profundizar en este tema.[7] Por otro lado, ya sea que te hayas dado cuenta o no, hemos estado construyendo un fundamento para la oración eficaz desde el comienzo de este libro. Hablamos de la estrategia satánica para lograr que la humanidad acepte una forma de pensar demoníaca. Esto se traduce entonces en deseos malvados que producen tentación, pecado y muerte. Si las personas oran bajo la influencia de esa forma de pensar, sus oraciones no serán eficaces. Juan dice: «Y esta es la confianza que tenemos en él, que si pedimos alguna cosa conforme a su voluntad, él nos oye» (1 Juan 5:14). Observa que la alineación con la voluntad de Dios nos da la seguridad de que Dios nos escucha cuando oramos. Por otra parte, David dice: «Si en mi corazón hubiese yo mirado a la iniquidad, el Señor no me habría escuchado» (Salmos 66:18). ¿Te das cuenta? Si el corazón está alineado con la iniquidad, los cielos son impenetrables.

Puedes ser el guerrero de oración más apasionado —clamando a Dios, declarando y decretando, atando y desatando, reprendiendo, nombrando, reclamando y llamando— pero si tu corazón se encuentra alineado con el plan satánico, estás desperdiciando tu aliento. Dios te está ignorando, y Satanás se está riendo de ti. No puedes dominar a Satanás si estás de acuerdo con él. Por otro lado, si tu corazón se encuentra alineado con Dios y sometido a su voluntad, una lágrima ardiente puede ser suficiente para romperle la espalda al diablo en oración.

Por eso Santiago nos dice que «la oración eficaz del justo puede mucho» (Santiago 5:16). Observa que se refiere a la oración de un hombre *justo*. Considera esta definición bíblica del término *justo*: «usado para aquel cuya manera de pensar, sentir y actuar está totalmente de acuerdo con la voluntad de Dios, y que por lo tanto no necesita rectificación en el corazón o la vida».[8] Y en caso de que te preguntes si Santiago se refería a esto, ten en cuenta el hecho de que la primera parte de ese versículo dice que debemos confesarnos nuestras faltas los unos a los otros y ser sanados. Lee el versículo completo: «Confesaos vuestras ofensas unos a otros, y orad unos por otros, para que seáis sanados. La oración eficaz del justo puede mucho». La alineación apropiada precede a la oración poderosa.

Vemos esto claramente en uno de los más famosos pasajes acerca de la oración en la guerra espiritual que se encuentran en las Escrituras. Daniel ayunó y oró por revelación en Daniel 10. Él estaba parado a orillas del río Tigris cuando un hermoso y poderoso ángel mensajero llegó con la respuesta a sus oraciones.

Daniel en ese momento ya había estado ayunando y orando desde hacía veintiún días, pero el mensajero le dijo que había sido enviado con la respuesta de inmediato. Sin embargo, mientras estaba en

Si tu corazón se encuentra alineado con Dios y sometido a su voluntad, una lágrima ardiente puede ser suficiente para romperle la espalda al diablo en oración.

camino, fue interceptado y detenido por un poderoso demonio, identificado como el príncipe de Persia. El arcángel Miguel vino al rescate y luchó contra la oposición demoníaca.

Me gustaría llamar tu atención sobre la forma en que el ángel describió la oración de Daniel. Él dijo: «Desde el primer día que dispusiste tu corazón a entender y a humillarte en la presencia de tu Dios, fueron oídas tus palabras; y a causa de tus palabras yo he venido» (Daniel 10:12). Observa que el ángel no habla específicamente acerca de las palabras contenidas en la oración de Daniel ni de cuán fuerte las pronunció. Más bien, comenta sobre la actitud del corazón y la mente de Daniel ante Dios. Su mente estaba lista para obtener el entendimiento de Dios, y su corazón era humilde. Daniel era un hombre poderoso en la nación más grande de la tierra en ese tiempo. La influencia demoníaca sobre ese reino era profunda. No obstante, en medio de una nación pagana y gentil controlada por un espíritu del tiempo demoníaco dominante, Daniel aún era capaz de alinear su corazón y su mente con Dios. Esta es la razón por la que sus palabras fueron escuchadas y se envió una respuesta.

La Biblia nos dice que incluso Jesús mismo necesitaba esta alineación con Dios para poder orar eficazmente. Sabemos, por supuesto, que Él siempre mantuvo una posición correcta. Nunca cedió a la tentación (Hebreos 4:15), y no dio lugar al enemigo (Juan 14:30). Jesús solo hizo lo que agradó al Padre (Juan 8:29). No obstante, aun así, el autor de Hebreos sintió la necesidad de aplicar esta verdad explícitamente a la vida de oración de Jesús: «Cristo, en los días de su carne, ofreciendo ruegos y súplicas con gran clamor y lágrimas al que le podía librar de la muerte, *fue oído a causa de su temor reverente*» (Hebreos 5:7, énfasis añadido).

Quizás te sorprendas al leer esto. El autor no dice que Jesús fue escuchado simplemente porque era el Hijo de Dios. Tampoco afirma que fue escuchado porque su clamor era ferviente. Sí, su clamor fue grande, y eso resultó bueno. Pero no es por eso que Jesús fue *escuchado*. Más bien, el autor nos menciona de manera inequívoca la razón por la cual Jesús fue oído: porque se sometió plena y continuamente a su Padre. Él nunca permitió que un dardo demoníaco se convirtiera en una forma de pensar, y nunca se desvió del propósito de su Padre. Jesús simplemente se sometió como un buen Hijo.

Como vimos antes, la sumisión elimina el orgullo y la confianza en uno mismo, y libera la autoridad de Dios. Es precisamente por eso que las oraciones de Jesús fueron tan eficaces. Él no se limitó a clamar y pronunciar «oraciones de guerra», sino que vivió una vida de sumisión y luego ofreció oraciones a partir de esa clase de vida obediente. Como resultado cada oración fue contestada, y cada oración resultó invencible.

Cito de nuevo a Santiago: «Someteos, pues, a Dios; resistid al diablo, y huirá de vosotros» (Santiago 4:7). La sumisión a Dios debe ser lo primero. Entonces y solo entonces nuestra guerra espiritual será poderosa. No podemos resistir al diablo cuando estamos de acuerdo con él. Pero una vez que nos hayamos sometido a Dios, tendremos la mente de Cristo y podremos orar de acuerdo con la voluntad del Padre. Una vez que hemos llegado a este punto, la oración es un ejercicio bastante simple, uno que debe ser tan intuitivo y natural como cualquier otro tipo de comunicación.

LA ORACIÓN INTUITIVA

Como padre de cinco hijos, puedo decirte que los humanos nacen para comunicarse. Llegamos dando chillidos. Luego pasamos a las palabras, las oraciones y, finalmente, a un monólogo incoherente y de suma importancia. No has vivido hasta que una niña de cuatro años ha compartido con todo detalle su versión de una película favorita que has visto con ella más de diez veces. Ver a un niño madurar y convertirse en un pequeño comunicador es una maravilla y una de las verdaderas alegrías de ser padre. Nos escuchamos en ellos con la misma seguridad con la que nos vemos en ellos.

A lo largo del camino aprendemos (ojalá así sea) a escuchar y hablar, y captamos cualquier cantidad de señales no verbales: expresiones faciales, gestos con las manos, posturas corporales y cambios sutiles en la dilatación de las pupilas y los patrones de respiración de otros. Las posibilidades del lenguaje humano no tienen fin. Los lingüistas y psicólogos se refieren al lenguaje humano como «generativo, lo que significa que puede comunicar un número infinito de ideas a partir de un número finito de partes». También es «recursivo, lo que significa que puede desarrollarse a sí mismo sin límites».[9] La habilidad está integrada en nuestra especie, está integrada en nuestro ADN.[10] Hemos sido psicológica y biológicamente diseñados para asimilar, descifrar y retransmitir el lenguaje desde sus formas más generales hasta las más matizadas, y podemos hacerlo con una velocidad y destreza mental impresionantes. En resumen, el lenguaje es un elemento definitorio de nuestra humanidad.

Creo que esta capacidad es una de las facetas de la imagen de Dios en nosotros. Si esto es así, y nacemos para comunicarnos, nada debería ser más natural para nosotros que la oración, ya que la oración significa simplemente comunión con Dios. Creo que las enseñanzas complicadas y prolongadas sobre la oración a menudo tienen el efecto contrario al que se pretende. Su objetivo es explicar la oración e inspirar a la gente a orar. En cambio, a veces enredan tanto el asunto que la mayoría de las personas se siente intimidada con la idea. Recuerda lo que Jesús mismo dijo. Cuando los gentiles oran, «piensan que por su palabrería serán oídos» (Mateo 6:7). Sin embargo, Él dejó claro que ese no es el motivo por el que las personas son escuchadas en la oración. No seremos oídos debido a que hemos participado en todos los seminarios y ahora podemos ofrecer oraciones largas y complicadas que tienen más contenido que corazón. Jesús dijo que *no* fuéramos como los que oran de esta manera (v. 8).

Luego enseñó una oración —la cual también es un modelo— a la que a menudo se le llama la Oración del Señor (Mateo 6:9-13). Ese es un buen nombre, ya que el Señor la oró y enseñó. No obstante, también podría llamarse la Oración de los Discípulos por dos razones. Primero, Jesús les enseña la oración a sus discípulos en medio del Sermón del Monte. Hemos examinado antes cómo este sermón refleja la manera única de pensar y vivir del Señor, y por lo tanto constituye un fundamento para la guerra espiritual. Observa que Jesús no enseñó sobre la oración en sí misma, sino acerca de *vivir* en el reino de Dios y *luego* orar en consecuencia. En otras palabras, Jesús nos enseñó a orar en el contexto de una vida sometida a Dios: la vida de un discípulo. Segundo, la oración refleja las preocupaciones básicas que debe tener cada discípulo sometido: peticiones en cuanto a la gloria, el reino y la voluntad de Dios, y luego aquellas relacionadas con nuestras necesidades de provisión, perdón y victoria. Sigue el modelo de oración de Jesús. No lo compliques. Solo ponlo en práctica de manera natural, con un corazón sometido a Dios.

A la luz de esta importante verdad, ofreceré algunas palabras útiles sobre la oración. No pretenden complicar el asunto, sino más bien simplificarlo.

INTIMIDAD CON DIOS

Ante todo, la oración debe ser considerada como una comunión con Dios. La oración es más que palabras. En su libro *Union* [Unión], mi amigo Eric Gilmour ofrece algunas citas maravillosas sobre el verdadero carácter de la oración.

La oración es simplemente la obsesión total del alma con Dios [...] Muy simplemente, es posicionar tu atención interior hacia Dios. Madame Guyon dijo: «La oración es la dedicación del corazón a Dios». Esto es también una simplificación, ofreciéndole tus afectos a Él [...] Muchas personas no tienen idea de que la comunión con Dios puede ser un gran deleite. Les aseguro que la oración no solo puede ser un gran deleite, sino que debe ser la fuente misma de todo nuestro deleite. John Ruusbroec escribió: «Cuando Dios nos agrada y nosotros agradamos a Dios, en esto consiste la práctica del amor y la vida eterna».[11]

En el último capítulo te ofrecí un arma secreta para vivir de forma santa y consagrada: deléitate en el Señor. El tipo de comunión que se ha descrito antes es una de las grandes claves para ese disfrute de Dios. Este tipo de comunión debe ser prácticamente fácil. No se trata de cuán bullicioso, elocuente o disciplinado eres en la oración; se trata simplemente de estar con Dios para ningún otro propósito que no sea solo Él. A veces utilizarás palabras. Otras veces simplemente harás que tu corazón descanse en Él con una meditación interna. Este disfrute sin esfuerzo de Dios debe ser el fundamento de tu vida de oración.

Soy consciente de que esta descripción probablemente no suena poderosa para la mayoría de las personas. Cuando se trata de la guerra espiritual, la gente a menudo está buscando una versión armada de las oraciones, oraciones que suenan y se ven peligrosas. Sin embargo, como he señalado, solo porque algo parezca violento en lo natural no significa que tenga una pizca de autoridad en el espíritu. Del mismo modo, el hecho de que algo parezca tranquilo y suave en lo natural no significa que no aterrorice al enemigo. Te puedo asegurar una cosa: no hay ninguna persona tan peligrosa para el reino de Satanás como la que tiene una relación íntima con Dios. No obstante, lo contrario también es cierto. Ninguna cantidad de volumen vocal en la oración puede compensar la falta de intimidad. Sobre este fundamento de la intimidad en la oración surgirán naturalmente otros tipos de oración.

ORACIÓN DE GUERRA

La oración de la guerra espiritual puede tener algunas formas básicas. Podemos hacer peticiones, simplemente pidiéndole a Dios que supla necesidades tales como sanidad, provisión o protección. Podemos decretar o proclamar cosas en oración, por medio de la fe, afirmando con fuerza lo que se requiere en una situación dada. O podemos interceder a favor de otros, clamando por la salvación o la liberación de un ser querido. Independientemente de la *forma* que tomen las oraciones, dos *características* básicas son indispensables para la guerra espiritual: la persistencia y la guía del Espíritu Santo.

Persistencia

Jesús mismo nos dio algunas sugerencias poderosas para una oración eficaz. Él dice: «Pedid, y se os dará; buscad, y hallaréis; llamad, y se os abrirá» (Mateo 7:7). Jesús da estos mandamientos verbales —pedir, buscar y llamar— en tiempo presente. Él no quiere que sean acciones de una oración a corto plazo, hecha de una sola vez. Estos mandamientos indican la continuación de la acción. Esta es la razón por la cual la Palabra de Dios para Todos presenta a Mateo 7:7-8 de esta manera: «No se cansen de pedir, y Dios les dará; sigan buscando, y encontrarán; llamen a la puerta una y otra vez, y se les abrirá. Porque todo el que pide, recibe; el que busca, encuentra; y al que llama a la puerta, se le abrirá».

Sin embargo, el pasaje no se detiene ahí. Continúa situando esta persistencia en el contexto de un niño que le pide comida a su padre.

¿Le daría alguno de ustedes una piedra a su hijo si le pide pan? ¿O le daría una serpiente si le pide un pescado? Pues si ustedes, aun siendo malos, saben cómo darles cosas buenas a sus hijos, imagínense cuánto más dispuesto estará su Padre celestial a darles lo que le pidan.

—Mateo 7:9-11, PDT

Como padre puedo entender fácilmente la persistencia que Jesús describe aquí. En otro libro escribí acerca del tema de esta manera.

Un día se me ocurrió esto de repente: los niños son persistentes porque tienen que serlo. Ellos son criaturas dependientes. Mientras más jóvenes, más necesitados son, y como tales deben dominar la habilidad de la persistencia para sobrevivir. Mi hijo pregunta incesantemente debido a que me ve como su fuente. Si no le doy agua, tendrá sed. Si no le doy comida, se morirá de hambre. Yo soy su fuente de refugio, ropa, protección, recreación... de todo. Él es persistente porque debe serlo para sobrevivir, y tiene todo el derecho a serlo.

Mi hijo viene a mí sin vacilación ni aprensión. Pide con una audacia justa. No se desanima ni se amilana en lo más mínimo cuando no satisfago de inmediato su petición; simplemente pregunta de nuevo. Cada vez que pide, espera recibir lo mismo que la vez anterior. Su búsqueda es increíblemente simple y confiada. Yo diría que es un ejemplo maravilloso de fe.

Sin embargo, mientras más viejos nos volvemos, menos dispuestos estamos a concedernos lo que necesitamos simplemente pidiéndolo. Debemos ganarnos el pan y subir la escalera del éxito. A fin de sobrevivir, debemos hacer a un lado nuestra dependencia y dominar la autosuficiencia. A medida que nos volvemos autosuficientes, odiamos pedir cualquier cosa. No queremos ser insistentes o presuntuosos. Si tenemos que pedir algo, lo hacemos con timidez y somos reacios a pedirlo por segunda vez.

Muchas personas cometen el error de acercarse a Dios con este comportamiento digno y adulto. Hacen peticiones cautelosas, pero elocuentes, que son lógicas y razonables. Si no ven una respuesta de inmediato, o bien asumen que no fue la voluntad de Dios y dejan el asunto así, o se ofenden, se frustran y se desaniman.

No obstante, el premio es para aquellos que son lo suficiente audaces para tomar el cielo con una confianza temeraria. No estoy hablando de una presunción arrogante, sino de una seguridad infantil. Deja en la puerta tu intelecto increíble, tu lógica orgullosa y tu autosuficiencia engañosa. Acepta tu total y absoluta dependencia de tu Padre. Entiende que tu condición de hijo es la única base sobre la cual puedes acercarte a Dios en primer lugar.

Como hijo o hija de Dios es tu privilegio justo preguntar, y es el placer divino de Dios responder. Por lo tanto, pide con audacia, confianza y persistencia.

Sigue pidiendo como un niño le pide pan a un padre. Sigue golpeando como la viuda ante el juez injusto en Lucas 18. Sigue buscando como a una perla preciosa (Mateo 13:45-46). Avanza frente a la oposición como la mujer con el problema de flujo de sangre (Marcos 5:25-34). Apóyate en la Palabra como un hombre que camina contra el viento. Aférrate a sus promesas como un pitbull a un trozo de carne. Exige lo que es tuyo. No le des descanso a Dios ni de día ni de noche hasta que su respuesta se abra paso como un diluvio acumulado y haga que tu desierto florezca como una rosa. Si la respuesta no llega de inmediato, no te desanimes ni te frustres. Con expectativa y confianza, simplemente levanta los ojos hacia las colinas y pregunta y pregunta de nuevo. Sigue preguntando. Sigue buscando. Sigue tocando. Continúa hasta que recibas... ¡y lo harás en el nombre de Jesús![12]

La guía del Espíritu Santo

Finalmente, volvemos al Espíritu Santo y nuestra necesidad absoluta de Él en la guerra espiritual. Espero que sea obvio cuán crucial es el Espíritu Santo en la vida de un cristiano. Hemos visto que lo necesitamos para predicar el Evangelio, para tener poder, y ahora para la oración. Cada elemento de nuestra guerra espiritual depende de Él. El Espíritu Santo es tan vital para nuestra supervivencia que Jesús incluso dijo que era mejor para nosotros tener al Espíritu Santo que tenerlo a Él en la carne aquí en la tierra. Esta es una declaración asombrosa, tan asombrosa que me parecería increíble si Jesús no la hubiera dicho.

En realidad, es mejor para ustedes que me vaya porque, si no me fuera, el Abogado Defensor no vendría. En cambio, si me voy, entonces se lo enviaré a ustedes [...] Me queda aún mucho más que quisiera decirles, pero en este momento no pueden soportarlo. Cuando venga el Espíritu de verdad, él los guiará a toda la verdad. Él no hablará por su propia cuenta, sino que les dirá lo que ha oído y les contará lo que sucederá en el futuro. Me glorificará porque les contará todo lo que reciba de mí. Todo lo que pertenece al Padre es mío; por eso dije: «El Espíritu les dirá todo lo que reciba de mí».

—Juan 16:7, 12-15, NTV

El Espíritu Santo es el que nos hace ser conscientes de Jesús (la Palabra viva) y las Escrituras (la Palabra escrita) en medio de la guerra espiritual. Jesús nos dijo: «El Espíritu Santo, a quien el Padre enviará en mi nombre, él os enseñará todas las cosas, y os recordará todo lo que yo os he dicho» (Juan 14:26). Si somos fieles para guardar la Palabra en nuestros corazones y nuestras mentes, el Espíritu Santo será fiel para recordárnosla en el momento oportuno. Él honra nuestra diligencia y trabaja a partir de ella para atesorar las Escrituras en nuestro corazón. Mientras más almacenamos en nuestros corazones, más tiene Él con qué trabajar. Entonces, cuando oramos, el Espíritu Santo abre nuestros corazones como un cofre del tesoro para sacar a relucir los pasajes correctos en el momento adecuado.

Esta es una de las maneras más eficaces de orar en la guerra espiritual. Mientras adoramos u oramos en el Espíritu, ciertos textos vendrán a nuestra mente. Una vez que esto suceda, el Espíritu nos dará ese sentido interior de cómo orar basándonos en ellos. Es posible que tengamos que esforzarnos intensamente mientras oramos línea a línea por una persona. O simplemente se nos puede ordenar que leamos un salmo en voz alta como una declaración. Tal vez el Espíritu nos lleve a una historia de los evangelios que nos da una idea sobre un cierto ataque enemigo. Y luego meditamos la historia en oración para discernir lo que el Espíritu está diciendo.

Esto puede requerir algún tiempo. No obstante, con los días y semanas, a medida que continuamos orando de acuerdo a nuestro creciente discernimiento basado en la Palabra, notamos que vamos teniendo cada vez más éxito en determinada situación hasta que obtenemos la victoria. La Palabra de Dios es la piedra angular del Espíritu. Cuando permitimos que el Espíritu busque los tesoros dentro de nosotros y permitimos que el Espíritu y la Palabra trabajen conjuntamente en nuestros corazones y oraciones, superaremos muchos ataques y fortalezas.

Además, algunas veces el Espíritu Santo mismo orará la voluntad de Dios a través de nosotros. Pablo revela: «El Espíritu nos ayuda en nuestra debilidad; pues qué hemos de pedir como conviene, no lo sabemos, pero el Espíritu mismo intercede por nosotros con gemidos indecibles. Mas el que escudriña los corazones sabe cuál es la intención del Espíritu, porque conforme a la voluntad de Dios intercede por los santos» (Romanos 8:26-27). A veces *no* contamos con un pasaje de las Escrituras ni ninguna otra palabra conocida que podamos orar. Más bien, el Espíritu influye fuertemente en nuestras emociones con respecto a una situación.

En tiempos como esos tenemos muchos más sentimientos que palabras; sin embargo, aun así debemos orar. De modo que nos entregamos por completo a la importante presencia emocional del Espíritu en nuestros corazones y no podemos hacer nada más que emitir sonidos que emanan de nuestro ser interior. «Un abismo llama a otro a la voz de tus cascadas; todas tus ondas y tus olas han pasado sobre mí» (Salmos 42:7). Es entonces cuando el Espíritu aprovecha nuestros sentimientos más profundos mientras pasa totalmente por alto nuestras mentes. Sentimos la carga, pero las palabras no pueden expresarla. Cuando nos alineamos con el Espíritu en un nivel tan profundo, emocional e inarticulado, tenemos un poder tremendo en la oración, un poder que al final transformará a la creación misma (Romanos 8:22-27). Eso significa que nuestra victoria a corto plazo seguramente llegará. El Espíritu Santo asegura que el creyente siempre luche contra Satanás desde una posición de ventaja. Él nos proporciona la Palabra y a veces nuestras mismas oraciones. El Espíritu Santo provee en conjunto la armadura, la espada y el escudo —un poder que está más allá de nuestros propios medios— y nos permite comunicarle nuestras mayores necesidades y deseos directamente a Dios. Con Él, hasta el dragón más aterrador parece una mera serpiente de jardín.

PREGUNTAS PARA LA DISCUSIÓN

- La oración implica una petición a Dios. ¿Por qué es correcto —es decir, no egoísta— pedirle cosas a Dios?
- ¿Por qué crees que algunas oraciones no son contestadas?
- ¿Cómo es la oración con el Espíritu Santo? ¿Has experimentado ejemplos de esta oración llena de poder?
- ¿Podemos orar juntos para experimentar más de esta expresión dinámica de ser un seguidor de Cristo?

Padre Dios, te pedimos un toque fresco de tu Espíritu. Ven y llénanos de nuevo. En el nombre de Jesús, amén.

CAPÍTULO 10

ECHAR FUERA A LOS DEMONIOS

Cuando Jesús expulsó a los demonios, superó los antecedentes del Antiguo Testamento. Desde el tiempo de Moisés en adelante, los profetas de Dios habían realizado muchos milagros que prefiguraban el ministerio de Jesús. Habían sanado a los enfermos, resucitado a los muertos, hecho provisiones milagrosas para las multitudes y demostrado el poder de Dios para controlar las fuerzas de la naturaleza. Sin embargo, no hay registro de que ninguno de ellos haya expulsado a un demonio. Eso estaba reservado para Jesús. Fue una demostración única de que el Reino de Dios había llegado a las personas de su tiempo.
—Derek Prince, *Echarán fuera demonios*

Los demonios son enemigos espirituales y es la responsabilidad de cada cristiano tratar con ellos directamente en la guerra espiritual.
—Frank Hammond, *Cerdos en la sala*

Transcurría el verano del año 2003. Yo era un pastor de alabanza de veintidós años que trabajaba en una iglesia de las Asambleas de Dios en el centro de Florida. El pastor principal me pidió que viniera a la iglesia a las siete de la noche para ayudar en una liberación. La iglesia habitualmente no practicaba el ministerio de liberación, pero había surgido una necesidad de repente. Una joven aterrorizada se había presentado en la oficina de la iglesia alrededor del mediodía pidiendo ver al pastor. Le dijo que su novio estaba poseído por demonios. Su abuela la había animado a buscar ayuda en una iglesia pentecostal, y ella había encontrado la nuestra en la guía telefónica. El pastor le pidió que volviera esa noche y ella estuvo de acuerdo. Mientras tanto, llamó a varios miembros de la iglesia —algunos ancianos y yo— para que formáramos un equipo de liberación improvisado. Estoy bastante seguro de que era el único en el equipo que había tenido experiencia con la liberación antes. Había trabajado en un equipo de liberación para Carlos Annacondia una vez en la década de 1990, y tuve algunas experiencias con la liberación en mis años de escuela secundaria y universidad. Sin embargo, estábamos a punto de enfrentarnos a algo que estaba más allá de todo lo que yo —o cualquier otra persona de este grupo— hubiera visto.

Cuando el hombre llegó con su novia esa noche, nos quedamos todos de inmediato sorprendidos al verlo por primera vez. Su nombre era C. J. Obviamente, se encontraba en un estado de angustia. Mientras entraba ayudado por su novia, Nikki, tropezó con la puerta. Estaba encorvado, caminando con una marcha lenta y pesada, como si llevara una pesada carga. Su cara se veía demacrada, y sus ojos eran oscuros. El pequeño grupo que se había reunido se hallaba orando en la parte delantera del auditorio cuando llegó. Él se sentó en la fila de atrás de la iglesia, poco dispuesto a acercarse, o quizás incapaz de hacerlo.

Nikki nos contó brevemente algunos de los problemas que C. J. estaba teniendo. Ella estaba obviamente conmocionada, y él estaba claramente demonizado. Se encontraba consciente y era capaz de responderles a los que lo rodeaban, pero se mostraba distante y la comunicación resultaba difícil. Más tarde descubriría la extraordinaria historia de fondo. Honestamente, si hubiera sabido lo serio que era el caso en ese momento, podría haber sido menos entusiasta.

C. J. se crió en lo que él describe como una «casa de locos», lleno de odio y miedo. Su familia era conocida por traficar drogas. Empezó a fumar marihuana a los cinco o seis años de edad, era un consumidor regular a los siete años de edad, y un drogadicto en toda regla a principios de su adolescencia. La lista de las drogas que estaba usando no vale la pena mencionarla. Esencialmente, todo era ilegal, incluyendo las drogas callejeras, en especial las anfetaminas, los alucinógenos y la cocaína.

Cuando C. J. tenía quince años, tuvo lugar un momento decisivo. Su madre, harta de los ladridos de sus perros, lo obligó a dispararles y enterrarlos en el patio. Los perros habían sido sus mejores amigos. Esa experiencia lo convirtió en un joven amargado, lleno de odio y enojado. Él cree que ese fue el punto en el que los demonios comenzaron a poseerlo. Empezó a tener episodios psicóticos violentos, a veces con armas mortales. Era arrestado, le aplicaban la Ley Baker, o lo internaban en hospitales psiquiátricos. Finalmente huyó de casa y se convirtió en un vagabundo, durmiendo en el bosque y bajo los puentes, siempre moviéndose de un lugar a otro. Explicó que no podía descansar. Cada vez que empezaba a sentirse cómodo en algún lugar, una inquietud interna lo llevaba a vagar de nuevo.

Fue arrestado más de dos docenas de veces y a menudo enviado a instituciones psiquiátricas. Se le diagnosticó esquizofrenia y luego un trastorno disociativo. Se le administraron docenas de medicamentos psiquiátricos diferentes, hasta ocho medicamentos diferentes a la vez, incluyendo Thorazine, Zyprexa y Fenobarbital. ¡Nikki aseguró que su dieta consistía en un puñado de medicamentos recetados tres veces al día!

Durante todo este tiempo, C. J. había estado traficando drogas ilegales así como usándolas. A medida que fue creciendo, su vida criminal se volvió cada vez más seria. Las cosas fueron de mal en peor. Durante este tiempo diferentes «personalidades» comenzaron a tomar control de él de vez en cuando. Tuvo encuentros en su casa con demonios que podía ver físicamente. Estaba tan atormentado por el miedo que a veces colocaba barricadas en la puerta de su habitación con los muebles.

Una personalidad, que se llamaba a sí misma Frankie, parecía estar a cargo. A menudo tomaba el control de la mente de C. J. y lo llevaba a experimentar episodios psicóticos en los que veía escenas absolutamente horribles. Frankie le dio un recorrido por un lugar terrible que C. J. cree que fue un infierno. Sus descripciones de este lugar son demasiado terribles para que las ponga por escrito. Frankie le aseguró a C. J. que no sufriría el destino de los atormentados allí. En cambio, le dijo que se le daría un estatus especial en el infierno después de su muerte.

En caso de que te lo estés preguntando, estas experiencias no fueron inducidas por las drogas. Sucedieron cuando estaba sobrio. Durante este tiempo también comenzó a tener lo que se diagnosticó como crisis convulsivas tónico-crónicas hasta ocho veces al día, y se le recetaron grandes dosis de un medicamento anticonvulsivo llamado Dilantin para controlarlas.

Se volvió extremadamente suicida, tratando de quitarse la vida más de veinte veces. Cada intento fracasó, en ocasiones de manera extraña. Por ejemplo, intentó colgarse de una viga en su ático, pero la viga se rompió. Tomó cantidades increíbles de drogas en combinaciones peligrosas con la esperanza de tener una sobredosis, pero de alguna manera nunca funcionó. También se lastimó a sí mismo, se cortó y se quemó.

Al desestimar su propia vida y su seguridad, su actividad criminal se hizo cada vez más grave. Fue arrestado por participar en una red del crimen organizado y enviado a una prisión estatal por más de cuatro años. Como era racista, se asoció con la Hermandad Aria y con los supremacistas blancos tanto dentro como fuera de la cárcel. Después de salir de prisión, se conectó con la mafia, trabajando como sicario y usando un bate de béisbol para golpear y mutilar a la gente que no pagaba sus deudas. Perdió la capacidad de sentir remordimiento y empatía, aceptando plenamente la realidad de que era un monstruo, e incluso se deleitaba con ella.

Nikki, la novia de C. J., tampoco creció en un hogar cristiano. No se le permitió ir a la iglesia, porque su padre era ateo y odiaba la iglesia. No obstante, su abuela era cristiana y asistió a una iglesia de las Asambleas de Dios. Su abuela le contó historias acerca de las sanidades y liberaciones que había visto en sus viajes misioneros al tercer mundo. Ella era la única persona a la que a Nikki se le podía ocurrir llamar.

Llamó a su abuela y le dijo que creía que su novio estaba poseído por demonios. Ella le preguntó por qué había llegado a esa conclusión. Cuando su abuela escuchó lo que le estaba sucediendo a C. J., su consejo fue: (1) que corriera por su vida y (2) ¡que clamara para que la sangre de Jesús la cubriera!

Por supuesto, Nikki no sabía lo que significaba invocar la sangre de Jesús, pero siempre que tenía miedo, pronunciaba las palabras: «Que la sangre de Jesús me cubra». Aunque todavía no era salva, mientras C. J. descendía a una terrible oscuridad demoníaca, a menudo invocaba el nombre de Jesús de la manera en que su abuela le había dicho. Los demonios le hablaban frecuentemente a Nikki a través de C. J. con palabras escalofriantes. Cuando Nikki conversaba en privado con su abuela, los demonios se daban cuenta y le preguntaban: «¿Quién está orando?». Otras veces revelaban sus verdaderos sentimientos acerca de la humanidad. En ocasiones hablaban en lo que ella describe como «una poesía profunda y oscura», mostrándole su odio y desdén por los seres humanos. Ella explicó que nos consideran criaturas muy inferiores y nos describen como «monos». Fue Nikki quien buscó la solución, y fue ella la que tuvo el coraje de llevar a C. J. a una iglesia donde podía encontrar ayuda.

Cuando entró tropezando a la iglesia ese día que lo conocí, C. J. tenía un aspecto terrible. Durante semanas, los demonios lo habían atormentado hasta el punto de que no pudo descansar en absoluto. Se había vuelto tan psicótico que todos a su alrededor estaban aterrorizados. Se adentró en un bosque nacional, pensando que estaba en la escuela de sus hijos, hablando con el consejero. Fue a la central nuclear y trató de pedir hamburguesas con queso.

Su hermana lo animó a dirigirse a una habitación y tratar de dormir. Cuando entró, cerraron la puerta con candado para que no pudiera escapar. C. J. dijo que las cerraduras eran realmente innecesarias. No tenía idea de dónde se encontraba, y no podía distinguir ninguna puerta por la cual escapar, incluso si la misma estaba abierta. Permaneció confinado en esa habitación durante dos semanas.

La hermana de C. J. planeaba llevarlo a una institución psiquiátrica en la que ya había estado internado antes. Pero habían dicho que si volvía a ser internado, lo enviarían a un centro de reclusión a largo plazo. No queriendo que lo encerraran indefinidamente, Nikki les pidió que trajeran a C. J. a su casa.

La abuela pentecostal de Nikki la animó a buscar una iglesia que realizara la liberación, así que revisó la guía telefónica y llamó a más de veinte iglesias preguntando si tenían un ministerio de liberación antes de encontrar a nuestra pequeña congregación. Cuando conocí a C. J., no sabía que no había dormido ni comido en más de veinte días. Él ahora cree que los demonios trataban de matarlo o de hacer que se suicidara. Cuando llegó a la puerta de nuestra iglesia, era su última esperanza.

Después de animarlo mucho, C. J. se dirigió lentamente a la parte delantera del auditorio. Debido a que yo era el más joven, me quedé en el fondo, orando por los creyentes mayores y más maduros que inmediatamente comenzaron a reprender al diablo, invocando la sangre de Jesús y ordenándoles a los demonios que salieran. Él reaccionó violentamente ante estas órdenes, temblando, cayendo, profiriendo obscenidades y burlándose de aquellos que trataban de expulsar a los demonios. Esto duró mucho tiempo. Ocasionalmente, los demonios pretendían irse, y luego cuando todos se relajaban empezaban a reírse de nosotros.

Después de más de una hora de intentos fallidos, el equipo estaba agotado por completo. Yo todavía me encontraba en el fondo intercediendo. Habíamos estado yendo en círculos, mientras estos espíritus se burlaban de nosotros, nos escarnecían, ridiculizaban y maldecían. La persona que dirigía la liberación dijo que ya era suficiente, que habíamos hecho todo lo que podíamos hacer. Oraríamos por C. J. y tal vez lo invitaríamos a que volviera en otro momento cuando pudiéramos contar con personas más experimentadas.

En ese momento, al darme cuenta de que C. J. estaba a punto de ser enviado a casa en ese estado y los demonios probablemente nunca lo dejarían vivir para ver otro día, pregunté si podía intentar algo antes de terminar. Para hacer una larga historia corta, a los quince minutos C. J. fue salvado, lleno del Espíritu Santo, y completamente liberado de todos los demonios, la adicción a las drogas ilegales, el enojo y la enfermedad mental.

Antes de continuar, creo que es importante saber que esta experiencia no tuvo lugar ayer. Este es un testimonio que en el momento de redactar este escrito había tenido casi dieciséis años para probarse a sí mismo, lo cual es una de las razones por las que lo estoy contando ahora. Soy una persona escéptica por naturaleza, así que pasaron muchos años antes de que le pidiera a C. J. que compartiera esta historia públicamente. Quería ver el fruto duradero de su salvación y liberación.

Él experimentó una liberación inmediata de los demonios, todas las enfermedades psicóticas y todas las drogas ilegales y recetadas. Sin embargo, no todo fue instantáneo. Siguió luchando con la adicción a la nicotina por un tiempo, y todavía vivía con su novia fuera del matrimonio. A lo largo de los años he observado su progreso. Dejó de fumar. Asistió a la iglesia. Realicé la ceremonia de la boda, casándolos a Nikki y él. Vi su constancia durante más de una década. Con el tiempo, se convirtió en pastor de una iglesia.

En la actualidad continúa siendo libre. Nunca más ha vuelto a consumir drogas ilegales. Nunca más ha vuelto a tomar ninguno de los medicamentos para sus problemas mentales. Nunca más ha tenido convulsiones o episodios psicóticos. Nunca más ha sido arrestado o internado en un hospital psiquiátrico. Todavía está casado con Nikki y vive como un esposo y padre cristiano piadoso, y continúa pastoreando su iglesia hasta el día de hoy. Repito, esta historia tiene credibilidad porque ha resistido la prueba del tiempo. Y eso es lo que estamos buscando: un fruto que permanece.

Estoy seguro de que tendrás curiosidad por saber cómo se obtuvieron resultados tan dramáticos tan rápidamente, en especial después de tantos intentos fallidos y en un caso tan grave. Describiré el proceso simple que utilicé a medida que avanzamos en este capítulo.

DEMONIOS DEL PRIMER MUNDO

Muchos de los que creen en la posesión demoníaca parecen pensar que es algo que solo ocurre en lugares lejanos, países del tercer mundo o tierras paganas. Puedo asegurarles que hay tantos demonios en Europa y América como en África y Asia. Podemos llamarlos por diferentes nombres o diagnosticarlos como condiciones extrañas. Podemos medicarlos, institucionalizarlos y fingir que no existen. Pero los demonios están vivos en todo el mundo.

Hace varios años fui invitado a predicar en un estadio de Alemania. Prediqué un mensaje evangelístico e hice un llamado al altar al que respondieron cientos de personas, en su mayoría jóvenes. Cuando comencé a orar con ellos para recibir a Cristo, algo inusual sucedió. Por toda el área del altar empezaron a manifestarse demonios. Los trabajadores del estadio, preocupados porque estos jóvenes estaban teniendo convulsiones, llamaron a los paramédicos, que se llevaban a los que mostraban tal reacción en camillas. Cuando salía del estadio esa noche en mi camino de regreso al hotel, pasé junto al equipo médico que se hallaba en el césped delantero, todavía atendiendo a varias personas. Sabía que no me dejarían acercarme, pero les aconsejé que consiguieran la ayuda de algunos de los pastores. Les dije a los paramédicos que estos jóvenes estaban lidiando con algo que se encontraba más allá de lo que su medicina podía curar.

Podría contar muchas más historias similares a la anterior, cientos de casos de posesión de demonios en otros países europeos, América del Norte y del Sur, y países asiáticos del primer mundo, así como también del tercer mundo. Una vez más, el problema de la demonización es un asunto real que la iglesia por lo general ignora y está mal equipada para tratar.

De alguna manera la mayoría de los cristianos han olvidado que Jesús nos dijo que echáramos fuera demonios con tanta seguridad como dijo que predicáramos el evangelio y sanáramos a los enfermos. ¿Por qué hay tanta negligencia en esta área? Tiendo a pensar que eso gira principalmente en torno al miedo. Tememos lo que no entendemos y aquellas cosas para las que no estamos preparados.

En este libro ya hemos establecido muchos de los fundamentos teológicos importantes con respecto a los demonios: lo que hacen y lo que son. También hemos hablado de los elementos críticos de la guerra espiritual, tanto a escala cósmica como dentro de nosotros mismos. A medida que nos acercamos al final del mismo, describiré brevemente algunos principios importantes para expulsar a los demonios. Estos principios se han extraído de las Escrituras y mi propia experiencia. No se trata de un manual exhaustivo sobre cómo hacerlo, ya que no tengo el espacio ni la experiencia para escribir tal cosa. Esta es una sabiduría bíblica y práctica que espero que te prepare mejor para el encuentro con la demonización.

LA TERMINOLOGÍA

En este capítulo me referiré a alguien habitado por los demonios, o fuertemente influenciado por los demonios, como *demonizado* en lugar de *poseído por demonios*. La mayoría de las traducciones de la Biblia usan este último término, y por lo tanto también la mayoría de las personas. Sin embargo, técnicamente el Nuevo Testamento nunca dice que una persona está «poseída» por un demonio. La palabra griega para *poseer* o *posesión* no se usa en estos contextos en referencia a un demonio. Más bien, los autores del Nuevo Testamento dicen que una persona está «demonizada» (*daimonizomai*), «tiene» (*echō*) un demonio, o está «con» (*en*) un demonio (por ejemplo, Mateo 4:24; 11:18; Marcos 1:23). En otras palabras, la Biblia nunca declara que un demonio posee a una persona.

Los demonios nunca poseen nada, así que no quiero darles la dignidad de la propiedad, especialmente de un ser humano. Incluso si alguien está tan habitado por los demonios que se encuentra bajo su control total, esa persona no es propiedad de los demonios. Al final, los demonios perderán el control de ese individuo e irán a su juicio eterno con las manos vacías. Nunca serán dueños de nada. Son ladrones y salteadores, pero nunca dueños de nada en la creación de Dios. De la misma manera, la persona, aunque rechace a Dios, no se presentará ante ningún demonio en el día del juicio. Se presentará ante Dios. Eso significa que *Dios* es el que tiene el derecho de posesión sobre ese ser humano. Dios es Aquel que posee a esa persona, aunque esta lo odie en la tierra. Por lo tanto, cuando una persona en esta época es habitada por demonios, me apego a la terminología del Nuevo Testamento. Esto no quiere decir que estoy dogmáticamente en contra del uso del término *posesión demoníaca*, ya que entiendo lo que la mayoría de las personas y las traducciones quieren dar a entender cuando usan el término. Ocasionalmente, yo mismo lo podría usar si creo que alguien con quien me estoy comunicando comprenderá mejor esa terminología. Por otro lado, es importante señalar que la palabra *poseer* va más allá del significado del texto y les da a los demonios más derechos de los que se merecen.

MANTENTE PREPARADO

A lo largo de este libro he enfatizado repetidas veces la importancia de estar internamente sometido a Dios con el corazón y la mente. También he señalado la necesidad de la santidad personal y la consagración. Ahora este asunto se vuelve bastante serio. En el ministerio de la liberación estarás enfrentando a los demonios directamente. Sabemos por la historia de los siete hijos de Esceva que este no es el momento de jugar (Hechos 19:13-16). Si sabes que vas a estar ministrando en la esfera de la liberación, sería bueno reclutar intercesores que oren por ti, así como asegurarte de que tú mismo hayas buscado diligentemente al Señor en oración. Debes practicar las disciplinas espirituales enumeradas en el capítulo 7, tales como el ayuno y la oración. Mientras más sometido a Dios estés en cuerpo, alma y espíritu, mayor autoridad tendrás en la liberación (Santiago 4:7). Es mejor estar preparado en todo momento.

TRABAJA CON UN COMPAÑERO

Siempre que sea posible, sugiero trabajar con un amigo en el ministerio de liberación. Aun los discípulos fueron enviados a ministrar en parejas (Marcos 6:7). Hay una serie de buenas razones por las que deberíamos utilizar este mismo modelo hoy en día.

- Existe un principio bíblico que afirma que «mejores son dos que uno» (Eclesiastés 4:9).
- Podemos beneficiarnos de los dones y la gracia en la vida de los demás (Filipenses 1:7).
- Nos fortalecemos y animamos unos a otros (1 Tesalonicenses 5:11).
- Podemos tener un impacto exponencial cuando trabajamos juntos (Levítico 26:8; Deuteronomio 32:30).
- Cuando dos personas trabajan juntas, son más responsables y también tienen un testigo en caso de que haya alguna acusación (2 Corintios 13:1).

MANTÉN EL ORDEN, HONRA A LA AUTORIDAD

Si estás trabajando con un compañero, o incluso con un grupo de individuos, te sugiero que siempre una persona dirija y la(s) otra(s) la apoye(n) con intercesión. No es bueno que varios le griten al demonio para que salga. El diablo ama la confusión y se alimenta de ella. Mientras más inquietud y desorden haya, más cómodos están los demonios. Ya que la autoridad espiritual es un asunto muy importante en el ministerio de liberación, debemos demostrar honor, orden y autoridad entre nosotros primero y ante todo.

LA SALVACIÓN PRIMERO

Reiteraré este punto más adelante. Sin embargo, como una verdad básica, si alguien viene a mí para liberación, voy a guiarlo a Cristo primero. La salvación es el fundamento de cualquier beneficio o bendición espiritual. Cuando una persona se convierte en hijo de Dios, todo reclamo legal que los demonios tienen sobre su vida es revocado. Esto se aplica incluso para las personas de la iglesia. Como evangelista puedo asegurarles que no todos los que van a la iglesia han nacido de nuevo.

HONRA LA SOBERANÍA DE LA PERSONA DEMONIZADA

Los cristianos tienen gran autoridad a través del nombre de Jesús. Sin embargo, una cosa que no tenemos es la autoridad para tomar una decisión en nombre de otro. Si alguien no quiere ser libre, hay poco o nada que podamos hacer a fin de mejorar las cosas para la persona. Incluso Dios honra la soberanía individual en la toma de decisiones.

En el ejemplo anterior relacionado con C. J., primero le ordené al demonio, que se había estado manifestando durante una hora, que se callara. Le dije que quería hablar con C. J., no con el demonio. En ese momento, todo se calmó y C. J. recuperó su sano juicio. Le pregunté si realmente quería ser libre. Ten en cuenta que para él la libertad significaba dejar atrás toda una forma de vida. En realidad, todavía trabajaba para la mafia en ese momento. Me parece recordar que necesitó algún tiempo para tomar esa decisión; parecía como si hubiera una guerra en el interior. C. J. estaba luchando no solo contra los demonios que influenciaban su cuerpo, sino también contra su voluntad, sus patrones de pensamiento y los deseos de su alma. Esto era algo que solo él podía hacer. Tuve que esperar ese permiso. Una vez que me aseguró que quería ser libre, le dije que solo había una manera: necesitaba arrepentirse y poner su confianza en Jesús. Le expliqué brevemente el evangelio y le pregunté si quería orar conmigo y entregarle su vida a Cristo. Estuvo de acuerdo. Todo esto sucedió mientras permanecía acostado de espaldas en el suelo.

Traté de guiarlo en una simple oración. Sin embargo, cada vez que intentaba mencionar el nombre de Jesús, los demonios empezaban a abrumarlo nuevamente. Cada vez que yo ejercía autoridad sobre ellos, se quedaban callados. Entonces conseguía el permiso de C. J. para continuar y empezábamos a orar de nuevo. Mi autoridad como creyente necesitaba la cooperación de la autoridad de C. J. como individuo soberano. Cuando tomó la decisión de rendirse a Jesús, la libertad vino a su vida.

ESPÍRITUS DEMONÍACOS EN LUGARES SECOS

Jesús contó una parábola instructiva que nos enseña mucho sobre la demonización y la liberación.

> Cuando el espíritu inmundo sale del hombre, anda por lugares secos, buscando reposo, y no lo halla. Entonces dice: Volveré a mi casa de donde salí; y cuando llega, la halla desocupada, barrida y adornada. Entonces va, y toma consigo otros siete espíritus peores que él, y entrados, moran allí; y el postrer estado de aquel hombre viene a ser peor que el primero. Así también acontecerá a esta mala generación.
>
> —Mateo 12:43-45

Consideremos algunas lecciones importantes de este pasaje.

Los demonios pueden regresar.

Alguien podría estar preguntándose por qué en el caso de C. J. yo no eché fuera a los demonios como Jesús, con una sola palabra. Esta es una pregunta buena y justa. Dado que no soy miembro de la Trinidad, a menudo no puedo imitar el ejemplo de Jesús. Si te encuentras con un demonio, sigue el método de Jesús primero. Mi historia no está destinada a ser tu ejemplo por excelencia. Es solo una de mis experiencias, aunque resultó bastante bien.

No obstante, incluso si eres capaz de expulsar a un demonio con una sola palabra, existe la posibilidad de que pueda regresar al mismo hospedador con otros demonios y empeorar las cosas. Esto es importante, porque expulsar a un demonio no es suficiente. Jesús mandó a sus discípulos a predicar el evangelio, sanar a los enfermos, limpiar a los leprosos, resucitar a los muertos y echar fuera a los demonios. Estas demostraciones de poder son notables. Pero no lo olvides, también les dijo: «Haced discípulos a todas las naciones» (Mateo 28:19).

Yo diría que expulsar a los demonios es la parte fácil. Una vez que las personas se liberan, tenemos que estar dispuestos a caminar con ellas. Discipulé a C. J. en los primeros años de su salvación. Lo animé a que se casara con Nikki, que era su novia y madre de sus hijos. Incluso oficié la ceremonia de la boda. He permanecido conectado con C. J. hasta el día de hoy. De hecho, lo entrevisté a él y Nikki en preparación para este capítulo a fin de confirmar los detalles más pequeños de su historia. Seguimos siendo amigos, y me llama a menudo. Él ha tenido sus altibajos, pero todavía está sirviendo al Señor y es pastor hoy. La liberación ocurrió en un instante. Sin embargo, todavía tenía que vivir una vida cristiana. Eso lleva tiempo. De hecho, eso lleva toda una vida.

Alguien puede terminar peor después de su liberación.

Jesús hizo una declaración impactante. ¡La condición final de esa persona fue peor que la inicial! Esto se relaciona directamente con mi punto anterior. ¡Todos conocemos a alguien que se puso a dieta, perdió cincuenta libras, luego tuvo una recaída y aumentó ochenta libras de nuevo! La liberación es necesaria, pero no es suficiente. Con la liberación tiene que venir un cambio permanente que impida que esos demonios regresen. Lo que les permitió entrar en primer lugar podría darles acceso de nuevo si las cosas no cambian en la vida de la persona. Ciertos comportamientos y creencias les darán a los demonios el derecho de acceder a la vida de una persona. Uno de ellos, como veremos, es la falta de perdón y la amargura. A menudo descubrirás que alguien demonizado ha estado involucrado en el ocultismo. A veces el abuso de sustancias fue la puerta de entrada a los demonios. Si estas puertas no están cerradas, los demonios regresarán con sus amigos. La persona demonizada estará peor que antes. Por eso es tan importante el siguiente principio.

Debes llenar la casa.

Jesús dijo que los espíritus que regresan se instalarán en la vieja casa si vuelven y la encuentran desocupada. En el ministerio de liberación resulta imperativo que la «casa» esté llena. Recuerda, estamos hablando de un principio espiritual ahora. Los demonios que se apoderaron de la casa antes eran espíritus malignos. Si la casa necesita ser ocupada para que esos demonios no puedan regresar, hay una solución obvia. Una persona liberada necesita ser llena del Espíritu Santo.

> La liberación es necesaria, pero no es suficiente. Con la liberación tiene que venir un cambio permanente que impida que esos demonios regresen.

Es por eso que cuando me encontré con C. J. ese día, oré con él para recibir a Jesús. Yo sabía que su liberación solo sería completa y permanente si el Espíritu Santo moraba en su interior. La Biblia dice que cuando nacemos de nuevo, recibimos el Espíritu. Cualquiera que es liberado de los demonios, pero no ha nacido de nuevo, se halla en una situación peligrosa. Es una casa vacía con la puerta principal abierta de par en par. Como se explicó antes, el problema que tenía con los demonios solo empeorará.

También oré con C. J. ese día para que fuera bautizado en el Espíritu Santo. Cuando puse mis manos sobre él, el poder del Espíritu Santo vino a su vida, fue lleno de forma instantánea y dramática, y comenzó a hablar en otras lenguas. Creo que este es uno de los aspectos más importantes de la liberación. Necesitamos asegurarnos de que las personas estén siendo bautizadas en el Espíritu.

En África, cada semana durante nuestras reuniones evangélicas, aparto un tiempo una noche determinada para hablar de las maldiciones demoníacas y la esclavitud específicamente. Se trata de una noche de liberación masiva. Más tarde esa misma semana, en otra de las noches, me enfoco en el bautismo del Espíritu. Oro por la vasta multitud después de que miles han recibido a Cristo y le pido a Dios que los bautice con su Espíritu Santo. Siempre me sorprende que esa noche expulsemos más demonios que en cualquier otra, incluyendo la noche en que me enfoco en la liberación. Parece que el derramamiento del Espíritu Santo es absolutamente aterrador para los espíritus demoníacos. Una vez que el Espíritu Santo viene a tomar residencia, los espíritus demoníacos tienen que irse.

RECONOCER LA INFLUENCIA DEMONÍACA

Cuando tratas con alguien que está demonizado, esto no siempre resulta obvio. Por lo general, es un error asumir que solo porque algo parezca extraño o espeluznante significa que es demoníaco. En muchos países del tercer mundo, las personas carecen incluso de la atención médica más básica. Es más, no existen instituciones para apartar a los peores casos de la población en general. Como resultado, a menudo te encontrarás con casos médicos mucho más graves de los que puedas ver en público en Occidente. En un viaje misionero, una de las jóvenes del equipo se encontró con una persona gravemente deforme. El caso era tan trágico que ella estaba segura de que tenía que ser demoníaco y quería saber si sería necesaria la liberación. En esta ocasión no había razón para pensar que esta discapacidad fuera demoníaca. La joven simplemente se estaba dejando guiar por la reacción emocional que experimentaba al ver una deformidad más severa que cualquier otra que hubiera visto. Por otra parte, sabemos que una enfermedad o dolencia física a veces puede ser de naturaleza demoníaca (por ejemplo,

Mateo 9:32; Lucas 13:11). ¿Cómo podemos reconocer entonces cuál cosa es cuál? He aquí algunos consejos. Podría desarrollar cada uno de estos puntos en su propio capítulo. No obstante, en aras de la brevedad, solo los mencionaré sucintamente.

- Nunca asumas que alguien está demonizado a menos que haya algo que lo señale de forma evidente.
- Cada persona debe ser tratada con dignidad y respeto, incluso si tienes una buena razón para pensar que está demonizada. No avergüences ni intimides a la gente innecesariamente. Hazlo todo con amor, y nunca te equivocarás.
- Como ya se ha mencionado, siempre enfócate en guiar a las personas a Cristo. Si los demonios están involucrados en la vida de alguien, se hará evidente muy pronto. Entonces puedes lidiar con ello.
- Préstale atención a los indicios reveladores que podrían indicar actividad demoníaca. Por ejemplo, cuando las personas se autolesionan o tienen pensamientos suicidas, a menudo (aunque no siempre) esto es una indicación de actividad demoníaca. En las Escrituras los demonios con frecuencia causaban que las personas se hicieran daño a sí mismas de maneras tales como arrojarse al fuego o al agua (por ejemplo, Mateo 17:15; Marcos 9:22). Según la Biblia, dichos demonios hicieron esto en un esfuerzo por matar a sus hospedadores.

TENDENCIAS AUTODESTRUCTIVAS Y SUICIDAS

El hombre de Marcos 5 que fue poseído por una legión de demonios es un caso interesante. La Biblia nos ofrece dos detalles importantes sobre él. Primero, menciona tres veces en los primeros cinco versículos que él vivía entre los sepulcros. Cuando la Biblia repite algo tan a menudo, le presto atención. Estos demonios estaban obsesionados con la muerte hasta el punto de querer permanecer cerca de las tumbas incluso cuando su hospedador estaba vivo. Segundo, se estaba cortando con piedras. En otras palabras, se lastimó a sí mismo. Veo esto con mucha frecuencia cuando viajo por el mundo, especialmente entre los jóvenes. A estas personas a menudo se les llama cortadores. Ellos se cortan el cuerpo impulsivamente con cuchillos y hojas de afeitar. A veces se cortan las muñecas, y tienen el cuerpo lleno de cicatrices por los cortes. Esta es para mí una de las señales de que el tormento demoníaco está teniendo lugar. Habitualmente, los que se cortan a sí mismos también tienen pensamientos suicidas. En mi opinión esto apunta a algo que es claramente demoníaco. Tal persona necesita liberación. Los demonios aman la muerte y la automutilación. Cuando ves señales así, debe estar consciente de que puedes estar lidiando con la demonización.

De modo curioso, al final de la historia estos demonios le piden a Jesús que los envíe a una manada de cerdos, una petición que Él les concede. Observa lo que sucede. Los cerdos de inmediato se tiran por un precipicio y se suicidan. Los demonios aman el tormento y la muerte. Aparentemente les proporciona una satisfacción enfermiza. No es de extrañar que Jesús dijera: «El ladrón no viene sino para hurtar y matar y destruir» (Juan 10:10).

Como nota aparte, uno de los milagros más asombrosos que he visto recientemente es la curación total de los cortadores. ¡En algunas de nuestras reuniones he visto cómo no solo fueron liberados, sino que las cicatrices de sus cuerpos literalmente desaparecieron! He estado en servicios donde esto ocurrió varias veces en un solo instante. ¡Qué momento tan maravilloso cuando personas por todo el salón comienzan a gritar con asombro al observar sus brazos y darse cuenta de que todas las cicatrices han desaparecido milagrosamente! La maldad y las tácticas del enemigo no han cambiado. Sin embargo, de la misma manera, Jesús es el mismo ayer, hoy y siempre. Él todavía libera a los cautivos.

ALGUNOS INDICIOS REVELADORES

Aunque no siempre es obvio quién está demonizado y quién no, debes reconocer de inmediato algunas cosas:[1]

- bloqueos mentales
- reacciones violentas
- blasfemias y maldiciones
- charla incoherente
- sensación de falta de aliento
- parece lleno de odio o con los ojos vidriosos y desenfocados
- opresión manifestada en alguna parte del cuerpo
- vómito
- gritos incontrolables

El discernimiento es siempre la herramienta más importante para reconocer la influencia demoníaca.

MANTENTE ATENTO A LOS MOTIVOS ORIGINALES

Cuando ministras a aquellos que podrían estar demonizados, es sabio que mantengas tus ojos, oídos y discernimiento espiritual sintonizados con lo que podría haberles dado a esos espíritus demoníacos el derecho a entrar en su hospedador. Los demonios no vienen a morar en una persona sin invitación. Estas invitaciones no siempre son intencionales o conscientes, pero siempre son parte de la ecuación. Cuando sabes con qué estás lidiando, puede ser útil.

La participación en el pasado en el ocultismo, la brujería y la idolatría podría ser el origen. Incluso cosas como los juramentos y pactos hechos por los masones, o cosas como las tablas Ouija y las sesiones de espiritismo, que parecen juegos inocentes, pueden dar acceso a los espíritus demoníacos. A menudo he escuchado que un episodio de rabia incontrolada u odio intenso puede invitar a la actividad demoníaca. La violencia puede ser un motivo original, especialmente el asesinato.

Hay un vídeo circulando de un médico de abortos enfrente de su clínica; él está usando su uniforme y claramente parece estar manifestando a un demonio. El hombre resopla y proclama que tiene el corazón oscuro y le encanta matar bebés. No me sorprende que alguien que derrama tanta sangre esté demonizado.

A menudo, las personas involucradas en genocidios o asesinatos en masa informan que están obsesionadas con quitarles la vida a otros o incluso son adictas a ello. A veces en la batalla los guerreros se sienten sobrecogidos por el deseo de matar. Hay incluso una palabra para este fenómeno: *sed de sangre*. El diccionario define la *sed de sangre* como «un deseo de derramamiento de sangre y matanza, a menudo despertado en el calor de la batalla, que conduce a la masacre y la tortura incontroladas».[2] Esto tiene mucho sentido para mí. Como ya hemos discutido, los demonios aman la muerte y la destrucción. Es razonable que el derramamiento de sangre y la violencia los atraigan.

También es posible que ciertas drogas puedan abrirles la puerta involuntariamente a los espíritus demoníacos. Por ejemplo, ciertas drogas alucinógenas han estado ligadas a los rituales religiosos durante miles de años. Hoy en día, muchas personas siguen haciendo viajes alucinógenos bajo la guía de un curandero o chamán. He oído hablar de experiencias en las que los consumidores de estas drogas se encuentran e interactúan de manera extraña con entidades que describen como ángeles, demonios, extraterrestres e incluso elfos. Aún más sospechoso es que con ciertas drogas estas experiencias no siempre parecen ser meramente subjetivas (como lo serían de manera habitual las alucinaciones), pero aquellos que las consumen a menudo reportan experiencias similares. Esto sucede con la suficiente frecuencia como para que los científicos estén estudiando ahora tales experiencias.[3]

También vivimos en una época en la que el movimiento de la Nueva Era se ha convertido en una corriente dominante. Como resultado, cada vez más personas —incluso cristianos— están exponiéndose de forma inadvertida a peligrosas influencias demoníacas. Por ejemplo, algunos cristianos les han dado acceso a «guías espirituales» sin darse cuenta de que en realidad son espíritus demoníacos. Roger Barrier, un pastor bautista de Arizona, contó la siguiente historia:

Un día, un hombre de la empresa de servicios públicos terminó su trabajo en nuestra casa y dijo:

—Eres Roger Barrier, ¿verdad? Escucho tu programa de radio todos los días. Mi esposa y yo somos cristianos. Ella está teniendo algunos problemas; de hecho, hay veces en que me pregunto qué está sucediendo en su interior. ¿Crees en los demonios?

—Sí —le contesté—. ¿Por qué no nos sentamos en la cocina y hablamos?

—Hace varios meses —comenzó—, fuimos a una iglesia espiritualista donde se nos animó a orar para recibir guías espirituales que nos ayudaran a dirigir nuestras vidas. Yo no oré por ninguna, pero mi esposa sí. No ha sido la misma desde entonces. A veces, es como si hubiera una persona diferente dentro de ella. Su voz cambia; su rostro se contorsiona; siente aversión por las cosas de Dios. Nuestro matrimonio se está desmoronando. Ella no volverá a nuestra iglesia cristiana. ¡Todo llegó a un punto crítico anoche! Mientras discutíamos, caminó hacia el pasillo, giró lentamente y dijo con una mueca de desprecio: "¿No sabes quiénes somos?". Su voz se elevó hasta convertirse en un grito mientras repetía: "¿No sabes quiénes somos? ¿No sabes quiénes somos?".

Él ahora estaba temblando.

—Yo creo —añadió— que ella está poseída por el demonio, como se dice en la Biblia. ¿Puedes ayudarnos?[4]

Cuando sabes que alguien está demonizado y entiendes exactamente con qué tipo de espíritus estás tratando, puedes ejercer autoridad sobre ellos con gran precisión. Sin embargo, esto no siempre es necesario, y no tengo ningún deseo de ser dogmático o crear doctrinas extrabíblicas en torno a esta idea. No obstante, este entendimiento es algo que yo y muchos de los que trabajamos en el ministerio de liberación hemos encontrado útil a veces.

¿PUEDEN LOS CRISTIANOS SER DEMONIZADOS?

En este punto podrías estar preguntándote si los cristianos pueden ser demonizados. Este asunto es una cuestión candente. Me doy cuenta de que estoy entrando en un territorio peligroso al comentar esto. Sin embargo, como me preguntan con tanta frecuencia, quiero dar mi opinión sincera. Es posible que no estés de acuerdo conmigo, y tal vez tengas razón. En este escrito, solo puedo dar mi opinión con respecto al tema según lo veo. No creo que los cristianos puedan ser demonizados. Cuando una persona es salva, el Espíritu Santo viene a morar dentro de ella. Así que no veo cómo su «casa», habitada por el Espíritu Santo, puede ser compartida con los demonios. (Véase 2 Corintios 6:14.) Por otro lado, he visto a personas que por cada indicación externa eran de hecho cristianos. Sin embargo, manifestaron claramente a demonios y recibieron la liberación. Esto es algo de lo que he sido testigo, no en una o dos oportunidades, sino muchas veces, incluso en cientos de ocasiones. No entiendo cómo es posible, pero no puedo negar lo que he visto. Carlos Annacondia, quien tiene uno de los ministerios de liberación más poderosos que conozco, afirmó que de acuerdo a sus líderes, del treinta al cuarenta por ciento de los que reciben el ministerio de liberación en sus cruzadas son miembros de una iglesia.[5] Tal vez mi posición sobre esto evolucione con el tiempo. No obstante, a continuación explico cómo he llegado a un acuerdo con este dilema en mi propia mente.

Primero, hay mucho sobre el mundo espiritual que no entendemos. Hay muchas variables a considerar, y todas ellas son invisibles y misteriosas. Por ejemplo, no siempre sé por la apariencia externa quién ha nacido de nuevo y quién no. Sin embargo, creo que incluso los cristianos que en verdad han nacido de nuevo son a veces atacados físicamente por el enemigo en sus cuerpos. También sé que el enemigo trata de influir en el pensamiento de los cristianos. Ya hemos hablado largo y tendido sobre esto. Los creyentes no pueden abrazar una manera demoníaca de pensar —o tener áreas en sus vidas que no están bajo el control del Señor— y simultáneamente ejercer autoridad sobre el diablo. Cuando un cristiano se encuentra en tal estado, ¿no está el diablo influyendo en él o ella en algún nivel?

Jesús reprendió a Satanás hablando a través de Pedro, uno de sus discípulos que estaba guardando su Palabra (Mateo 16:23;

Juan 17:6). Pablo les advirtió a los creyentes que no dieran lugar al diablo permaneciendo enojados (Efesios 4:26-27). Y luego les enseñó a ponerse la armadura de Dios para mantenerse firmes contra todo el ejército de las fuerzas demoníacas (Efesios 6:10-17). Santiago exhortó a los creyentes a resistir al diablo (Santiago 4:7). Si el diablo ataca a los creyentes en sus cuerpos y mentes, y si es necesario que las Escrituras nos adviertan que lo resistamos y luchemos contra él, ¿qué pasa si los creyentes no lo hacen? ¿Nada? ¿Siguen con sus vidas completamente libres y felices como si solo hubieran perdido un juego de mesa como el Monopolio o Candy Land?

No puedo imaginar que ese sea el caso. Sobre la base de estos textos, debe haber consecuencias cuando los cristianos no resisten a los demonios. Después de todo, los cristianos que son salvos del pecado todavía pueden pecar. Aunque el Espíritu Santo que mora en nosotros es santo, todavía es posible participar en un comportamiento impío, aunque seamos templos del Espíritu Santo. De hecho, sabemos que los cristianos en las Escrituras tenían que ser corregidos por su comportamiento impío (por ejemplo, 1 Corintios 5:1). Si los santos pueden pecar, también parece que los santos pueden estar bajo la influencia al menos temporal de espíritus demoníacos.

Algunos enseñan una diferencia entre estar *poseído* y simplemente *oprimido* o atormentado. Esta distinción puede ser útil, pero como ya he señalado, los demonios no poseen a nadie de todos modos, ni siquiera a alguien de quien tengan control total. Además, no veo cómo se pueden colocar diferentes niveles de influencia demoníaca en categorías ordenadas. Cuando alguien manifiesta a un demonio, seguramente se trata de un caso extremo, pero no todos los demonizados se manifiestan. Simplemente no sabemos cómo funciona todo esto.

Es posible que los cristianos sean influenciados por los espíritus demoníacos de ciertas maneras, lo sabemos. Por otro lado, también creo que los verdaderos cristianos habitados por el Espíritu son por naturaleza y posición hijos de Dios liberados. Pertenecemos a Dios como *su* casa y no podemos ser poseídos por las fuerzas demoníacas. Si hay influencia demoníaca, no hay control demoníaco completo. Además, y lo más importante, si los espíritus demoníacos *pueden* influenciar a los cristianos hasta cierto punto, ¡aun así no *deberían* influenciar a los cristianos en absoluto! Como hijo de Dios y templo de Dios, incluso un cristiano que está bajo la influencia temporal de los demonios tiene un estado superior. ¡Pero debe hacer algo con esa superioridad! Por lo tanto, aunque admito que no entiendo completamente cómo los espíritus demoníacos pueden afectar a los cristianos, parece que esto puede suceder en algún nivel. No obstante, cuando suceda, debemos hacer exactamente lo que Santiago nos dijo que hiciéramos. Debemos someternos a Dios, *resistir al diablo* y liberarnos del ataque demoníaco.

Este es el enfoque práctico que he adoptado. Si veo a alguien manifestando a un demonio, todo lo que sé es que el demonio tiene que irse. Punto. No voy a mirar a una persona que manifieste claramente a un demonio y explicarle por qué es imposible, ya que los cristianos no pueden ser demonizados de acuerdo a las Escrituras. Dondequiera que haya influencia demoníaca, como sea que la clasifiques, ejerce autoridad sobre ella y échala fuera o líbrate de ella.

En cambio, no creo que debamos ir a cazar demonios sin motivo, y no asumo que todos los problemas que tiene una persona estén relacionados con los demonios. Tampoco creo que un cristiano deba someterse a la esclavitud de ningún espíritu demoníaco en ningún nivel. Por medio de la sangre de Jesús tenemos el derecho a caminar en total libertad. Nunca debemos conformarnos con menos.

FE, MIEDO E INCREDULIDAD

Los Evangelios contienen una fascinante y famosa historia de un exorcismo que Jesús realizó, la cual ofrece algunas lecciones importantes para nosotros en el ministerio de liberación.

Cuando llegaron al gentío, vino a él un hombre que se arrodilló delante de él, diciendo: Señor, ten misericordia de mi hijo, que es lunático, y padece muchísimo; porque muchas veces cae en el fuego, y muchas en el agua. Y lo he traído a tus discípulos, pero no le han podido sanar. Respondiendo Jesús, dijo: ¡Oh generación incrédula y perversa! ¿Hasta cuándo he de estar con vosotros? ¿Hasta cuándo os he de soportar? Traédmelo acá. Y reprendió Jesús al demonio, el cual salió del muchacho, y éste quedó sano desde aquella hora. Viniendo entonces los discípulos a Jesús, aparte, dijeron: ¿Por qué nosotros no pudimos echarlo fuera?

Jesús les dijo: Por vuestra poca fe; porque de cierto os digo, que si tuviereis fe como un grano de mostaza, diréis a este monte: Pásate de aquí allá, y se pasará; y nada os será imposible. Pero este género no sale sino con oración y ayuno.

—Mateo 17:14-21

Observa que cuando los discípulos le preguntaron a Jesús por qué ellos no habían podido echar fuera al demonio, Jesús tuvo una respuesta simple: «Por vuestra poca fe». Él luego reitera esta afirmación diciendo que la fe como un grano de mostaza puede mover montes. Esto nos lleva a un punto muy importante: cuando se trata de demonios, la fe es un requisito indispensable.

A la luz del tema que he estado repitiendo a lo largo de este libro, no debería ser difícil entender por qué la incredulidad resulta tan dañina. La incredulidad, en contraste con la fe, es el acuerdo con el espíritu de la época. Es la adopción de la manera demoníaca de pensar en lugar de la manera cristiana. Cualquiera que esté de acuerdo con el diablo va a tener dificultades para expulsarlo. La fe es el acuerdo con la Palabra de Dios. No está dictada por los sentidos. En la economía de Dios, esta es sustancia y evidencia (Hebreos 11:1).

Mientras que el poder de Dios opera a través de la fe, Satanás prospera por medio del temor. En el ministerio de liberación el miedo tiene que desaparecer. Los demonios huelen el miedo como los tiburones huelen la sangre, y eso solo los envalentonará. Debes acercarte a los demonios con una confianza audaz en el poder del nombre de Jesús. Debes saber que Él te ha dado la autoridad para «pisotear serpientes y escorpiones y vencer todo el poder del enemigo; nada [te] podrá hacer daño» (Lucas 10:19, NVI). Ningún demonio va a ser capaz de esclavizarte. Ninguna maldición vendrá sobre ti (Proverbios 26:2). No tienes nada que temer de ellos. Estás cubierto con la sangre de Jesús. Eres un hijo de Dios. Jesús ya «despojó a los principados y las autoridades, y los exhibió como espectáculo público habiendo triunfado sobre ellos en la cruz» (Colosenses 2:15, RVA2015). Es en su nombre victorioso que puedes echar fuera a los demonios. Dentro de ti habita el Espíritu Santo, el dedo de Dios por medio del cual Jesús mismo expulsó a los demonios en su vida terrenal (Lucas 11:20). En el ministerio de liberación, ármate de una confianza en Dios y un profundo amor por la persona a la que estás ministrando. El amor echa fuera el temor (1 Juan 4:18). Un espíritu de temor es demoníaco, pero Dios nos ha dado el antídoto perfecto: poder, amor y dominio propio (2 Timoteo 1:7).

ESTE GÉNERO NO SALE
SINO CON ORACIÓN Y AYUNO

Ya que acabamos de hablar sobre Mateo 17:14-21, aprovecharé esta oportunidad para abordar una pregunta común relacionada con la liberación. ¿Qué quiere decir Jesús con su declaración final: «Pero este género no sale sino con oración y ayuno» (v. 21)? Ya he explicado que la incredulidad es claramente el tema que nos ocupa. Según Jesús, la poca fe de los discípulos fue lo que impidió que pudieran echar al demonio fuera de ese muchacho. No obstante, Él parece estar diciendo algo muy diferente en el versículo 21. Afirma que algunos demonios no saldrán sin oración y ayuno. Muchas personas me han preguntado acerca de este versículo, y estoy de acuerdo en que es bastante confuso en este contexto.

Otras personas encontrarán algo aún más desconcertante: Mateo 17:21, el versículo que contiene la frase sobre la oración y el ayuno, podría estar completamente ausente de sus Biblias. Hay una buena razón para ello: los primeros manuscritos griegos que contienen este pasaje no incluyen esta afirmación.

Permíteme explicarte un poco sobre el proceso que conduce a nuestro Nuevo Testamento moderno. Para aquellos que no están familiarizados con el tema, la *crítica textual* es la ciencia que estudia los manuscritos antiguos para determinar lo que los documentos originales declaran. Este método es necesario para la Biblia, porque en realidad no tenemos ninguno de los documentos originales, llamados autógrafos, que escribieran los autores bíblicos. En cambio, tenemos copias —y copias de copias— que abarcan desde el siglo segundo hasta la Edad Media. Estos son llamados manuscritos.[6] Por supuesto, durante miles de años antes de que se inventara la imprenta, los escribas tenían que copiar a mano los manuscritos bíblicos.[7] Aunque los escribas eran a menudo muy hábiles y disciplinados en su trabajo, también eran humanos y estaban sujetos a errores. Sin embargo, somos afortunados. Tenemos más de cinco mil seiscientas copias en griego de todos o parte de los libros del Nuevo Testamento. En realidad, hay más copias de los libros del Nuevo Testamento que de cualquier otro documento de la antigüedad... ¡por un amplio margen![8] El Nuevo Testamento es el conjunto de documentos antiguos mejor conservados de la historia humana. Además, la gran mayoría de las diferencias entre los manuscritos (llamadas variantes textuales) son intrascendentes. La mayoría de las variaciones consisten en simples errores ortográficos o diferencias en la elección de palabras, algunas tan simples como el uso de un pronombre diferente (por ejemplo, él en lugar de *ellos*). Solo un porcentaje muy pequeño de las variantes afectan el significado de un pasaje dado, y ninguna de ellas afecta la doctrina cristiana real.[9] Debido a que la mayoría de las variantes son extremadamente leves y poseemos miles de manuscritos, los eruditos están casi seguros de que saben lo que dicen los autógrafos originales del Nuevo Testamento. La ciencia de la crítica textual es importante y fiable. Proporciona los mejores manuscritos a partir de los cuales se traducen nuestras Biblias modernas.

Aun así, en algunos casos los estudiosos están menos seguros de la redacción original. Aunque ninguno de estos casos afecta la enseñanza o la fe cristiana actual, como expliqué. No obstante, en estos casos se requiere un poco más de escrutinio para llegar a la redacción original. Uno de estos casos es Mateo 17:21. El consenso actual entre los eruditos del Nuevo Testamento es que los escribas en algún momento agregaron la declaración sobre la oración y el ayuno en Mateo 17:21.[10] Ellos tienen tres razones básicas para creer esto:

1. Este versículo no se encuentra en nuestros manuscritos más antiguos y mejores.[11] Obviamente, si los manuscritos más cercanos a los autógrafos originales omiten de manera constante una frase que los manuscritos más recientes contienen, probablemente se agregó en algún momento.

2. El principio de la crítica textual llamado *lectio brevior*, o lectura más corta, sostiene que la versión más corta de un texto suele ser la más precisa. Es mucho más probable que los escribas añadieran material en vez de que lo omitieran.[12] Bruce Metzger alude a este principio cuando hace esta afirmación sobre Mateo 17:21: «Puesto que no hay ninguna razón satisfactoria por la cual el pasaje, si originalmente estaba presente en Mateo, debiera haberse omitido en una gran variedad de testimonios, y puesto que los copistas con frecuencia insertaron material derivado de otro Evangelio, parece que la mayoría de los manuscritos [que incluyen este versículo] han incorporado al paralelo de Marcos 9:29».[13] Y esto nos lleva a la tercera razón.

3. En el pasaje paralelo que cuenta esta historia en Marcos 9:29 se registra que Jesús dijo: «Este género con nada puede salir, sino con oración y ayuno». Metzger y muchos otros estudiosos sostienen que el pasaje de Marcos parece haber sido incorporado en el pasaje de Mateo 17:21.[14]

En este punto te preguntarás por qué no aceptamos la referencia a la oración y el ayuno en Marcos 9:29. Sin embargo, existe un problema similar con este versículo. Las dos últimas palabras («y ayuno») tampoco aparecen en algunos de los manuscritos más antiguos y mejores de este pasaje.[15] Aunque hay un poco más de apoyo textual para la originalidad del pasaje de Marcos

9, todavía existe un buen argumento en contra. Es por eso que algunas Biblias modernas han omitido las palabras «y ayuno» (o tal vez las han puesto entre paréntesis o en una nota al pie). He aquí lo que todo esto significa para mí. No es seguro si Jesús hace del ayuno un prerrequisito para expulsar a ciertos demonios. Personalmente no creo, basado en la evidencia que he visto, que los escritos originales de Mateo y Marcos contengan esta declaración que considera al ayuno como una condición para expulsar a ciertos demonios. Por otro lado, como hemos discutido, el ayuno es una disciplina espiritual muy importante, y muy bíblica. El ayuno en general se alinea con las enseñanzas de Jesús, los apóstoles y la iglesia primitiva. En realidad, una de las mejores explicaciones para la adición de las palabras «y ayuno» a Marcos 9:29 es que la iglesia primitiva enfatizó —y asumió— tanto el ayuno como compañero de la oración, que

Los discípulos estaban preocupados por el demonio dentro del muchacho, pero Jesús estaba preocupado por la incredulidad de sus discípulos. La pregunta de los discípulos se relacionaba con echar fuera a los demonios, pero la respuesta de Jesús fue acerca de echar fuera la duda.

probablemente se añadió por accidente[16] o para aclarar algo que ciertos escribas consideraban obvio.[17] En el siglo segundo o tercero, Tertuliano dijo que Jesús «enseñó de la misma manera que el ayuno debe ser el arma para luchar contra los demonios más terribles».[18] Está claro que muchos en la iglesia primitiva creyeron que Jesús hizo esta declaración sobre el ayuno.

En cualquier caso, ciertamente no descartaría la importancia del ayuno en la guerra espiritual y el ministerio de liberación. De hecho, animo a los que están involucrados en el ministerio de liberación a ayunar lo más que puedan. Sin embargo, no creo que el ayuno deba ser visto como un arma secreta contra el diablo o como una forma de que los cristianos obtengan poder espiritual. Nuestro poder viene de la llenura del Espíritu Santo y la fe. Mantengámoslo simple.

A mi mentor, Reinhard Bonnke, lo invitaron una vez a un programa de televisión para que un hombre que había escrito libros sobre el ayuno lo entrevistara. El ayuno representaba una gran parte del énfasis del ministerio de este hombre. Él quería preguntarle a Reinhard Bonnke, un hombre que ha visto milagros asombrosos y millones de salvaciones, qué pensaba sobre el ayuno. Estoy seguro de que creyó que el evangelista Bonnke reforzaría su énfasis en el ayuno. En cambio, le dijo algo que nadie esperaba: «Debo ser honesto contigo. Encontré el interruptor del poder en otra pared».

Ahora bien, para que quede claro, sé que el evangelista Bonnke ayuna, y él entiende el valor del ayuno. No obstante, su punto es importante. La fe es el interruptor del poder al que se refirió.[19] Y ese era el punto de Jesús en el pasaje que vimos antes. Irónicamente, el ayuno es en realidad más eficaz para ayudarnos a tener autoridad sobre nosotros mismos. Puesto que alinearnos bajo la autoridad de Dios resulta en autoridad tanto en nuestras propias vidas como sobre los demonios, esto es en realidad muy valioso en el ministerio de liberación, solo que no por la razón que muchas personas asumen.

El ayuno y la oración nos ayudan a alinearnos espiritualmente. Parte de esto implica hacer a un lado la incredulidad y alinear nuestras mentes con la Palabra de Dios. Jesús estaba hablando precisamente de eso. Como escribí en mi libro *Vive antes de morir*: «A primera vista puede parecer que el demonio es el punto central de este relato, pero una mirada más de cerca revelará que el verdadero antagonista en esta historia no es el demonio, sino el espíritu de incredulidad. Los discípulos estaban preocupados por el demonio dentro del muchacho, pero Jesús estaba preocupado por la incredulidad de sus discípulos. La pregunta de los discípulos se relacionaba con echar fuera a los demonios, pero la respuesta de Jesús fue acerca de echar fuera la duda. Jesús sabía que una vez que la incredulidad hubiera sido expulsada, exorcizar demonios sería tan fácil como sumar uno más uno».[20]

EL CONCEPTO DE LAS MALDICIONES GENERACIONALES

También he notado que algunos espíritus demoníacos tienden a atormentar a los miembros de la familia durante generaciones sucesivas. A menudo se hace referencia a esto como una maldición generacional. No me gusta esta terminología, porque no me queda claro que estemos tratando con una maldición de por sí. Además, esta terminología es muy ambigua. Si le preguntas a diez personas a qué se refieren con maldición, obtendrás diez definiciones diferentes. Todo lo que puedo decir con seguridad es que los asuntos espirituales y de otro tipo parecen perseguir a varias generaciones.

Este es otro asunto en el que creo que deberíamos adoptar un enfoque bastante matizado. Ciertamente hay muchas tonterías en torno a la idea de las maldiciones generacionales, y algunas personas en verdad la han llevado demasiado lejos. El concepto definitivamente le abre la puerta a creencias extrañas y a veces supersticiosas. También se utiliza en ocasiones como punto de apoyo, dándoles a las personas una excusa para su lucha con los problemas. No estoy a favor de ninguna de estas cosas. La sangre de Jesús nos transforma en nuevas creaciones, y todo lo que necesitamos está disponible en la cruz.

Aun así, es bastante normal observar que los problemas en la vida de algunas personas parecen encajar en un patrón de su historia familiar. Por ejemplo, a menudo las personas con alcoholismo crecieron con un padre o una madre alcohólicos. Esto es un hecho demostrable.[21] Las personas que tienen problemas con la pornografía se encontraban con frecuencia en un entorno familiar en el que la pornografía era un problema. Las personas que tienen problemas con la ira o la rabia a menudo le dirán que sus padres tuvieron la misma dificultad. ¿Podría ser una mera coincidencia? ¿Puede atribuirse a factores meramente biológicos? Muchos de los involucrados en el ministerio de liberación creen que cualquiera que sea la explicación natural, también hay un componente espiritual. Sin embargo, ¿hay algún apoyo bíblico para esto?

He aquí algunas escrituras para considerar. Cuando Jesús se encontró con un hombre ciego de nacimiento, los discípulos le hicieron una pregunta interesante: «Rabí, ¿quién pecó, éste o sus padres, para que haya nacido ciego?» (Juan 9:2). Tal pregunta indica claramente que los discípulos creían que las enfermedades físicas podían transmitirse debido al pecado de los padres. Para algunos esto encajaría en la definición de una *maldición generacional*. Dios le habló a Moisés acerca de la extensión de sus bendiciones «por mil generaciones sobre los que me aman y obedecen mis mandatos» (Éxodo 20:6, NTV). Por otra parte, Él castiga «la maldad de los padres sobre los hijos hasta la tercera y cuarta generación de los que me aborrecen» (Éxodo 20:5). Parece obvio que existe un principio espiritual de que tanto las bendiciones como el castigo se transmiten a las generaciones sucesivas.

Tiendo a pensar que lo que con frecuencia se describe como una maldición generacional es (1) algo hereditario (más sobre esto a continuación) o (2) un espíritu demoníaco que se une a una familia a través de generaciones. En el Antiguo Testamento leemos acerca de los *espíritus familiares*, un término que se usa a menudo con relación a la adivinación (por ejemplo, Levítico 19:31). Parece que estos espíritus son capaces de hacerse pasar por personas que han muerto, dándoles a los parientes la impresión de que están escuchando a sus antepasados durante una sesión de espiritismo. Tal cosa parece indicar que algunos espíritus demoníacos se quedan merodeando el tiempo suficiente para «familiarizarse» con los miembros de una familia. Además, su familiaridad podría darles a estos demonios una buena idea sobre cómo explotar las debilidades y tendencias hereditarias de la familia.

Interesantemente, la única vez que los demonios son mencionados de forma explícita en el Antiguo Testamento es en conexión con la adoración de ídolos. Por ejemplo: «Sacrificaron sus hijos y sus hijas a los demonios» (Salmos 106:37; véase también Levítico 17:7; Deuteronomio 32:17; 2 Crónicas 11:15). Me parece digno de mención que varias veces cuando Dios prohíbe la adoración de ídolos en el Antiguo Testamento, también le advierte a su pueblo que la iniquidad de los padres será visitada hasta la tercera y cuarta generación (Éxodo 20:5; 34:6-7; Deuteronomio 5:9). ¿Podría ser que estos sacrificios, esencialmente pactos de sangre realizados con demonios, hayan causado que esos espíritus se unieran a esa familia de alguna manera durante generaciones?

EPIGENÉTICA

La ciencia moderna de la epigenética ha hecho que este tema resulte más relevante que nunca. Para aquellos que no están familiarizados con la epigenética, aquí ofrezco mi explicación en términos sencillos. Tu epigenoma consiste en sustancias químicas que le dicen a tus genes qué hacer. Entre otras cosas, tu epigenoma está influenciado por tu comportamiento y tu entorno, los cuales regulan ciertas expresiones genéticas. Por ejemplo, si tienes gemelos idénticos y uno de ellos vive una vida saludable, pero el otro no, más tarde en la vida se verán muy diferentes uno del otro. El ADN de ambos seguirá siendo el mismo, pero la expresión de ese ADN será diferente. En el pasado se pensaba que el epigenoma de todos comenzaba como una pizarra en blanco. Sin embargo, ahora sabemos que estas expresiones epigenéticas pueden transmitirse de generación en generación. Esto significa que los comportamientos adictivos, las elecciones del estilo de vida y las actividades pueden causar cambios en el epigenoma de los hijos. Curiosamente, estos cambios pueden persistir durante dos o tres generaciones.[22]

Incluso si no crees que los conceptos de maldiciones espirituales o lazos familiares demoníacos son bíblicos, no hay duda de que las decisiones que los padres toman a menudo afectan a sus hijos de maneras profundas y que cambian la vida. Los niños que fueron abusados desarrollan problemas en la edad adulta relacionados con ese abuso. Con frecuencia terminan repitiendo el mismo abuso con sus propios hijos. ¿Por qué sucede esto? ¿Es una propensión hereditaria a la adicción? ¿Se trata de que los niños aprenden los hábitos de sus padres y repiten los mismos errores? ¿Es simplemente que los padres y los hijos son iguales y tendrán luchas similares? ¿Es la epigenética? Tal vez sea una mezcla de todo lo anterior. O quizás sea todo lo anterior más un componente espiritual o demoníaco.

No pretendo conocer todas las respuestas. No obstante, sí sé que hay un patrón que podemos observar claramente en todo el mundo. Ya sea que este se deba a una maldición generacional, a un espíritu hereditario, o simplemente a que los hijos les abran las mismas puertas a la influencia demoníaca que sus padres, para mí resulta bastante irrelevante. Si alguien está demonizado, incluso si esto es algo que ha afectado a la misma familia durante generaciones, tenemos que lidiar con ello. Independientemente de tu opinión sobre las maldiciones generacionales, dada la información anterior, he aquí algunos puntos buenos para tener en cuenta:

- Si estás buscando la causa raíz o el origen de alguna influencia demoníaca, considerar la situación familiar a menudo puede ofrecer indicios útiles.
- Si un problema ha persistido durante generaciones en una familia, esto es un buen indicador de que puede haber una conexión espiritual.
- Las personas necesitan darse cuenta de que liberarse no se trata solo de su propia liberación, sino de la salud y el bienestar de toda su familia.

EL PROCESO DE LIBERACIÓN

Solo para hacer un resumen en aras de la simplicidad, a continuación se encuentra el procedimiento que te sugiero llevar a cabo si te encuentras con una persona demonizada. Estos puntos no son rígidos. Es posible que no siempre los necesites todos. Y puedes cambiar el orden algunas veces. Sin embargo, creo que es seguro decir que este es un buen resumen que te servirá de mucho.

Ejerce autoridad sobre el demonio (o los demonios), y ordénale (o a ellos) que se calle en el nombre de Jesús.
Gritarle al demonio, invocar la sangre de Jesús y reprenderlo solo lo hará más violento. Obtendrás una reacción de esta manera, pero el objetivo no es crear una escena dramática. El objetivo es deshacerse del demonio. He visto a personas tener discusiones prolongadas con demonios que hablan a través de su hospedador. Aquellos que ministran a menudo se pondrán muy nerviosos e incluso se sentirán intimidados por estos demonios. Podría contar algunas historias turbulentas sobre esto, pero es mejor enfatizar que no queremos que los demonios hablen. Ellos son

mentirosos, engañadores y acusadores. En vez de eso, ordénale al demonio que se calle.

Dile al demonio que quieres hablar con la persona, y llama a la persona a la conciencia en el nombre de Jesús.
Una vez que estés hablando con la persona demonizada (no con el demonio), pregúntale si quiere ser libre. Si contesta que sí, puedes proceder. Si dice que no, no hay nada más que debas hacer.

Si la persona te dice que quiere ser libre, comparte el evangelio con ella primero.
Este no tiene que ser un sermón largo y prolongado. La persona necesita saber que su libertad solo puede venir a través de Jesucristo. Explícale cómo Jesús murió en la cruz por sus pecados y que al aceptar su sacrificio, todo reclamo demoníaco será cancelado. Asegúrate de que entienda que necesita entregarle toda su vida a Cristo y seguirlo desde este momento en adelante. Además, dile que tendrá que perdonar por completo a cualquiera que le haya hecho daño, sin excepción.

Es posible que durante este tiempo los demonios comiencen a manifestarse de nuevo. Simplemente continúa ejerciendo autoridad sobre ellos, ordénales que se callen en el nombre de Jesús, llama a la persona demonizada y continúa. Mientras la persona acceda a lo que tú estás haciendo, no dejes que el enemigo te detenga.

Guía a la persona en una oración de salvación.
Pídele a la persona que repita después de ti mientras oras con ella para que le entregue su vida a Cristo y lo confiese como Señor. Habitualmente suelo dirigir una simple oración de fe que es algo así:

Señor Jesucristo, soy un pecador. Ten piedad de mí. Perdona mis pecados. Hazme un hijo de Dios. Confieso con mi boca lo que creo en mi corazón: que Jesucristo es el Señor, que Dios lo levantó de los muertos. Pongo mi confianza en ti y te entrego mi vida. Desde este día en adelante soy tuyo y tú eres mío. En el nombre de Jesús, amén.

Pídele a la persona específicamente que renuncie a cualquier ámbito donde intencionalmente les dio acceso a los demonios. Puede que no siempre seas consciente de esto, pero el Espíritu Santo puede darte una idea. Además, a menudo se hará evidente con qué estás lidiando. Finalmente, puedes preguntarle a la persona directamente qué puertas ha abierto, que ella sepa. Mucha gente demonizada puede señalar algo que pareció ser el comienzo de todo. Los problemas de C. J. empezaron cuando su madre lo obligó a matar a sus perros. La rabia y el odio a los que se entregó parecen haber sido el catalizador. Yo no sabía esto en el momento en que lo ministraba, pero por medio del Espíritu supe que la amargura y la falta de perdón eran las claves. Es importante que la persona a la que estás ministrando haga esto por sí misma. No puedes renunciar a sus malas actitudes en su nombre. Esto debe ser un acto de la voluntad de la persona.

Haz que la persona perdone a cualquiera contra el que esté guardando amargura o enojo.
Como sentía que la situación de C. J. estaba ligada a la ira y la amargura, le pedí que escribiera los nombres de las personas a las que odiaba en un pedazo de papel y que las perdonara. Esto puede no ser siempre necesario, pero el perdón es siempre importante.

Ejerce autoridad sobre cada espíritu demoníaco y ordénale que se vaya en el nombre de Jesús.
Es posible que haya muy poca manifestación externa en este punto. C. J. dijo que en ese momento sentía como si estuviera vomitando aire. Lo describió como un viento saliendo de su estómago. Yo no estaba al tanto de eso. De hecho, para mí la conclusión de esa liberación en particular no fue muy dramática. Sin embargo, él era libre, ese es el punto.

Pon tus manos sobre la persona, al igual que cualquier otro que esté ministrando contigo, y ora para que reciba la plenitud del Espíritu Santo.
Este fue el momento más dramático y gratificante en el caso de C. J. Él fue lleno del Espíritu Santo y de inmediato comenzó

a hablar en lenguas. Después de esta experiencia no había duda de que C. J. había sido liberado. Parecía una persona nueva. Su comportamiento era diferente por completo. Era capaz de comunicarse libremente. Él dijo que por primera vez en más de veinte días sintió hambre de repente. Lo describió como escamas que le caían de los ojos. ¡Aseguró que todo parecía diferente después de esa experiencia!

Después de que una persona ha sido liberada, es importante que sea discipulada y que se mantenga rindiendo cuentas. Recuerda, la liberación es la parte fácil. La persona debe estar totalmente inmersa en la Palabra de Dios, la iglesia, la adoración, la oración y la comunidad. C. J. me dijo que se ha sentido tentado muchas veces a volver a su antigua vida en los casi dieciséis años transcurridos desde su liberación. Seguir a Jesús no es fácil para nadie, en especial para alguien que ha llevado ese equipaje. Camina con la persona, ámala y ora por ella, y tendrás un fruto que permanece.

PREGUNTAS PARA LA DISCUSIÓN

- ¿Cuáles son algunas cosas fundamentales que debemos recordar acerca del ministerio de liberación?
- ¿Cuáles son algunas de las maneras en que podemos reconocer la influencia demoníaca?
- ¿Por qué es tan importante el discipulado después de que alguien ha sido liberado?
- ¿Puede un cristiano ser demonizado?
- ¿Cuáles son algunas de las maneras en que podemos ser afectados por la incredulidad?
- ¿Existe una conexión entre la epigenética y las maldiciones generacionales? Explica.

CAPÍTULO 11

CAMINAR EN VICTORIA

«Estoy aquí, Satanás», dijo. «No puedo verte, y tal vez tú puedas moverte más rápido que yo, pero sigo aquí, ¡y por la gracia de Dios y el poder del Espíritu Santo pretendo ser una espina clavada en tu costado hasta que uno de nosotros se canse!».
—Frank E. Peretti, *Esta patente oscuridad*

Así que viene la nieve después del fuego,
¡e incluso los dragones tienen su final!
—J. R. R. Tolkien, *El Hobbit*

Al llegar al capítulo final de este libro, me doy cuenta de que todavía hay mucho que decir sobre la guerra espiritual. De hecho, este tema podría aplicarse a prácticamente todos los ámbitos de la vida cristiana, como ya hemos visto. Después de todo, es el Espíritu Santo quien continuará entrenándote y enseñándote. Como dijo David: «Bendito sea Jehová, mi roca, quien adiestra mis manos para la batalla, y mis dedos para la guerra» (Salmos 144:1). Jesús nos hizo la promesa increíblemente tranquilizadora de que Él estaría con nosotros siempre, incluso hasta el fin del mundo (Mateo 28:20). Tu gran confianza debe estar en esto; no importa a qué te enfrentes, el gran cazador de dragones está a tu lado, enseñándote a pelear y respaldándote a cada paso. Al final, Él es el que le dará el golpe fatal al dragón y aplastará a Satanás bajo sus pies (Romanos 16:20).

Dicho esto, me gustaría dejarte unas cuantas palabras de despedida para las batallas espirituales que enfrentarás. Cada uno de estos temas podría fácilmente llenar un capítulo o incluso un libro por sí mismo. Los menciono aquí brevemente, ya que este libro estaría incompleto sin ellos.

EL PODER DE LA ATENCIÓN

Dado todo el tiempo que hemos pasado hablando de la guerra espiritual, este punto puede parecer contradictorio. En realidad, no creo que sea saludable estar obsesionado con la guerra espiritual, los ángeles, los demonios, las maldiciones y el diablo. No obstante, es bueno entender el contexto de la batalla en la que se desarrolla nuestra vida espiritual. La metáfora militar también se usa ampliamente a través de las Escrituras, como hemos visto, y es válida por completo. Sin embargo, lo mejor en lo que podemos enfocarnos no es en el diablo, sino en Jesús.

Un artículo del *New York Times* llevaba el siguiente titular: «Las parejas casadas por mucho tiempo se parecen, según un estudio». El Dr. Zajonc, psicólogo de la Universidad de Michigan, propuso que «las personas, a menudo inconscientemente, imitan las expresiones faciales de sus cónyuges en una empatía silenciosa y que, con el paso de los años, compartir las mismas expresiones le da al rostro una forma similar».[1] Parece que la ciencia moderna está descubriendo algo que las Escrituras revelaron hace mucho tiempo: llegarás a ser como aquello que ves. Pablo dijo que al contemplar la gloria del Señor, somos transformados a su propia imagen de gloria en gloria (2 Corintios 3:18). Hay un increíble poder transformador en aquello en lo que fijamos nuestros ojos, mentes y corazones, y creo que esto es algo mucho más profundo de lo que imaginamos.

Dondequiera que estén tu corazón, tus ojos y tu mente es donde el resto de tu persona terminará al final. Llegarás a ser como aquello que ves.

Recuerdo cuando mi padre me enseñó mientras era niño a cortar el césped; él me dijo que fijara los ojos en un blanco que estuviera justo frente a mí en el patio y que apuntara a él. Yo terminaba yendo siempre al lugar hacia el que miraba. Lo mismo es cierto cuando se conduce por la carretera. Si observas la línea blanca a un lado del camino, tiendes a desplazarse hacia ese lado. Si observas las líneas amarillas discontinuas, gravitas hacia el centro. No obstante, si quieres ir directo hacia adelante, ahí es donde debes poner los ojos. Terminarás yendo hacia dondequiera que mires. Si nuestros ojos, corazones y mentes están puestos en Jesús, entonces seremos conformados a su imagen. Sin embargo, existe otro lado de la moneda... un lado oscuro.

En Mateo 5:28, Jesús dijo: «Cualquiera que mira a una mujer para codiciarla, ya adulteró con ella en su corazón». Él entendió el principio de que adonde mires es adonde vas a ir. El adulterio y la fornicación comienzan con la lujuria. El asesinato comienza con el odio. El robo comienza con la codicia y la ambición. Dondequiera que estén tu corazón, tus ojos y tu mente es donde el resto de tu persona terminará al final. Llegarás a ser como aquello que ves.

Cualquier cosa en la que te enfoques, a la que le dediques tu atención, es lo que crecerá en tu vida. Si te enfocas en los demonios y la oscuridad, tu vida se llenará de miedo. Verás demonios en cada rincón, incluso cuando no estén allí. He conocido a personas que siempre están hablando de principados y luchando contra espíritus de esto y espíritus de aquello. Mientras tanto, parece que nunca logran ninguna victoria, sino que solo se encuentran luchando interminablemente. Esto puede ser en sí mismo una distracción demoníaca: te concentras tanto en lo demoníaco que no puedes obtener la victoria sobre ello.

Una de las armas más poderosas de Satanás es el miedo. Hebreos 2:15 nos dice que el miedo puede traer esclavitud. Satanás prospera en medio del miedo, y el mal depende de este. El antídoto contra el miedo es el amor, el cual proviene de Dios. Pablo nos dice claramente: «Porque no nos ha dado Dios espíritu de cobardía, sino de poder, de amor y de dominio propio» (2 Timoteo 1:7). Si estás enfocado en lo demoníaco, el miedo gobernará tu vida. Esto no es de Dios. Si te enfocas en Dios, el amor gobernará tu corazón. En 1 Juan 4:18 se indica: «En el amor no hay temor, sino que el perfecto amor echa fuera el temor; porque el temor lleva en sí castigo. De donde el que teme, no ha sido perfeccionado en el amor». Como dijo Smith Wigglesworth: «Si tienes un Dios grande, tendrás un diablo pequeño; si tienes un diablo grande, tendrás un Dios pequeño».[2]

SEGURIDAD EN LOS NÚMEROS

Al reflexionar en cierta ocasión en la armadura de Dios mencionada en Efesios 6, de repente se me ocurrió que toda la protección que proporcionaba se encontraba delante. Parecía que la armadura no protegía la espalda de su portador. Esto me pareció extraño, ya que una herida en la espalda te matará tan rápido como una herida en el frente. Como suelo hacer cuando no entiendo algo en las Escrituras, le pregunté al Señor sobre ello. De repente vi algo que nunca había visto antes. Siempre había considerado que Efesios 6:10-17 era el pasaje sobre la armadura de Dios, terminando con «la espada del Espíritu, que es la palabra de Dios». En ese momento, el siguiente verso saltó de la página.

Oren en el Espíritu en todo momento y en toda ocasión. Manténganse alerta y sean persistentes en sus oraciones por todos los creyentes en todas partes.

—Efesios 6:18, NTV

Escuché la voz del Espíritu Santo en mi corazón. *Eres la armadura de tu hermano.* Y de repente lo entendí. Se supone que nos cubrimos las espaldas los unos a los otros. Se supone que debemos orar los unos por los otros y cuidarnos los unos a los otros. Esto es parte de la armadura que Dios planeó. Tal cosa significa que ninguno de nosotros está destinado a ir solo a la batalla. Necesitamos a nuestros hermanos y hermanas. Sin embargo, desafortunadamente, vemos con frecuencia a los cristianos apuñalando las mismas espaldas que se supone que deben proteger. Creo que esto aflige el corazón de Dios y nos hace más vulnerables al enemigo.

Dos conclusiones importantes pueden deducirse de esto. Primero, es fundamental que estés conectado a una comunidad espiritual. Necesitas el apoyo, la rendición de cuentas y el amor del cuerpo de Cristo. Necesitas estar sometido en amor a tu familia espiritual y ser leal a ellos. Esta es una de las mejores protecciones que puedes tener en la guerra espiritual.

Hace poco vi un documental sobre la naturaleza que mostraba a una manada de leones cazando en el Maasai Mara en Kenia. Cuando la manada se acercó a un rebaño de ñus, los asustados animales comenzaron a correr juntos como uno solo, casi como si los estuvieran dirigiendo. El enorme rebaño hizo que la tierra retumbara, y los leones, moviéndose como una unidad, no encontraron ninguna oportunidad para atacar. Entonces, en el borde de la manada, un ñu solitario se separó del grupo. Decidió correr por su cuenta y comenzó a dirigirse en una dirección diferente. De inmediato la manada se concentró en el ñu solitario y lo atropelló. Somos llamados el cuerpo de Cristo, la familia de Dios, y la iglesia o la asamblea. Todos estos nombres describen a un grupo. Hay una gran lección aquí. Esto que llamamos cristianismo tiene la intención de ser puesto en práctica en comunidad con otros de la misma fe. Hay seguridad en los números. Los que se separan y emprenden su propio camino solos se convierten en presa fácil para el diablo, que anda como un león rugiente en busca de alguien a quien devorar.

La segunda conclusión es esta: asegúrate de que estás cuidando a tus hermanos y hermanas en Cristo de la manera que quieres que ellos te cuiden a ti. En vez de chismorrear y calumniar, apoya a tu familia espiritual en oración. Lucha por ellos. Sé leal. Sé generoso, sé amable, sé paciente y, sobre todo, ámalos.

CAMINANDO EN MEDIO DEL PERDÓN

Uno de los temas revolucionarios de la predicación de Jesús fue el perdón. Esta es la cuestión que trata en la elocuente parábola que contó en Mateo 18. Un cierto rey decidió cobrar las deudas que se le debían. Se encontró con un siervo que le debía la enorme cantidad de diez mil talentos (v. 24). Creo que la mayoría de los lectores modernos pasan por alto este detalle sin darse cuenta de lo que están leyendo. Cuando se usa en referencia al dinero, un talento es una medida de peso de oro o plata. Un talento de plata pesaba entre cuarenta y siete y cien libras. Un talento de oro pesaba el doble, entre noventa y cuatro y doscientas libras, o entre cuarenta y dos y noventa y un kilogramos.[3] Hasta el 2 de abril de 2019, el precio internacional del oro era de $41,491.34 por kilogramo.[4] ¡Esto significa que un talento de oro sería el equivalente de entre $1,7 millones y $3,8 millones! ¡El siervo le debía a su amo diez mil de estos (el equivalente a entre diecisiete mil y treinta y ocho mil millones de dólares hoy en día)! Debería ser obvio que Jesús se estaba refiriendo a una deuda enorme y absolutamente sin esperanza.

Hoy en día, si alguien no puede pagar sus deudas, puede declararse en quiebra y tener un nuevo comienzo. Sin embargo, en los tiempos de Jesús, el deudor mismo, sus posesiones y su familia eran la garantía de la deuda. Por lo tanto, si el deudor no podía pagar, el acreedor podía tomar a su esposa e hijos como esclavos, embargar sus bienes y encarcelarlo en sustitución del pago.

Con consecuencias tan graves, la mayoría de la gente habría sido cuidadosa al pedir dinero prestado. No obstante, este siervo en particular había permitido que su deuda se acumulara más allá de cualquier remedio concebible para su devolución. No es de extrañar entonces, a la luz de la insensatez e irresponsabilidad del siervo, que el rey se sintiera justificado al hacer que este siervo temerario fuera vendido, junto con su esposa, sus hijos y sus posesiones, para que al menos una parte de la pérdida pudiera ser recuperada.

Esta es una imagen de nosotros. Todos somos culpables ante Dios de una deuda que nunca podremos pagar y por la cual no tenemos a nadie a quien culpar excepto a nosotros mismos. Nuestros propios pecados, nuestra propia irresponsabilidad y nuestra insensatez nos han convertido en deudores sin esperanza.

Como pueden imaginar, el siervo estaba devastado. Se hallaba más allá de toda ayuda y sin opciones. Se sentía desesperado, indefenso e impotente para hacer otra cosa que no fuera pedir misericordia. Cayó de rodillas y lloró como un niño. Se puso a gemir y suplicar con total desesperación, y el rey tuvo misericordia de él.

En la historia de Jesús, lo que este rey hizo a continuación fue algo absolutamente inaudito. Recuerda, no había tribunales de bancarrota donde las deudas eran desechadas en esos días. La supervivencia de los acreedores dependía del frío pragmatismo.

Cualquier hombre de negocios exitoso tenía que ser despiadado. El incumplimiento de un préstamo de este tamaño habría sido un golpe devastador para el prestamista, que se habría visto impelido por la razón a cobrar lo que pudiera y recortar sus pérdidas. ¡Sin embargo, por algún motivo inexplicable este rey decidió asumir personalmente la deuda y perdonarla por completo!

Todos somos culpables ante Dios de una deuda que nunca podremos pagar y por la cual no tenemos a nadie a quien culpar excepto a nosotros mismos.

A aquellos que escuchaban a Jesús esta historia debe haberles parecido un cuento de hadas. ¿Un rey perdonándole a un siervo común una deuda tan grande? ¡Impensable!

No hay otra manera de ilustrar la absurdidad total de lo que Dios ha hecho por nosotros que con una historia tan descabellada como esta. ¿Por qué perdonaría Dios nuestros pecados? ¿Por qué saldaría nuestra deuda? Es más, ¿por qué pagaría Él mismo la deuda a un costo personal tan inconcebiblemente alto? No tenemos idea de lo doloroso que fue el Calvario, de cómo esos clavos atravesaron no solo las preciosas manos de Jesús, sino también el corazón de Dios. Estoy seguro de que nunca entenderemos plenamente lo personal que fue la pérdida e íntima la agonía de la cruz. Y no podemos apreciar el perdón a menos que apreciemos el Calvario y lo que nuestra deuda le costó a Dios personalmente.

Hay quienes dicen que no creen en la forma cristiana de salvación, ya que es demasiado fácil. Amigo mío, la salvación puede ser gratis para nosotros, pero no lo fue para Aquel que la compró con su propia sangre. ¡La asombrosa maravilla del perdón radica en que nuestra deuda —toda ella— fue cubierta de forma total y perdonada completamente por el amor de Jesús! Jesús estaba tratando de comunicar con su parábola la impensable maravilla de la redención. Los que escucharon esta historia habrían meneado la cabeza con incredulidad. ¿Una deuda de diecisiete mil millones de dólares totalmente perdonada? Era más que improbable. Sin embargo, ese no es el final de la historia, sino que se vuelve aún más extraña.

El siervo, a quien se le perdonó una deuda de diecisiete mil millones de dólares, abandonó la corte del rey y se dirigió a su casa. Le acababan de dar una nueva oportunidad de vida. Uno podría haber pensado que volvía a casa flotando en una nube de alegría. Pero algo andaba mal. Parece que este sirvo estaba nervioso, temperamental e irritable. Vio a alguien al otro lado de la calle «que le debía cien denarios» (Mateo 18:28).

Ahora bien, he escuchado a los predicadores decir que esto era alrededor de unos veinte dólares (o alguna otra pequeña cantidad). Probablemente asumen que como la deuda del primer hombre era tan enorme, la antítesis retórica sería una cantidad pequeña, como veinte dólares. No obstante, en realidad un denario era aproximadamente el salario de un día.[5] Así que cien denarios no era una cantidad insignificante de dinero. ¡De hecho, en Juan 6:7 una cantidad similar resultaba suficiente para alimentar a dos mil quinientos hombres! En otras palabras, la deuda de este segundo hombre era también sustancial.

Cuando el primer siervo vio a este hombre que le debía varios miles de dólares, se enfureció. Cruzó la calle con paso veloz, agarró al otro hombre por el cuello y gritó: «¡Págame lo que me debes!».

Este compañero se arrodilló y le suplicó: «Ten paciencia conmigo, y yo te lo pagaré todo». Sin embargo, el corazón del primer siervo permaneció frío como una piedra. Arrastró a ese compañero ante las autoridades locales e hizo que lo metieran en la cárcel.

Esta parte de la historia puede parecer difícil de entender al principio, pero si piensas un poco más profundamente en la naturaleza humana, pronto todo se hace claro. El primer siervo había sido perdonado, pero en honor a la verdad, él nunca había pensado que la deuda era totalmente su responsabilidad para empezar. Después de todo, pensaba que si ese otro siervo le hubiera pagado lo que le debía de manera oportuna, no habría estado en este lío en primer lugar, o al menos no se encontraría tan mal. Tal vez pensó que habría podido seguir haciendo los pagos de su préstamo si este otro sirviente le hubiera pagado a tiempo. Parece que perdió de vista el panorama general mientras consideraba su propio agravio.

Muchas veces pensamos que nuestra deuda con Dios ha sido causada por la deuda de otra persona con nosotros. Las personas dicen: «Si no hubiera sido abusada de niña, no tendría este problema». Cuando la gente tiene esta actitud, sigue tratando de cobrar deudas que Dios ya ha perdonado. ¡Qué fácil es culpar a los demás de nuestros propios problemas! Puedes culpar a tus padres, maestros, infancia, vecindario, tíos, tías, amigos o enemigos. Puedes culpar a los demás hasta el punto de que en cierto modo te excuses a ti mismo mientras haces que todos los demás sean responsables de tus problemas. Y aquí encontramos un principio profundo sobre la amargura. La falta de perdón está impregnada de pretensiones de superioridad moral. Esta es una razón por la cual no perdonar bloquea la gracia de Dios, ya que la superioridad moral es una forma de orgullo, y Dios resiste a los orgullosos, pero da gracia a los humildes.

No pasó mucho tiempo antes de que el rey se enterara de lo que había hecho este siervo. Así que lo convocó de nuevo a la corte real para otra audiencia. Esta vez no fue tan misericordioso. «Entonces, llamándole su señor, le dijo: Siervo malvado, toda aquella deuda te perdoné, porque me rogaste. ¿No debías tú también tener misericordia de tu consiervo, como yo tuve misericordia de ti? Entonces su señor, enojado, le entregó a los verdugos, hasta que pagase todo lo que le debía» (Mateo 18:32-34).

El siervo implacable fue entregado a los verdugos. Este es el destino de todos los que se niegan a perdonar. El lugar de la falta de perdón es una mazmorra de tortura interna. Cuando tienes resentimiento y animosidad en tu corazón, te condenas a una prisión de tormento. Las personas que no perdonan beben de sus propias fuentes amargas. Ellas se lastiman a sí mismas en primer lugar y con más fuerza. Se ha dicho que guardar rencor es como beber veneno y esperar que la otra persona muera.

Jesús concluyó la historia diciendo: «Así también mi Padre celestial hará con vosotros si no perdonáis de todo corazón cada uno a su hermano sus ofensas» (Mateo 18:35). En Mateo 6:12, Jesús nos enseñó a orar: «Y perdónanos nuestras deudas, como también nosotros perdonamos a nuestros deudores». Y en Marcos 11:26, Él dice claramente: «Si vosotros no perdonáis, tampoco vuestro Padre que está en los cielos os perdonará vuestras ofensas».

Piensa por un momento en el increíble poder que tiene el perdón. Jesús derramó su sangre en la cruz para limpiar tus pecados. Su sangre tiene el poder de romper toda barrera, destruir toda esclavitud, lavar toda mancha y transformar un corazón de piedra en un corazón de carne. Por otro lado, no perdonar tiene el poder de impedir que esa gracia asombrosa fluya hacia nuestras vidas.

Muchas veces pensamos que nuestra deuda con Dios ha sido causada por la deuda de otra persona con nosotros. Cuando la gente tiene esta actitud, sigue tratando de cobrar deudas que Dios ya ha perdonado.

No perdonar nos lleva a la esclavitud espiritual (el siervo fue encerrado en la cárcel) y posiblemente incluso les da a los espíritus demoníacos el derecho a atormentarnos (él fue entregado a los verdugos). En cualquier lugar del mundo al que vaya predicando el evangelio siempre oro por los enfermos también. Algunas personas son literalmente incapaces de recibir la sanidad física y la liberación debido a la falta de perdón. Esta raíz de amargura ha impedido que la bendición de Dios fluya hacia sus vidas en todos los niveles y le ha dado al enemigo una fortaleza legítima. También he visto cómo el simple perdón ha resultado en curaciones milagrosas y liberación para muchos. Soy testigo del poder tanto de la amargura como del perdón.

Al igual que un cáncer mortal que comienza con solo unas pocas células rebeldes que se comportan de manera errática, la amargura por lo general empieza a pequeña escala. Comienza con una ofensa, una crítica, una mirada o solo un pequeño desaire. Sin embargo, comenzará a enconarse y crecer, y a la larga adquirirá vida propia. Esta comienza a multiplicarse e invade otras áreas saludables de la vida de una persona. Da lugar a la ira y al resentimiento. Con el tiempo, si se le permite continuar, se alimentará de sí misma hasta que dé lugar a otros resentimientos por cosas que no tienen ninguna relación, y pronto toda la vida de una persona estará llena de ofensas, amargura, resentimiento y en última instancia muerte... emocional, mental, espiritual e incluso física.

El cáncer y la amargura conducirán a la muerte si no son atacados y eliminados agresivamente. La cirugía, la radiación y la quimioterapia son los tratamientos estándares que se utilizan con más frecuencia en la actualidad para eliminar los tumores cancerosos. No obstante, el amor y el perdón son los antídotos que Dios ha diseñado para atacar y destruir el cáncer de la amargura en el corazón humano. Para el cristiano no hay alternativa: debemos perdonar. Jesús no hace ninguna concesión por ofensas particulares. No importa cuán grave sea la injusticia, cuán dolorosa sea la herida, cuán monstruosa sea la violación, no se nos ha dado una preferencia en este asunto. Debemos perdonar incondicionalmente de corazón... ¡siempre!

Corrie ten Boom era una mujer cristiana holandesa que fue encarcelada en un campo de concentración nazi por esconder judíos en su casa durante el Holocausto. Ella sufrió un horror inimaginable a manos de los nazis. Su querida hermana Betsie murió en el campo de concentración. En la edición de noviembre de 1972 de la revista *Guidepost*, Corrie cuenta una historia increíblemente poderosa y desgarradora. Transcurría el año 1947 y ella había estado viajando por Alemania, hablando sobre el perdón de Dios. Al final de un servicio, levantó la vista y vio a uno de sus antiguos guardias.

Y fue entonces que lo vi, tratando de avanzar hacia adelante en contra de los demás. En un momento observé el abrigo y el sombrero marrón; al siguiente, un uniforme azul y una gorra con visera, que mostraba el cráneo y los huesos cruzados.

La imagen regresó de repente: la enorme habitación con sus potentes luces por encima, el patético montón de vestidos y zapatos en medio del piso, la vergüenza de caminar desnuda frente a este hombre. Podía ver la frágil figura de mi hermana delante de mí, con las costillas perfiladas debajo de su piel como de pergamino. ¡Betsie, qué delgada estabas!

Betsie y yo habíamos sido arrestadas por ocultar judíos en nuestra casa durante la ocupación nazi de Holanda; este hombre había sido un guardia en el campo de concentración de Ravensbrück, al cual nos enviaron.

Ahora él estaba frente a mí, con la mano extendida hacia adelante: «¡Un buen mensaje, *fräulein*! ¡Qué bueno es saber que, como dice, todos nuestros pecados están en el fondo del mar!».

Y yo, que había hablado tan gloriosamente del perdón, busqué algo a tientas en mi cartera en lugar de estrechar esa mano. No se acordaba de mí, por supuesto, ¿cómo podría recordar a una prisionera entre esas miles de mujeres? Sin embargo, yo sí lo recordaba a él y a la fusta de cuero que colgaba de su cinturón. Era la primera vez desde mi liberación que me encontraba cara a cara con uno de mis captores, y mi sangre parecía congelarse.

«Mencionó a Ravensbrück en su charla», estaba diciendo. «Yo era un guardia allí». No, no se acordaba de mí. «Pero ahora», continuó, «me he convertido en cristiano. Sé que Dios me ha perdonado por las cosas crueles que hice allí, pero también me gustaría oírlo de sus labios. *Fräulein*», dijo extendiendo otra vez la mano, «¿me perdonaría?».

Y yo, cuyos pecados debían ser perdonados todos los días, me quedé allí y no pude hacerlo. Betsie había muerto en ese lugar, ¿podría borrar él su lenta y terrible muerte simplemente con su pregunta?

No pudieron haber sido muchos los segundos que estuvo parado allí, con la mano extendida, pero a mí me parecieron horas mientras luchaba con la cosa más difícil que hubiera tenido que hacer.

Porque tenía que hacerlo, lo sabía. El mensaje de que Dios nos perdona tiene una condición previa: que perdonemos a los que nos han herido. «Si vosotros no perdonáis», dice Jesús, «tampoco vuestro Padre que está en los cielos os perdonará vuestras ofensas».

Sabía esto no solo porque era un mandamiento de Dios, sino también por mi experiencia diaria. Desde el final de la guerra tenía un hogar en Holanda para las víctimas de la brutalidad nazi.

Aquellos que pudieron perdonar a sus antiguos enemigos también fueron capaces de regresar al mundo exterior y reconstruir sus vidas, sin que importaran las cicatrices físicas. Aquellos que alimentaron su amargura permanecieron inválidos. Era tan simple y tan horrible como eso.

Y aun así me quedé allí con la frialdad sujetando con fuerza mi corazón. Sin embargo, el perdón no es una emoción, también sabía eso. El perdón es un acto de la voluntad, y la voluntad puede funcionar sin que la temperatura del corazón importe. «¡Jesús, ayúdame!», oré en silencio. «Puedo levantar mi mano. Puedo hacer eso. Provee tú el sentimiento». Y así, sin ninguna emoción, mecánicamente, coloqué mi mano en la que se extendía hacia mí. Y mientras lo hacía, algo increíble ocurrió. La corriente comenzó en mi hombro, bajó por mi brazo, saltó a nuestras manos unidas. Y entonces este calor sanador pareció inundar todo mi ser, trayendo lágrimas a mis ojos.

«¡Te perdono, hermano!», lloré. «¡Con todo mi corazón!». Por un largo momento nos estrechamos las manos, el antiguo guardia y la antigua prisionera. Nunca había conocido el amor de Dios tan intensamente como lo hice entonces.[6]

Me gusta la imagen del perdón bíblico que John W. Nieder y Thomas M. Thompson ofrecen en su libro *Perdone y ame otra vez*:

- Perdonar es darle vuelta a la llave, abrir la puerta de la celda y dejar al prisionero libre.
- Perdonar es escribir en letras grandes sobre una deuda: «No se debe nada».
- Perdonar es golpear el martillo en un tribunal y declarar: «¡Inocente!».
- Perdonar es disparar una flecha tan alta y tan lejos que no se pueda volver a encontrar.
- Perdonar es juntar toda la basura y deshacerse de ella, dejando la casa limpia y fresca.
- Perdonar es perder las amarras de un barco y liberarlo en mar abierto.
- Perdonar es concederle una indulgencia completa a un criminal condenado.
- Perdonar es relajar la llave estranguladora aplicada a un oponente en la lucha libre.

- Perdonar es limpiar con un chorro de arena una pared llena de grafitis, dejándola como nueva.
- Perdonar es romper una vasija de arcilla en mil pedazos para que no se pueda volver a armar nunca más.[7]

Se dice que el famoso general confederado Robert E. Lee visitó a una mujer que vivía cerca de Lexington, Virginia, poco después de la Guerra Civil. La mujer llevó al general a ver lo que una vez había sido un hermoso árbol en su jardín. Ahora el árbol estaba destruido. Durante una batalla había sido bombardeado con fuego de artillería. Ramas rotas colgaban del tronco, que había sido desgarrado por las balas de cañón. El preciado árbol de la mujer era ahora una lastimosa monstruosidad, y ella esperaba la simpatía del general. Pensó que de entre todas las personas, Lee entendería sus sentimientos de indignación y la afirmaría en su odio por el norte. En cambio, después de un breve silencio, el general dijo: «Córtelo, mi querida señora, y olvídelo».[8]

Al igual que esa mujer, muchas personas tienen árboles desgarrados en sus jardines. Los dejan en pie porque atraen la compasión. Les encanta contar sus historias y recibir consuelo en medio de su amargura y resentimiento por alguna injusticia. No obstante, si quieres ver un árbol de injusticia, mira a la cruz. Fue allí, en ese tronco ensangrentado, donde Jesús sufrió una crueldad y una injusticia inimaginables a causa de *tu* ofensa. Y desde la cruz, Él miró hacia abajo y dijo con amor: «Padre, perdónalos» (Lucas 23:34). Amigo mío, Jesús viene hoy a ti y dice acerca de tu árbol de amargura: «¡Córtalo!».

El perdón puede ser un proceso doloroso, pero al igual que un procedimiento quirúrgico para extirpar un tumor maligno, es absolutamente imperativo. Una vez que el cáncer de la amargura es removido, la bendición de Dios inundará la vida de la persona, y la salud regresará al alma y el espíritu, y en muchos casos incluso al cuerpo.

Ya que este libro trata sobre la guerra espiritual, llamo la atención una vez más sobre lo que el rey ordenó en Mateo 18:34: «Entonces su señor, enojado, le entregó a los verdugos, hasta que pagase todo lo que le debía». Observa que este sirviente fue entregado a los verdugos. ¿Podría ser que la falta de perdón en realidad les concede un derecho legal a los espíritus atormentadores? Este es un pensamiento aterrador, y sin embargo, puesto que no perdonar nos impide recibir el perdón de Dios, como dijo Jesús en Mateo 6:15, parecería que el tormento demoníaco es solo el comienzo de las penas para aquel que no perdona. Resulta sabio recordar esto tanto personalmente como al ministrar a los que están bajo tormento demoníaco. A menudo la falta de perdón juega un papel crítico.

NUNCA TE RINDAS

Esta es mi exhortación final para ti en este libro, y quizás la más importante. Hace años, durante la Escuela de Evangelismo de nuestro ministerio, un estudiante le hizo al evangelista Reinhard Bonnke una pregunta interesante: «¿Cuál es la clave de su éxito?». La respuesta del evangelista Bonnke me sorprendió. Pensé que diría algo sobre la oración, la fe, la santidad o la unción. Sin embargo, no dijo nada de eso. En cambio, respondió con una palabra: «Perseverancia».

Al principio de este libro, cuando hablamos de la armadura de Dios, enfaticé el hecho de que Pablo nos dice que después de haber «acabado todo, estar firmes. Estad, pues, firmes...» (Efesios 6:13-14). En

Si quieres ver un árbol de injusticia, mira a la cruz. Fue allí, en ese tronco ensangrentado, donde Jesús sufrió una crueldad y una injusticia inimaginables a causa de tu ofensa.

otras palabras, después de haber hecho todo a fin de prepararte para la batalla —has leído este libro, has orado y ayunado, te has puesto la armadura de Dios— todavía hay algo que tienes que hacer si quieres salir victorioso. ¡Tienes que estar firme! No puedes cejar en el empeño. Tienes que pelear esta batalla. Cualquiera puede luchar durante veinte minutos o unos días, pero Jesús dijo: «El que persevere hasta el fin, éste será salvo» (Mateo 24:13).

La vida es difícil, y sabemos que en este mundo tendremos problemas, Jesús nos lo aseguró. Sin embargo, también nos dijo que podemos tener buen ánimo, porque Él ya ha vencido al mundo (Juan 16:33). En ocasiones serás herido. Incluso puedes perder batallas de vez en cuando. Esa es la naturaleza de la guerra. Sin embargo, el premio no es para el que lucha perfectamente, sino para el que sigue luchando. Proverbios 24:16 señala que «siete veces cae el justo, y vuelve a levantarse».

Como hemos señalado en múltiples oportunidades en este libro, luchamos desde un lugar de victoria. Jesús ya ha aplastado a ese dragón bajo su calcañar, y tenemos su promesa de que en breve aplastará a Satanás bajo nuestros pies también (Romanos 16:20). Sé alguien que vuelve a levantarse. Sé alguien que persevera hasta el final. Sé alguien que vence y gana el premio. En las palabras de ese gran luchador, Winston Churchill: «Nunca te rindas, nunca te rindas, nunca, nunca, nunca —en nada, grande o pequeño, grandioso o insignificante— nunca te rindas, excepto a las convicciones del honor y el buen sentido. Nunca cedas a la fuerza; nunca cedas al poder aparentemente abrumador del enemigo».[9]

Te dejo ahora con las palabras de Pablo en Romanos 8:35-39:

> ¿Quién nos separará del amor de Cristo? ¿Tribulación, o angustia, o persecución, o hambre, o desnudez, o peligro, o espada? Como está escrito:
> Por causa de ti somos muertos todo el tiempo;
> Somos contados como ovejas de matadero.
> Antes, en todas estas cosas somos más que vencedores por medio de aquel que nos amó. Por lo cual estoy seguro de que ni la muerte, ni la vida, ni ángeles, ni principados, ni potestades, ni lo presente, ni lo por venir, ni lo alto, ni lo profundo, ni ninguna otra cosa creada nos podrá separar del amor de Dios, que es en Cristo Jesús Señor nuestro.

PREGUNTAS PARA LA DISCUSIÓN

- Llegarás a ser como aquello que ves. ¿A qué le estás prestando atención? ¿Necesitas cambiar tu enfoque?
- ¿Cómo es que no perdonar nos impide caminar en victoria?
- ¿A quién puedes ofrecerle una palabra de aliento para que no se rinda nunca?

NOTAS

INTRODUCCIÓN

1. «Serpents and Dragons in British Folklore», *Atlantic Religion* (blog), 29 de septiembre de 2015, https://atlanticreligion..

2. Gerald Massey, *The Natural Genesis*, vol. 1 (Cosimo Classics), www.books.google.com.

3. Aaron J. Atsma, «Drakon Kholkikos», Theoi Project, consultado 11 de marzo de 2019, www.theoi.com.

4. Wikipedia, s.v. «Fafnir», https://en.wikipedia.org/wiki/Fafnir.

5. Wikipedia, s.v. «Kukulkan», , https://en.wikipedia.org.

6. Wikipedia, s.v. «Vritra», https://en.wikipedia.org/wiki/Vritra.

7. Wikipedia, s.v. «Druk», https://en.wikipedia.org/wiki/Druk.

8. John Gill, «Psalms 91», *Exposition of the Whole Bible*, 11 de marzo de 2019, www.studylight.org.

9. Matthew Henry, «Psalms 91», *Matthew Henry's Commentary on the Whole Bible*, Blue Letter Bible, consultado el 11 de marzo de 2019, www.blueletterbible.org, énfasis en el original.

CAPÍTULO 1

1. «El Harmattan es una temporada en el subcontinente de África Occidental, que tiene lugar entre finales de noviembre y mediados de marzo. Se caracteriza por un viento alisio seco y polvoriento del noreste, del mismo nombre, que sopla desde el desierto del Sahara sobre África Occidental hasta el Golfo de Guinea [...] En algunos países de África Occidental la gran cantidad de polvo en el aire puede limitar severamente la visibilidad y bloquear el sol durante varios días, comparándose a una niebla espesa. Este efecto se conoce como la neblina de Harmattan». Wikipedia, s.v. «Harmattan», última edición 7 de enero 2019, 18:38, https://en.wikipedia.org/wiki/Harmattan.

2. Véase también 2 Crónicas 36:15; Hageo 1:13; Malaquías 3:1; y Mateo 11:10. En Malaquías 2:7 se le llama a un sacerdote que enseña la Torá «mensajero [ángel] de Jehová de los ejércitos» (RVR1960).

3. Un erudito del Antiguo Testamento cree que la palabra ángel no es un término que incluya a todos los siervos de Dios que habitan en el reino espiritual. Más bien, un ángel, o mensajero, es solo una clase entre muchas de seres espirituales que Dios creó para servirle. Véase Michael S. Heiser, *Angels: What the Bible Really Says About God's Heavenly Host* (Lexham Press).

4. Michael S. Heiser, *The Unseen Realm: Recovering the Supernatural Worldview of the Bible* (Lexham Press, 2015), p. 26, www.amazon.com.

5. Por ejemplo, en Deuteronomio 32:17 la palabra *elohim* se refiere a «dioses» desconocidos que también fueron llamados «demonios» anteriormente en el mismo versículo: «Sacrificaron a los demonios, y no a Dios; a dioses [*elohim*] que no habían conocido» (RVR1960). Compare 1 Corintios 8:4-6 y 10:18-22.

6. Heiser, *The Unseen Realm*, pp. 28-32.

7. Este versículo usa el término *elohim* como una referencia en singular al Dios Altísimo y como una referencia en plural a los seres angélicos. Sin embargo, puesto que tanto Dios como los ángeles habitan en el mismo reino espiritual que los seres sobrehumanos, el mismo término se aplica a ambos, aunque de diferentes maneras.

8. Véase Génesis 6:1-4; Job 1:6; 2:1; 38:7; Salmos 29:1; 82:6; y 89:6 para referencias a los «hijos de Dios» o «los hijos del Altísimo».

9. Las palabras hebreas que terminan con *-im* son formas plurales de palabras masculinas. (Las palabras hebreas femeninas terminan con *-oth* en sus formas plurales.)

10. Heiser, *Angels*, p. 26. Asumiendo que los querubines de las visiones de Ezequiel son los mismos que las cuatro criaturas vivientes en Apocalipsis, en realidad se distinguen de los ángeles en Apocalipsis 5:11 y 7:11. Sin embargo, parece que en otros lugares el término ángeles es una palabra que abarca a todos los seres espirituales creados por Dios (Mateo 22:30; Hebreos 1:1-14). Así que el significado de la palabra depende de su contexto.

11. Isaías 37:16; Ezequiel 1; 9:3; 10:1; 11:22; 41:18-20.

12. Éxodo 25:17-22; 26; 36-37; 1 Reyes 6—8.

13. Salmos 18:10; 80:1; 99:1.

14. R. Laird Harris, s.v. «שרף (śārāp)», en *Theological Wordbook of the Old Testament*, eds. R. Laird Harris, Gleason L. Archer Jr., y Bruce K. Waltke (Moody Press). Véase también Heiser, *Angels*, pp. 25-27.

15. Harris, s.v. «כרוב (kerûb)», *Theological Wordbook of the Old Testament*, p. 454; Heiser, *Angels*, p. 26.

16. Según Gary Cohen, el erudito del Antiguo Testamento, las definiciones del término hebreo incluyen «príncipe, jefe, capitán, gobernante, gobernador, guardián, capitán principal, mayordomo, maestro».Véase Gary Cohen, s.v. «שׂרר (śārar)», *Theological Wordbook of the Old Testament*, p. 884.

17. Los eruditos del Nuevo Testamento no están de acuerdo en que Jesús se está refiriendo a los seres angelicales aquí. Algunos creen que alude a seres humanos en posiciones de liderazgo. Sin embargo, puesto que el salmo se refiere claramente al consejo angelical del Señor, y puesto que tiene sentido que Jesús se refiera a ese consejo para hacer la observación sobre su propia condición de Hijo y divinidad, sostengo que Jesús está abrazando este punto de vista del elohim. Véase también Michael S. Heiser, «Jesus' Quotation of Psalm 82:6 in John 10:34: A Different View of John's Theological Strategy», (presentación en papel, Pacific Northwest Regional Meeting of the Society of Biblical Literature, Gonzaga University, Spokane, WA, 13-15 de mayo de 2011), www.thedivinecouncil.com.

18. Pablo y Juan comparten una perspectiva similar de la reunión de la iglesia. Es por eso que Pablo da ciertas instrucciones acerca de las reuniones de la iglesia «por causa de los ángeles» (1 Corintios 11:10) y Juan pudo escribir una carta a una iglesia de la ciudad que simultáneamente se dirigía al «ángel» de esa iglesia (por ejemplo, Apocalipsis 2:1).

19. Véase David Aune, *Word Biblical Commentary: Revelation 1-5*, vol. 52A (Word Books, 1997), https://www.amazon.com.

20. Véase Mike Bickle, «The Father's Throne and Jesus' Exaltation», *Studies in the Book of Revelation*, 2014, www.ihopkcorg-a.akamaihd.net.

21. Considera cómo este contexto coloca de nuevo a Miguel en una relación específica con la nación de Israel. Véase Apocalipsis 12:1-6.Notice how this context puts Michael again in specific relationship to the nation of Israel. Véase Apocalipsis 12:1-6.

22. Véase un pasaje similar que trata tanto de un malvado gobernante mundial (el rey de Babilonia) como de su correspondiente malvado gobernante espiritual en Isaías 14:9-15.

23. Mateo añade el detalle de que había un segundo hombre demonizado (Mateo 8:28). Los dos hombres demonizados actuaron juntos, pero claramente uno tomó la delantera en palabra y acción. Por lo tanto, recibió una atención singular en Marcos y Lucas (Lucas 8:26-37).

24. Craig S. Keener, *The IVP Bible Background Commentary: New Testament* (InterVarsity Press, 1993), https://books.google.com.

25. Las Biblias inglesas suelen traducir estas frases como «poseídos por demonios».

CAPÍTULO 2

1. Alia E. Dastagir, «"Born This Way"? It's Way More Complicated Than That», *USA Today*, 15 de junio de 2017, https://www.usatoday.com.

2. C. S. Lewis, *Mere Christianity* (HarperCollins, 2001), pp. 47-48, https://books.google.com.

3. *Expelled: No Intelligence Allowed*, dirigida por Nathan Frankowski (Rocky Mountain Pictures, 2008).

4. Blaise Pascal, *The Thoughts, Letters, and Opuscules of Blaise Pascal*, trad. O. W. Wight (Hurd and Houghton, 1864), p. 327, https://babel.hathitrust.org.

5. Francis Bacon, «Of Atheism», *The Essays or Counsels, Civil and Moral* (Clarendon Press, 1890), https://babel.hathitrust.org.

6. J. Barton Payne, s.v. «שׂ.ט.(śāṭan)», *Theological Wordbook of the Old Testament*, pp. 874-875.

7. Zvi Ron, «Wordplay in Genesis 2:25-3:1», *The Jewish Bible Quarterly* 42, no. 1 (2014), http://jbqnew.jewishbible.org.

8. Leon R. Kass, *The Beginning of Wisdom: Reading Genesis* (Free Press, 2003), p. 82, https://books.google.com.

9. Ed Nelson, «Yeshua in the Torah: Genesis 3:15: The Serpent, Dusty Feet and the Messiah» (artículo inédito, 2010), p. 5.

10. Nelson, «Yeshua in the Torah», p. 24.

CAPÍTULO 3

1. Sun Tzu, *The Art of War*, http://classics.mit.edu.

CAPÍTULO 4

1. *Merriam-Webster*, s.v. «zeitgeist», consultado el 19 de marzo de 2019, https://www.merriam-webster.com/dictionary/zeitgeist.

2. Elijah P. Brown, *The Real Billy Sunday: The Life and Work of Rev. William Ashley Sunday, D. D., the Baseball Evangelist* (Fleming H. Revell, 1914), pp. 281-282, https://archive.org.

3. Richard Dawkins, *The God Delusion* (Boston: Houghton Mifflin, 2006), pp. 383-385, https://books.google.com.

4. Richard Dawkins, «Why I Want All Our Children to Read the King James Bible», *The Guardian*, 19 de mayo de 2012, https://www.theguardian.com.

5. Fyodor Dostoevsky, *Notes From Underground* (West Valley City, UT: Waking Lion Press, 2006), https://www.amazon.com.

CAPÍTULO 5

1. Dennis Rockstroh Knight-Ridder, «"Wonder Woman" Gets Perfect SAT», *Daily News*, 10 de marzo de 1996, https://www.thefreelibrary.com.

2. Esta sección es un extracto de *Experiencing the Supernatural* del Rabino K. A. Schneider, copyright © 2017. Usado con permiso de Chosen Books, una división de Baker Publishing Group.

3. *Catecismo Menor de Westminster*, p. 1.

CAPÍTULO 6

1. Esta cita a menudo se le atribuye erróneamente a Calvin Coolidge. En realidad, se trataba de un texto utilizado como material de relleno en los periódicos desde 1910. Muchas personas la imputan a Coolidge porque suena como él y debido a la forma en que a menudo se le asocia con la perseverancia. Véase Amithy Shlaes, *Coolidge* (HarperCollins, 2013), https://www.amazon.com.

CAPÍTULO 7

1. Adam Clarke, *Memoirs of the Wesley Family* (J. Kershaw), https://books.google.com.

2. Para una exploración completa de la arquitectura humana de espíritu, alma y cuerpo, te refiero a Watchman Nee, *The Spiritual Man* (Christian Fellowship Publishers, 2014).

3. C. S. Lewis, *The Screwtape Letters* (HarperOne, 2009), p. 16, https://books.google.com.

4. Dallas Willard, The Spirit of the Disciplines: Understanding How God Changes Lives (HarperCollins), https://books.google.com.

5. Wikiquote, s.v. «Yogi Berra», última edición 16 de marzo de 2019, 18:11, https://en.wikiquote.org.

6. Para un estudio más avanzado de las disciplinas espirituales recomiendo el clásico moderno de Richard Foster, Celebration of Discipline: The Path to *Spiritual Growth* (Harper, 1978).

CAPÍTULO 8

1. Jack Kent, *There's No Such Thing as a Dragon* (Dragonfly Books, 2009), https://www.amazon.com.

2. Sarah Gibbens, «Why an 8-Foot Pet Python May Have Killed Its Owner», *National Geographic*, www.news.nationalgeographic.com.

3. Aleksandr Solzhenitsyn, *The Gulag Archipelago 1918-1956: An Experiment in Literary Investigation* (Westview Press, 1998), p. 168, https://www.amazon.com.

4. Se estima que entre mil y dos mil millones de bebés han sido abortados en todo el mundo en los últimos cincuenta años. Colin Mason y Steven Mosher, «Earth Day: Abortion Has Killed 1-2 Billion Worldwide in 50 Years», LifeNews.com, 21 de abril de 2011, https://www.lifenews.com.

5. Philip Schaff, *History of the Christian Church, Volume III: Nicene and Post-Nicene Christianity. A.D. 311-600*, Christian Classics Ethereal Library, consultado el 26 de marzo de 2019, http://www.ccel.org.

6. Paschal Robinson, «St. Francis of Assisi», *The Catholic Encyclopedia*, vol. 6 (Robert Appleton Co.), www.newadvent.org.

7. Regis J. Armstrong, J. A. Wayne Hellmann, y William Short, eds., *Francis of Assisi: Early Documents—The Saint*, vol. 1 (New City Press, 1999), p. 227, https://books.google.com.

8. Schaff, *History of the Christian Church*, www.ccel.org.

9. Véase «Translation of the Shema», Chabad-Lubavitch Media Center, consultado el 27 de marzo de 2019, https://www.chabad.org.

10. Charles H. Spurgeon, *Morning and Evening: Daily Bible Readings*, «June 11—Morning Reading», Blue Letter Bible, consultado el 27 de marzo de 2019, https://www.blueletterbible.org.

11. Basilea Schlink, *My All for Him: Fall in Love With Jesus All Over Again* (Bethany House, 2001), p. 22.

12. Thomas Doolittle, *Love to Christ: Necessary to Escape the Curse at His Coming*, A Puritan's Mind, consultado el 27 de marzo de 2019, www.apuritansmind.com.

13. Saint Augustine, *Confessions*, trad. F. J. Sheed, 2da ed. (Hackett Publishing, 2006), p. 3, https://books.google.com.

CAPÍTULO 9

1. William Arndt et al., *A Greek-English Lexicon of the New Testament and Other Early Christian Literature* (University of Chicago Press, 2000), pp. 543-544.

2. Arndt et al., *A Greek-English Lexicon of the New Testament and Other Early Christian Literature*, p. 402.

3. Tom Wright, *Matthew for Everyone: Part 1, Chapters 1-15* (Society for Promoting Christian Knowledge), https://books.google.com.

4. Gilbert Cruz, «Juneteenth», *Time*, 18 de junio de 2008, http://content.time.com; Henry Louis Gates Jr., «What Is Juneteenth?», WNET, consultado el 28 de marzo de 2019, www.pbs.org; Stephanie Hall, «Juneteenth», *Folklife Today* (blog), Library of Congress, 17 de junio de 2016, https://blogs.loc.gov.

5. Arndt et al., *A Greek-English Lexicon of the New Testament and Other Early Christian Literature*, p. 262.

6. Arndt et al., *A Greek-English Lexicon of the New Testament and Other Early Christian Literature*, p. 263.

7. Daniel Kolenda, *Unlocking the Miraculous: Through Faith and Prayer* (Christ for all Nations, 2016).

8. Blue Letter Bible, s.v. «dikaios» consultado el 28 de marzo de 2019, https://www.blueletterbible.org.

9. «Human Language», Lumen: Boundless Psychology, consultado el 28 de marzo de 2019, https://courses.lumenlearning.com. Véase también Steven Pinker y Ray Jackendoff, «The Faculty of Language: What's Special About It?», *Cognition* 95, no. 2 (2005), pp. 201-236, https://doi.org.

10. Amy Marshall, «Talk It Over: Language, Uniquely, Makes Us Human», The Conversation US, Inc., 24 de febrero de 2013, http://theconversation.com.

11. Eric William Gilmour, *Union: The Thirsting Soul Satisfied in God* (Sonship International, 2013), pp. 103, 106.

12. Daniel Kolenda, *Live Before You Die* (Passio, 2013).

CAPÍTULO 10

1. Carlos Annacondia, *¡Oíme bien Satanás!* (Casa Creación).

2. Wiktionary, s.v. «bloodlust», última edición 18 de marzo de 2019, 10:36, https://en.wiktionary.org/wiki/bloodlust.

3. «Have You Had an Encounter With a Seemingly Autonomous Entity After Taking DMT?», Qualtrics, consultado el 1 de abril de 2019, https://web.archive.org.

4. Roger Barrier, «Why Don't Pastors Preach and Teach More on Demons?», 12 de febrero de 2015, www.crosswalk.com.

5. Carlos Annacondia, *¡Oíme bien Satanás!* (Casa Creación).

6. F. F. Bruce, «Biblical Criticism», *New Bible Dictionary*, 1ra ed., eds. J. D. Douglas et al. (Wm. B. Eerdmans, 1962), p. 151.

7. Elizabeth Palermo, «Who Invented the Printing Press?», LiveScience, 25 de febrero de 2014, www.livescience.com.

8. Josh McDowell, *The New Evidence That Demands a Verdict* (Thomas Nelson, 1999), p. 34, www.amazon.com.

9. McDowell, *The New Evidence That Demands a Verdict*.

10. Charles Pope, «Prayer and Fasting or Just Prayer? A Consideration of a Biblical "Disagreement"», *Community in Mission* (blog), 16 de febrero de 2016, http://blog.adw.org.

11. Pope, «Prayer and Fasting or Just Prayer?». Véase también Donald A. Hagner, *Word Biblical Commentary: Matthew 14-28*, vol. 33B (Word, 1995), p. 501.

12. Eberhard Nestle, *Introduction to the Textual Criticism of the Greek New Testament*, trad. William Edie (G. P. Putnam's Sons).

13. Bruce M. Metzger, *A Textual Commentary on the Greek New Testament*, 2da ed. (United Bible Societies, 1998), p. 35, https://www.amazon.com.

14. Metzger, *A Textual Commentary on the Greek New Testament*, p. 35. Véase también, por ejemplo, Leon Morris, *The Gospel According to Matthew* (Wm. B. Eerdmans, 1992), p. 449; y Hagner, *Word Biblical Commentary: Matthew 14-28*, p. 501.

15. Metzger, *A Textual Commentary on the Greek New Testament*, p. 85; y Charles John Ellicott, ed., *A New Testament Commentary for English Readers*, vol. 1 (E. P. Dutton & Co., 1878), pp. 213-214, https://archive.org.

16. «A la luz del énfasis creciente de la iglesia primitiva en la necesidad del ayuno, es comprensible que ["y ayuno"] sea un comentario que encontró aceptación en la mayoría de los testigos». Metzger, *A Textual Commentary on the Greek New Testament.*

17. Luke Wayne, «Was Matthew 17:21 Removed From Modern Bibles?», Christian Apologetics and Research Ministry, 31 de octubre de 2018, https://carm.org.

18. Tertullian, «On Fasting in Opposition to the Psychics», *The Sacred Writings of Tertullian*, vol. 2, trad. Peter Holmes y Sidney Thelwall (Jazzybee Verlag, 2012), p. 429, https://books.google.com.

19. Reinhard Bonnke (Evangelista Reinhard Bonnke – Página oficial), «La clave del interruptor del poder es la fe. Solo eso. Camina creyendo y Dios caminará contigo. La fe es fe cuando descansa en la Palabra, no en la experiencia, o en historias de bolsillo...», Facebook, 20 de julio de 2015, 9:55 a.m., https://www.facebook.com.

20. Kolenda, *Vive antes de morir*, p. 128.

21. R. D. Mayfield, R. A. Harris, y M. A. Schuckit, «Genetic Factors Influencing Alcohol Dependence», *British Journal of Pharmacology* 154, no. 2 (mayo, 2008), pp. 275-287, https://doi.org.

22. Tim Spector, «How Your Grandparents' Life Could Have Changed Your Genes», The Conversation US, Inc., 14 de octubre de 2013, https://theconversation.com.

CAPÍTULO 11

1. Daniel Goleman, «Long-Married Couples Do Look Alike, Study Finds», *New York Times*, 11 de agosto de 1987, www.nytimes.com.

2. Smith Wigglesworth, *Smith Wigglesworth on Manifesting the Divine Nature: Abiding in Power Every Day of the Year* (Destiny Image, 2013), https://books.google.com.

3. «Verse-by-Verse Bible Commentary: Matthew 18:24», StudyLight.org, consultado el 2 de abril de 2019, https://www.studylight.org.

4. Gold Price, consultado el 2 de abril de 2019, 12:21:28, https://goldprice.org.

5. Ellicott, *A New Testament Commentary for English Readers.*

6. Corrie ten Boom, «Guideposts Classics: Corrie ten Boom on Forgiveness», *Guideposts*, noviembre de 1972, www.guideposts.org.

7. John W. Nieder y Thomas M. Thompson, *Forgive and Love Again* (Harvest House, 2010), pp. 58-59, https://books.google.com.

8. Charles Bracelen Flood, *Lee: The Last Years* (Mariner, 1981), https://books.google.com.

9. Winston Churchill, «Never Give In», Harrow School, Londres, 29 de octubre de 1941, https://winstonchurchill.org.

CASA
CREACIÓN

Te invitamos a que visites nuestra página
web, donde podrás apreciar la pasión por
la publicación de libros y Biblias:

www.casacreacion.com

f @CASACREACION

Twitter @CASACREACION

Instagram @CASACREACION

Para vivir la Palabra